GYSI
VS.
SONNEBORN

 aufbau

GYSI
VS.
SONNEBORN

KANZLERDUELL
DER HERZEN

**MITARBEIT UND NACHWORT
HANS-DIETER SCHÜTT**

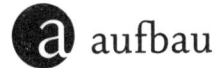 aufbau

ISBN 978-3-351-03872-4

Aufbau ist eine Marke der Aufbau Verlag GmbH & Co. KG

1. Auflage 2021
© Aufbau Verlag GmbH & Co. KG, Berlin 2021
Einbandgestaltung Anzinger und Rasp, München
Satz LVD GmbH, Berlin
Druck und Binden CPI books GmbH, Leck, Germany
Printed in Germany

www.aufbau-verlag.de

Inhalt

Als der Redner ankündigte
er rede zur Sache,
fragten sich viele:
Warum nicht zu uns?

Kurt Bartsch

Parteipolitisches

»Martin, wenn du zur Linken kommst, ist das für dich rufschädigend.«

»Gregor, wenn du zu uns kommst, verbessert das deinen Ruf.«

G. hat Furcht, von S. veralbert zu werden. Der erinnert sich an abgesägte Ikea-Stuhlbeine in einer Bar – als Voraussetzung, um mit G. *auf Augenhöhe* ins Gespräch zu kommen. Eine Unterhaltung über politische Kundgebungen von zu Hause aus, einen *Bundestag*, der unbedingt die Union braucht, und über das, was *Linkspartei und Die PARTEI* verbindet. Und was sie trennt. Und wie man mit 299 Kanzlerkandidaten Bayern in die Verwirrung stößt.

S Gregor, sobald wir an der Macht sind …

G Ja, wir beide. Dann ist aber was los in Deutschland.

S Wir müssen allerdings noch eine Quote erfüllen. Wir brauchen zwei Frauen. Die müssen Humor haben, ironisch und selbstironisch sein. Nicht einfach zu finden. Ihr habt's da besser: Ihr habt bestimmt eine Frauenquote von 100 Prozent. Also bei den 87-Jährigen.

G Es fängt nicht gut an, unser Gespräch.

S Soll ich noch mal zur Tür reinkommen?

G Wir fangen am besten noch mal an.

S Gut, dann noch mal ganz von vorn. In einer Veranstaltung im Kabarett »Die Distel« hast du vor allen Leuten wörtlich über mich gesagt: »Ich wusste, er verarscht mich die ganze Zeit.«
Bist du mir gegenüber misstrauisch, bloß, weil ich Politiker bin?

G Ja, wirklich. Als wir unser erstes gemeinsames Gespräch führten, war ich sehr misstrauisch. Ich hatte regelrecht Manschetten. Ich dachte, du würdest mich nur veralbern. Und ich wusste nicht, ob ich da immer angemessen reagieren könnte. Du hast aber sehr seriös argumentiert. Also teilweise. Was mich völlig durcheinanderbrachte. Auf deine Seriosität war ich nicht vorbereitet, sie überraschte mich.

S Da hab ich was falsch gemacht. Lieber wäre mir gewesen, meine Unseriosität hätte dich überrascht.

Wir saßen hier in Berlin mal zusammen in der Manyo Bar, um uns vor der Kamera über Politik zu unterhalten.

G Das »Kanzlerduell der Herzen«.

S So hieß es. Ein Kanzlerduell in einer Szene-Bar! Es war demütigend, denn da standen zwei Ikea-Stühle für uns an der Theke, und an meinem waren die vier Stuhlbeine abgesägt – sodass wir uns von Angesicht zu Angesicht unterhalten konnten.

G Du lügst.

S Das ist filmisch festgehalten, steht bei YouTube. Wenn du es nachschauen willst, der Link lautet: www.fckaf.de/cjl. FCK AfDe kannst du dir leicht merken, und dann cjl.

G Immer auf die Kleinen! Peter Altmaier hat mir mal erzählt: Als er noch CDU-Hinterbänkler im Bundestag war und körperlich noch weit weniger raumverdrängend als heute, fuhr er eines Tages im ICE, ging ins Bordbistro, trank einen Kaffee, und neben ihm stand eine Gruppe Damen. Er hörte sie tuscheln, herübersehen, und schließlich schnappte er den entscheidenden Satz ihrer leichten Verstörtheit auf: »Das hätte ich nicht gedacht«, sagte nämlich eine der Frauen, »dass der Gregor Gysi so groß ist!«

S Was hast du nur für einen Umgang! Das ist dringend reformbedürftig. Wir haben in unserem Programm die Forderung, Peter Altmaier zu fracken. Wir glauben, dass in diesem Koloss irre Energiereserven schlummern. Damit könnten wir unser Land, unsere Heimat auf Jahrzehnte hinaus unabhängig machen vom Russengas. Übrigens: Als ich in der Manyo Bar auf die Toilette ging, hast du schnell einen Schnaps in mein Bier gegossen. Es war Wodka, oder?

G Ja. Ich wollte, dass du in die richtige Stimmung kommst.

S Bis auf die Toilette habe ich das Gelächter gehört. Und als ich rauskam, habe ich gesagt: »Egal, was hier passiert ist, ich will ein neues Bier.«

G Hast du bekommen.

S Ein alkoholfreies Bier.

G Schon das Bier vorher war alkoholfrei. Also im Grunde Wasser. Da kann man auch einen Wodka hineinkippen. Ins Wasser ein »Wässerchen«.
Wenn du den Namen deiner Partei aussprichst, wird eigentlich nicht klar, was gemeint ist.

S Also: Wir sind nicht die Partei, wir sind Die P-A-R-T-E-I, also: Partei für Arbeit, Rechtsstaat, Tierschutz, Elitenförderung und basisdemokratische Initiative. Wir sind die Partei der extremen Mitte. Übrigens gleichzeitig kapitalistisch und kommunistisch. Eine Partei ganz neuen Typs.

G Kommunistisch?

S Vernünftige soziale Marktwirtschaft, wie sie im Ahlener Programm der CDU gefordert wurde, gilt heutzutage doch schon als kommunistisches Gedankengut. Also: wahrscheinlich bald verboten.

G Das T in deiner Partei steht für Tierschutz.

S Eigentlich haben wir das T nur deswegen so besetzt, weil jede Partei, die den Begriff Tierschutz im Namen hat, bei Wahlen schon aus Prinzip drei, vier Prozent der Stimmen erhält, ohne irgendetwas dafür zu tun. Allerdings müssen wir Tierschutz in Deutschland komplett neu ordnen, das ist klar. Nach der Machtübernahme werden wir Julia Klöckner einsperren und dafür allen Schweinen und Ochsen in der Massentierhaltung die Freiheit schenken.

G Und wo leben die dann?

S In Sachsen-Anhalt natürlich. Gregor, wenn wir an der Macht sind …

G Ich frage mich: Warum hast du es auf deinem politischen Weg nicht bis in unsere Partei geschafft?

S Ich habe mich mal mit deiner ehemaligen Parteichefin Katja Kipping getroffen. An einer Theke. Gleichhohe Stühle. Aber die Dame ist absolut humorlos. Und als Mann hatte ich in meiner Partei bessere Chancen.

G Ich habe dich mal angesprochen, ob du nicht zu uns in die Linkspartei kommen willst, du hast später in einem anderen Kreis davon erzählt und gesagt: »Gysi hat mich gefragt, und ich habe ein bisschen abgewunken. Es wäre rufschädigend für mich.«

S Es wäre für beide rufschädigend. Für die Linke – und für mich. Umgekehrt ist das was anderes. Wenn du zu uns kommst, verbessert das deinen Ruf.

G Abwerbung?

S Legen wir die Karten auf den Tisch: Wir arbeiten doch mit diesem Gespräch an nichts anderem als an deinem Übertritt.

G Würdet ihr mich denn überhaupt nehmen in der PARTEI?

S Vielleicht war ich doch zu voreilig. Mal sehen. Ein Vorteil ist, du bist kein Konvertit wie Merkel.

G Und wenn einer von der SPD käme?

S Er müsste nachweisen können, dass er trotz seiner SPD-Mitgliedschaft Sozialdemokrat war.
   Da kommen nicht so viele infrage.

G Und FDP?

S Ein paar wirkliche Liberale gibt's, aber die müsste man exhumieren. Gerhart Baum, Frau Leutheusser-Schnarrenberger, Burkhard Hirsch, den dicken Brüderle.

G Brüderle?

S War nur Spaß. Auch fracken, wie Altmaier.

G Dass ihr mich – selbst bei Vorbehalten – trotzdem nehmen würdet, das verstehe ich, denn ihr habt keinen Kanzlerkandidaten.

S Stimmt doch gar nicht! Wir haben sogar deutlich mehr als ihr. Nachdem die SPD Olaf Scholz nominiert hat – entweder haben sie jeden Funken sozialdemokratischer Ideen aufgegeben oder Suizid-Absichten – wollen wir ein Zeichen setzen und mit 299 Kanzlerkandidaten antreten. Wir werden versuchen, alle 299 Wahlkreise zu besetzen, und jeder, der kandidiert, darf sich Kanzlerkandidatin oder Kanzlerkandidat der PARTEI nennen. Man stelle sich das in Bayern vor, wo in den ländlichen Bezirken mit Vorliebe die einfacheren Charaktere leben: Von Dorf zu Dorf wechseln die Kanzlerkandidaten.

G Kennst du Wähler, die von der NPD zu deiner Partei gewechselt sind?

S Smiley. Nein. Denen würden möglicherweise unsere Wahlplakate mit dem Slogan »Hier könnte ein Nazi hängen« nicht gefallen. Die waren eine Reaktion auf ein Plakat der Rechten, auf denen stand: »Wir hängen nicht nur Plakate.« Die NPD ist wie die SPD: Deren Zeit ist einfach vorbei. Die (verfickte) AfD ist die coolere NPD. Und vielleicht sind die Grünen die coolere SPD.

G An euren Aktionen finde ich gut, dass sie im besten Sinne des Wortes so un-verschämt sind. Ich würde mich gar nicht trauen …

S Wir dürfen das. Es ist wie im Märchen von des Kaisers neuen Kleidern. Der Kaiser ist nackt. Aber nur das Kind sagt es.

G Ihr seid das Kind.

S Wir versuchen, hochprofessionell naiv zu bleiben.

G Zur letzten Bundestagswahl sind Leute von euch als Sandwich durch Berlin gelaufen.

S Mit »Merkel ist doof«-Plakaten, ja. Wir können aber auch anders, ich erinnere an unseren Fackelzug durchs Brandenburger Tor, mit dem wir die NPD geärgert haben. Oder unsere iDemo. Als politischer Dienstleister haben wir uns mit 30 iPads und einem Großbildschirm auf dem Pariser Platz aufgebaut und eine solide Demo veranstaltet – ohne eigene Inhalte. Die kamen von Bürgern aus dem ganzen Land. Über eine eigens eingerichtete Homepage konnte man seine Forderungen an Merkel eintippen, die erschienen dann auf allen hochgehaltenen Bildschirmen, und ich habe sie übers Megaphon verlesen, eine Stunde lang. Wir warben damit, dass man praktisch vom Sofa aus demonstrieren konnte: »Kein Risiko! Kein Regen! Keine Bullen!« Es gab insgesamt über 25 000 Zuschriften.

G Waren die Forderungen alle seriös?

S Gott bewahre! Etwa die Hälfte der Zuschriften war unseriös. Die haben wir weggelassen, also die, in denen es nur um kompletten Blödsinn ging, ums Biertrinken oder die FDP.

G Du hast dich ja auch schon mal mit Leuten von uns getroffen, so von Partei zu PARTEI.

S Das war nach der Europa-Wahl. Wir hatten in Berlin 4,8 Prozent der Stimmen und lagen knapp vor der Spaßpartei FDP. Wir müssen also damit rechnen, hier in der Hauptstadt jetzt erstmals die Fünf-Prozent-Hürde zu überschreiten. Wenn wir keine größeren Fehler machen.

G Die Fehler machen doch immer nur die anderen.

S Stimmt. Wir haben uns ein wenig ausgetauscht mit Leuten deiner Partei. Von jeder Seite waren etwa zehn Vertreter anwesend. Klaus Lederer war dabei, Dietmar Bartsch kam auch dazu. Lederer hatte die lustige Idee, dass wir bei der nächsten Wahl einmal aussetzen sollten.

G Befürchtete er Stimmenklau?

S Ich kenne das Argument, dass wir linken Parteien Stimmen wegnehmen, seit wir an Wahlen teilnehmen. Ich glaube nicht, dass das wirklich stimmt. Wir sind eine Protestpartei für intelligente Wähler, für Leute, die sich im Parteienspektrum nicht mehr repräsentiert fühlen. Deswegen habe ich das Ansinnen auch zurückgewiesen. Vorsichtshalber sehr ernsthaft, man weiß bei euch Berufslinken nie so richtig, wie viel Humor ihr nun wirklich habt.

G Ja, bei uns trägt man gern das Gesicht geballt zur Faust. Überall Front, immer Kampf, rundum Feinde. Aber Lederer und Bartsch sind nicht so. Viele andere auch nicht.

S Weiß ich. Ich habe zu Lederer gesagt, wir stellen ihm lieber einen Koalitionspartner, stabiler als die SPD. Wenn wir das Zünglein an der Waage spielen können, zwischen einer sozialeren, wirklich grünen und linken Politik und dem, was FDP und CDU in Berlin veranstalten würden, da wissen wir doch sehr genau, wo unsere Präferenzen liegen. Das weiß ich auch bei Abstimmungen in Brüssel. Aber wir werden in Berlin natürlich die besten Köpfe der Partei aufstellen, fürs Abgeordnetenhaus, junge Frauen und alte Männer. Da muss Lederer durch.

G Das mit dem Stimmenklau ist ja im Grunde eine abwegige Befürchtung. Diejenigen, die die Linke wählen, wählen nicht Die PARTEI. Wer euch wählt, will bewusst provozieren. Für eure Wähler kommen nicht die Linke, nicht die SPD, nicht die

Grünen in Betracht. In der Ablehnung des Angebots von euch gibt es also schon eine rot-rot-grüne Koalition.

S Nicht zu vergessen auch die Koalition aus Konservativen und noch Konservativeren. Eigentlich sind alle gegen uns. Damit werden wir in der Bundestagswahl werben: Wir sind die einzige Partei, die auch nach der Wahl mit 100-prozentiger Sicherheit in der Opposition sein wird … Die Linke scheint mir übrigens ideologischer zu sein als alle anderen Parteien.

G Das stimmt. War sie schon immer. Und wenn du ideologisch bist, glaubst du fortwährend, dass die reine Lehre verletzt wird durch alles andere.

S Bist du da nicht automatisch immer so was wie der Besserwisser, zumindest ein bisschen?

G Das mag sein, und wenn du ehrlich bist: Ein bisschen hat man ja auch recht damit. Oft weiß man's als Linker doch auch wirklich besser. Deshalb hat es die Opposition ja so schwer.

S Wenn wir an der Macht sind, wird's am besten sein: gar keine Opposition mehr.

G Es kommt hinzu, dass sich Linke manchmal dagegen wehren, was dazuzulernen. Denn da hast du nun vermeintlich den Gang der Geschichte begriffen, da ist es doch verständlich, dass du nicht wieder durcheinandergebracht werden willst, nur weil die Geschichte ständig Haken schlägt, statt sich auf deiner vorgedachten Linie zu bewegen. Und dann gibt es natürlich, wie in jeder Partei, die Konkurrenz, wer was wird – Posten sind immer knapp, aber eben mit lockenden Privilegien verbunden.

S Das ist genau das, was wir für Die PARTEI nicht wollen. Wir haben gerade ein ehernes Prinzip begründet: Wir schicken nur noch Leute in Mandate, die das absolut nicht wollen. Also auf Landesebene oder höher. Kommunal ist mir das egal. Für die Berlin-Wahl habe ich die guten Leute teilweise ein halbes Jahr bearbeiten müssen, bis sie bereit waren, zu kandidieren.

G Das unterscheidet uns von Satirikern. Die Feinfühligkeit. Ich denke, man muss im Umgang miteinander viel vorsichtiger werden.

S Du meinst im Untergang.

G Wenn man im Umgang miteinander grob und unnachgiebig ist, dann sagen die Leute: Wer weiß, wie der mit mir dann umgeht, wenn er mal mehr über mich zu entscheiden hat, als es gegenwärtig der Fall ist.

S Wenn wir an der Macht sind, fragt keiner mehr, verlass dich drauf.

G Ich bin sehr für die repräsentative Demokratie. Das bedeutet, dass es unterschiedliche Interessen gibt und man sie geltend machen darf. Ja, sogar muss. Denn wenn es unterschiedliche Interessen gibt, dann gehört dazu, dass sie vertreten werden. Die Unterschiedlichkeit der Interessenvertretung ist das Gütezeichen einer Demokratie. Ich bin gegen einen Bundestag ohne Union, weil doch auch konservative Interessen vertreten werden müssen, ich selbst tue es ja nicht. Natürlich sollte die Union mit weniger Stimmen vertreten sein, das will ich einräumen.

S Eine Stimme reichte. Ich brauche auch keinen Marktextremisten wie Christian Lindner, dessen staatstragende politische Äußerungen angesichts der tatsächlichen Bedeutung seiner Apotheker-Partei fast noch lustiger sind als das, was wir so von uns geben.

G Einige Konservative wollen noch immer am liebsten, dass es gar keine Linke im Bundestag gibt. Die haben die repräsentative Demokratie nicht begriffen, obwohl sie sich als deren Gralshüter empfinden.

S Die Linke im Bundestag stellt wichtige Anfragen. Viel Wahnsinn kommt doch erst durch kleine Anfragen ans Licht. Sevim Dağdelen ist eine der wenigen in der deutschen Politik, die sich für Julian Assange einsetzen, an dem die USA gerade menschenrechtswidrig ein Exempel statuieren, um Whistleblower abzuschrecken, und bei dem fast die komplette EU und sämtliche deutschen Medien wegschauen. Fabio De Masi treibt Scheuer und Scholz vor sich her, weil er unbestritten der beste Wirtschaftsexperte ist – und auch noch Humor hat. Sabine Lösing hat im EU-Parlament herausgearbeitet, wie viel Steuergeld verbotenerweise in die Aufrüstung fließt. Und dich habe ich sogar in einem meiner Bücher verewigt. Soll ich es dir mal vorlesen?

G Musst du nicht. Ist bestimmt eine Frechheit.

S Es ist eine Eintragung in meinem Brüssel-Buch, vom Februar 2017, eine Szene im Reichstag, es war während der Stimmabgabe bei der letzten Bundespräsidentenwahl, die mein Vater – von uns aufgestellt – gegen den doofen Steinmeier verloren hat, mit 931 zu 10 Stimmen. Gott, was für ein Debakel! »Gregor Gysi steht ein paar Meter weiter, ich sage ihm kurz Guten Tag. Als eine Dame von der Linkspartei uns zusammen fotografieren will, knicke ich leicht ein in den Knien ...«

G Ich wusste es. Eine Variante der abgesägten Ikea-Stühle.

S »... und mache mich einen halben Meter kleiner. Ich weiß, dass Gysi das hasst. Sofort winkt er energisch ab: ›Nein, nein, bitte hoch!‹ Gut, kann er haben.« Und dann habe ich mich gestreckt. Das gab ein lustiges Bild und ...

G Es reicht.

S Vergiss nicht, es gilt, was ich dir früher schon mal angeboten habe: Ich mache keine Witze über Kleinwüchsigkeit, wenn du keine Witze über meine Frisur machst.

G Angesichts meiner Lockenpracht kann ich mir solche Witze leisten. Für eine Zeitschrift beantwortete ich einen Fragebogen, der auch wissen wollte, wie ich einem Blinden mein Äußeres beschriebe. Ich gab an: »Groß, kräftig, dichte blonde Locken.«

S Behaupte es und steh dazu. Alternatives Faktum. Trump kam jahrelang durch mit so etwas. Jogi Löw auch.

G Die Redaktion erhielt einige Leserbriefe, von denen einer auch veröffentlicht wurde. Darin stand: »Von einem Linken hätten wir natürlich erwartet, dass sich seine Phantasie in dieser Frage an Karl Marx orientiert: dichter langer Bart und wallendes dunkles Haar.« Stimmt.

S Besser als an Lenin: lallend und brüllend nach dem zweiten Gehirnschlag.

G Du beleidigst gern. Wie gehst du selber mit Beleidigungen um?

S Ich habe das Glück, dass ich relativ wenig angefeindet werde. Aber mir ist das auch egal, weil ich in der »Titanic«-Redaktion den Umgang mit Anfeindungen gelernt habe. Wir waren ja nie auf Konsens oder auf eine Mehrheitsmeinung aus, wir haben den Mainstream nicht bedient. Wir haben gemacht, was uns Spaß machte und haben uns eigentlich über empörte Reaktionen gefreut. Das gehörte zur Wirkung, die wir anstrebten.

G Eine Zeit lang waren wir als Linkspartei auch erschrocken, wenn es im Bundestag ausnahmsweise mal Applaus für uns gab. Hatten wir etwas falsch gemacht? Weißt du, was der Unterschied zwischen uns ist? Wenn du im politischen Alltag agierst, so, wie ich über die Jahre gerne agiert habe, dann bist du wirklich darauf angewiesen, von einer möglichst wachsenden Zahl von Leuten akzeptiert zu werden. Denn wenn keine Steigerung an Zustimmung kommt, dann fühlst du dich eines Tages wie im völligen Stillstand. Das kann sich sogar bis zu dem Gefühl steigern, völlig sinnlos zu sein, also vergeblich zu arbeiten. Nur auf der Stelle zu treten? Wozu?! Du, Martin, bist auf einer anderen Schiene. Du hast dich für die Provokation entschieden, die das Außenseitertum kultiviert. Satire, der alle zustimmen, ist keine mehr. Das wäre nur noch Comedy. Der satirische, der witzige Geist verbreitet sich wie ein gutes Virus? Witz muss die Ausnahme bleiben, und er wird die Ausnahme bleiben. Die Klügeren lachen, die Dummen schreiben böse Briefe.

S »Jeder Witz ist eine überrumpelte Katastrophe«, hat George Tabori mal gesagt. Die Katastrophen nehmen zu, die Witze folglich auch.

G Witz rettet die Welt allerdings auch nicht.

S Aber den einzelnen Menschen. Ich mache die Witze ja nicht in erster Linie für andere. Sie sind eine Art Notwehr gegen das zunehmend irrer werdende System, in dem wir leben. Und jeder gute Witz stärkt Die PARTEI.

G Ich habe Interviews von dir gelesen. Einmal wurden dir drei Schlagzeilen zur Auswahl angeboten, unter einer davon sollte das Interview veröffentlicht werden: »Ich habe als Kind meine Oma geschlagen – sie hatte es verdient.« Dann: »Sachsen-Anhalt braucht Atomwaffen.« Und: »Ich habe mit Ingo Zamperoni geknutscht.«

S Ich erinnere mich, gewählt habe ich dann: »Meine Oma hat mit Ingo Zamperoni geknutscht – er hatte es verdient!« Die Forderung nach Atomwaffen und Aufrüstung wäre ja eher eine für die Unionsparteien. Oder die neuen Grünen.

GYSI
VS.
SCHÄUBLE

Es gibt eine These, die auch die Bild-Zeitung verbreitet: Die deutschen Steuerzahler finanzieren Griechenland. Das ist der größte Quatsch, den ich je gelesen und gehört habe. 90 Prozent der 240 Milliarden Euro für Griechenland gingen an die Banken und die Gläubiger. Dazu gehörte auch die Deutsche Bank. Dazu gehörten auch französische Banken. 90 Prozent dieser Summe gingen also nicht an die Griechinnen und Griechen; sie haben kaum etwas davon gesehen. Wie soll Griechenland bei diesem Abbau überhaupt jemals die Darlehen zurückzahlen können? Darüber scheint sich hier keiner Gedanken zu machen.

Ich sage Ihnen jetzt Folgendes: Die Bundesregierung hat Europas Akzeptanz bei vielen Bürgerinnen und Bürgern im Süden Europas zerstört. Was glauben Sie, was mir die Jugendlichen in Griechenland sagen würden, wenn ich sie nach Europa fragte? Ihre Antwort kann ich mir sehr gut vorstellen. Diese Jugendlichen haben durch Europa vor allem Abbau und Not erlebt. Wir brauchen aber Aufbau. Schulden darf es nur noch für Aufbau, nicht für weiteren Abbau geben. Sonst sind sie nicht bezahlbar.

Ich sage es noch einmal, auch aufgrund unserer eigenen Geschichte: Wir brauchen für den Süden Europas einen Marshallplan. In Griechenland muss investiert werden: in Bildung, in Schiffsindustrie und in Tourismus. Dann kommt das Land auch voran. Es geht nicht, die Löhne, die Renten zu kürzen und alles zu verkaufen, wie Sie es als deutsche Bundesregierung mit vorgeschrieben haben.

Deutscher Bundestag, Februar 2015

SONNEBORN
VS.
EUROPA IM ZOO

Dank, dass Sie alle heute hier erschienen sind. Es soll nicht zu Ihrem Schaden sein: Im Anschluss an diese Parlamentssitzung wird unter allen Anwesenden ein exklusiver Reisegutschein im Wert von 100 Euro verlost.

(Den Gutschein hochhalten)

Und auch ein Wort an die, die nicht hier erschienen sind: Meine knappe Redezeit verbietet es, Sie alle namentlich aufzurufen. Aber: Ihr steht auf meiner Liste, Arschlöcher!

Heute, liebe Mit-Europäer, auf den Tag vor acht Jahren, am 16. Februar 2007, starb Tanja. Tanja war das letzte Walross in einem deutschen Tierpark. Sie starb im Zoo von Hannover, so, wie viele Europäer und Europäerinnen: einsam, im Kreise ihrer Pfleger. Gerade einmal 33 Jahre wurde sie alt.

Das alles wissen Sie natürlich selbst. Warum ich es trotzdem erwähne? Weil mir scheint, dass sich Europa heute in einer ganz ähnlichen Situation befindet wie das Walross Tanja. Wir, liebe Kollegen, spielen dabei die Rolle der Pfleger; das Europäische Parlament ist der Zoo, und Brüssel ist Hannover. Der 16. Februar aber ist und bleibt der 16. Februar.

Daran können wir nichts ändern. Aber: Wir können die Geschichte des 16. Februar ändern. Aus einer Geschichte der Unfreiheit können wir eine Geschichte der Freiheit machen. Hier und heute. Denn ein Walross gehört nicht in den Zoo, schon gar nicht in den von Hannover!

Ich fordere Sie daher auf, mit mir Ihre rechte Hand zu heben, wenn Sie der sofortigen Auflösung des Europäischen Parlaments und der Befreiung Europas zustimmen.

Ich denke, dieses Ergebnis spricht für sich.

(Mit dem Gutschein wedeln)

Europäisches Parlament, Februar 2016
Aus dem Aktenordner »Nicht gehaltene Reden (I)«

Satirisches

»Martin, dir sag ich auf keinen Fall, wo ich im Wahlkampf auftrete.«
»Gregor, du trittst so oft auf, dass ich dich garantiert erwische.«

S. misstraut dem Sinn der *Satire* auf Kosten von Wüsten und noch unentdeckten Planeten. Er besteht auf Geschmacklosigkeit und den Auftrag der *PARTEI*: für andere Parteien Wahlkampf zu betreiben. Indem man die Wahrheit über sie öffentlich macht.

G. spricht über die fünfte als vierte Gewalt, er lobt die *Selbstironie*, und erschrickt über die Idee von S., Angela Merkel in einen Käfig zu sperren. Und: Er möchte auf keinen Fall eine Rechtsanwältin sein.

G Kurt Tucholsky beantwortete die Frage, was Satire dürfe, ganz knapp: Alles. Ich frage dich: Was darf sie?

S Wieso fragst du mich? Es war eine von Tucholsky selbst gestellte Frage, und er beantwortet sie sich höflicherweise auch selbst. Ich zitiere ihn: Alles.

G Nicht zu verwechseln mit gängiger Politik: Die nimmt sich alles heraus. Satire muss inzwischen allerdings mit der Einschränkung klarkommen, dass sie weit mehr als früher mit Klagen rechnen muss. Oder?

S Hm, in meinen »Titanic«-Jahren konnten wir mit Klagen eigentlich ganz gut umgehen. Wogegen man sich nicht so gut wehren kann, sind Kalaschnikows. Nach den Anschlägen auf »Charlie Hebdo« in Paris mit elf Toten habe ich gegenüber der dpa gesagt: »Das ist nicht komisch. Mit Anzeigen, Abokündigungen oder Kalaschnikow-Geballer auf Satire zu reagieren, gilt in der Szene als unfein. Unser Mitleid gilt den französischen Kollegen. Bei Titanic könnte so etwas nicht passieren, wir haben nur 6 Redakteure.« Zu meiner Zeit hatten wir mal einen internen Wettbewerb in der Redaktion dazu, wer als Erster eine Fatwa auf sich zieht. Ich dachte eigentlich, ich würde gewinnen, als ich 2001 nach den – leicht überzogenen – Anschlägen von New York unter der Überschrift »Nimm dies, Araber!« angebliche Bilder des Propheten Mohammed veröffentlichte – natürlich mit Hinweis auf das Bilderverbot. Unter skurrilen alten 70er-Jahre-Fotos mit so Männern in Schlaghosen hab ich geschrieben: »Mohammed bringt seiner Frau Blumen mit«, »Mohammed mit einem Glas Schweinebraten« oder »Mohammed beim Oktoberfest«. Komischerweise ist niemand zur Heftkritik bei uns in der Redaktion aufgetaucht.

G Es gibt kein Feld, auf dem man mit Satire niemanden verletzte.

S Robert Gernhardt hat mal gesagt, Witze könne man eigentlich nur noch über Wüsten und unentdeckte Planeten machen. Denn bei jedem anderen Thema wird sich immer jemand finden, der betroffen ist oder eine Stellvertreterbetroffenheit ins Feld führt. Die Satire von heute ist tatsächlich politisch viel korrekter, und damit natürlich auch langweiliger. Es fehlt das Moment der Überraschung, die leichte, verspielte, unverschämte Komik. Politische Korrektheit schadet jeder Kunst.

G War denn früher wirklich alles besser? Das ist doch auch so eine zähe Sparte: die Besserwisser, die verklären, was es so nie gab.

S Das wird besonders im Internet deutlich, in Corona-Zeiten auch noch gepaart mit einer aggressiven Grundhaltung. Nach Jahrzehnten fortschreitender Enttabuisierung und der Dekonstruktion bürgerlicher Wertvorstellungen, die zum Beispiel Fäkalschlachten unter Nackten auf der Bühne zeigte, gibt es heute die Gegenbewegung einer – ausgerechnet von der Jugend forcierten – neuen Bürgerlichkeit, die offensiv ihre Räume absteckt. Und zum Beispiel fragt, ob Lars Eidinger auf der Bühne Richard III. so darstellen darf, wie er es tut. Das gipfelt in der völlig absurden Fragestellung, ob Othello überhaupt von jemandem gespielt werden kann, der nicht Othello ist. Ihr habt doch sicherlich auch viele Dogmatiker in euren Reihen, oder?

G Die Bemerkung mit der Linkspartei überhöre ich. Magst du Karl Kraus?

S Sehr, ich habe lange auf eine Ausgabe der »Fackel« gespart. Als ich in Wien Germanistik studierte, sagte der Professor, bei dem ich war, Kraus gelte in Wien nur als zweit- bis drittklassiger Denker. Aber so sind die Österreicher, wenn es um die eigenen Leute geht, Sissi und Hitler ausgenommen ... Und Europas führenden Operettenkanzler Kurz natürlich. Der hat in Südeuropa kürzlich »kaputte Systeme« diagnostiziert. Steile These für jemanden, der einen versoffenen Neonazi zum Vizekanzler beförderte, nachdem der den verfilztesten Teil der Alpen an eine falsche russische Oligarchennichte verscherbeln wollte ...

G Geschmacklos.

S Und ob! Wir als PARTEI sind übrigens der Meinung, dass wir die einzigen sind, die geschmacklose Witze machen dürfen. Wir belästigen die Menschen allerdings, wenn man aufmerksam hinschaut, nur mit jenem Blödsinn, den sie selbst zu verantworten haben. Es geht in vielen Fällen nicht mehr darum, den Irrsinn zu entlarven, denn der entlarvt sich mehr und mehr selbst, sondern: ihn mit einem guten Witz erträglicher zu machen.

G Ist das nicht zu wenig?

S Fragt ihr euch das eigentlich auch mal selbst? Wir haben aber noch andere Tricks: Wir bringen wichtige Inhalte in die zunehmend inhaltsleeren Wahlkämpfe ein. Wir haben vor der Bundestagswahl 2017 ein gefaktes CDU-Plakat mit dem toten Flüchtlingsjungen Alan Kurdi in Umlauf gebracht. Das ist wohl das traurigste Bild, das ich in diesem Leben gesehen habe, ein zweijähriges Kind, tot am Strand. Tragisches Symbolbild für die menschenverachtende Politik, die die CDU in der EU betreibt. Das Plakat hat viele Menschen schockiert und die Pressestelle der CDU zum Fluchen gebracht – aber es bringt auch Leute dazu, hinzuschauen, zu fragen, was sich dahinter verbirgt. Wir haben auch Wahlplakate der NPD überklebt. Die Neonazis hatten ein Plakat, auf dem ihr Bundesvorsitzender Udo Voigt auf einem Motorrad zu sehen war, darunter groß der Slogan »Gas geben!«. Dieses Plakat hing hier in Berlin, genau vor dem Jüdischen Museum. Ich bin an der Laterne hochgeklettert und habe es überklebt: mit einem Foto von Jörg Haider in seinem zerschmetterten Autowrack, nach seinem tödlichen Unfall. Mit demselben Slogan, denn Haider hatte ja auch schön erfolgreich Gas gegeben.

G Eine andere Aktion: Du hast CDU-Funktionäre zu angeblichen Schwarzgeldkonten in die Schweiz gelockt. Wie gelang das?

S Hahaha, wir hatten bei »Titanic« einen Schweizer Praktikanten, den guten Zeichner Ruedi Widmer. Ich war mit ihm Pizza essen, ich fragte ihn, wie sie schmecke. Es dauerte, bis die Antwort kam: »Joaaaa, ei-gänt-lich gaanz güät«. Tempolosigkeit und Tonlage gefielen mir, ich dachte: Das ist ein Talent, das wir nutzen müssen. Das war, als die CDU-Schwarzgeldaffäre gerade öffentlich wurde: Der ehemalige CDU-Schatzmeister Leisler-Kiep hatte auf seinem Privatkonto eine Million gefunden, die wohl nicht ihm gehörte, sondern der CDU. Smiley! Wir riefen also in der CDU-Zentrale an, und unser Schweizer musste am Telefon sagen: »Grüezi, hier ist der Herr Widmer von der Crédit Suisse, Luzern. Wir haben gerade ein Konto von Ihnen gefunden, das ausläuft, wohin sollen wir die 1,3 Millionen Schweizer Franken denn überweisen?« Man hörte, wie auf der anderen Seite der Leitung jemand vom Stuhl fiel. Sofort schaltete sich ein Merkel-Vertrauter ein, Eckart von Klaeden, damals das kommende Nichts seiner Partei, heute Lobbyist bei Daimler. Er wollte sich möglichst schnell und unauffällig mit uns in Luzern treffen. Über Nacht nahmen wir uns einen Mietwagen und fuhren in die Schweiz. Mitgenommen hatten wir einen Leitz-Ordner und für Fotos fett »CDU-Schwarzgeld« draufgeklebt. Damit wir alles dokumentieren konnten. Dann haben wir in Luzern vor der Bank gewartet – und waren ziemlich überrascht, als neben von Klaeden auch CDU-Bundesgeschäftsführer Willi Hausmann plus Begleitung aufmarschierte. Wir wussten damals nicht, dass Helmut Kohl im Beirat der Crédit Suisse saß, und die Existenz von weiteren Schwarzgeldkonten für die CDU-Spitze zumindest eine sehr reale Möglichkeit war ... Wir haben dann ein schönes Foto der CDU-Schwarzgeldaffäre gemacht, das anschließend auch die Leser der »Süddeutschen Zeitung« erfreute.

G Erstaunlich, was so alles möglich ist. »Verstehen Sie Spaß?« gelingt eben immer und überall.

S Spaß? In der CDU-Zentrale ging es rund.

G Mussten Leute bei denen abtreten?

S Eckart von Klaeden war der Einzige, der in den offiziellen Erklärungen der CDU genannt wurde, den Bundesgeschäftsführer versuchte man aus allem herauszuhalten. Ecki wollte damals gerade durchstarten, und ich denke, es hat seine Karriere schon ein bisschen geknickt.

G Du sagst, ihr habt mit lustigen Aktionen im Grunde für andere Parteien Wahlkampf gemacht.

S Ja, wir haben über die Parteien Wahrheiten verkündet, die zu sagen sie selber sich nicht trauten.

G Habt ihr auch für die CDU Wahlkampf gemacht?

S Klar. Man hilft, wo man kann. Es waren die Zeiten von Roland Koch, der danach zum Glück in den Bau ging. Bilfinger & Berger hieß der Konzern, wenn ich mich recht erinnere. Koch führte Wahlkampf mit ausländerfeindlichen Parolen und kündigte eine Unterschriftenaktion gegen die doppelte Staatsbürgerschaft an. Am nächsten Tag standen wir in Frankfurt mit Anzug und Pomade im Haar auf der Zeil, vor uns Plakate wie »Die Ausländer sind da! Schöne Scheiße, Ihre CDU!« und sammelten. Alte Damen kamen auf uns zu und fragten interessiert: »Wo kann man denn hier gegen die Ausländer unterschreiben?« Wir haben die Leute unterschreiben lassen und ihre Unterschriften dann aus dem Verkehr gezogen. Und natürlich alles in »Titanic« dokumentiert. Schade, dass es Koch ein bisschen den Wahlkampf verhagelt hat.

G Ich verspüre ehrliches Bedauern bei dir.

S Bedauern empfanden wir auch, als die SPD in Bayern unter zwanzig Prozent zu fallen drohte. Beim Bier konzipierten wir eine Imagekampagne zur Rettung. Wir liehen uns den größten roten Mercedes-Sprinter der Uni Frankfurt aus, und brachten groß »Wir geben auf. SPD« auf der einen Seite des Wagens an und »Mit Anstand verlieren. SPD« auf der anderen. Dann bretterten wir nach Bayern, hupten uns in die Fußgängerzone von Aschaffenburg – und wurden von den Menschen ernst genommen: »Ja, recht so, gebt endlich auf! Ihr habt eh keine Chance!« Auch das wurde sorgfältig im Heft dokumentiert. Na ja, nachdem der Spitzenkandidat der SPD dann sagte, wir sollten den nächsten SPD-Wahlkampf übernehmen, wir könnten das offenbar besser, kam irgendwann der Wunsch auf, nicht immer Wahlkampfhilfe für andere Parteien zu leisten, sondern eine eigene zu gründen. Wir hatten Politik ja von der Pike auf gelernt.

G Jetzt weiß ich endgültig: Von mir erfährst du nicht, wo ich im Wahlkampf auftrete.

S Du trittst so oft auf, dass man dich auf jeden Fall erwischt.

G Mit einem Korb mit Schwarzwälder Schinken und mit einer Kuckucksuhr hast du versucht, die Fußball-WM 2006 nach Deutschland zu bringen.

S Und es hat geklappt, sie kam nach Deutschland. Die »Bild«-Zeitung brachte nach dieser sogenannten WM-Bestechung mein Foto auf der Titelseite und unsere Telefonnummer und forderte ihre Leserschaft auf, mir die Meinung zu sagen. Wir wurden in der Redaktion neun Stunden lang auf das Schönste beschimpft, da hieß es dann unter anderem: »Im Rechtsstaat gehören Leute wie Sie ins KZ!« Immerhin, ich wurde gesiezt. Die CD, die wir aus den zufällig mitgeschnittenen Anrufen gemacht haben, kann man heut noch gut hören im Netz, sie ist ein lustiger Beweis dafür, dass es Shitstorms und Wutbürger schon länger gibt. Vor allem in Bayern.

G Gab es denn wirklich einen, der wegen so einer Kuckucksuhr seine Stimme für Deutschland gab? Die meisten wollen bei Bestechung doch ein Milliönchen sehen.

S Einen gab es. Ein 82-jähriger Neuseeländer war das. Charles Dempsey. Geistig nicht mehr der Beweglichste.

G Wie habt ihr das praktisch gemacht?

S Ich habe ein Bestechungs-Fax geschrieben, an die acht Mitglieder des FIFA-Komitees, die auf ihren offiziellen Bildern am Korruptesten aussahen. War nicht einfach, die Auswahl, Smiley. Ein Fax mit der Bitte, für die WM in Deutschland zu stimmen. Es gebe auch einen schönen Geschenkkorb dafür, mit besagter Schwarzwälder Kuckucksuhr, ein paar verdammt guten Würsten und einem Bierkrug. Die Faxe schickte ich zu später Stunde ins Grandhotel Dolder, das teuerste Hotel von Zürich. Dann rief ich an und sagte, sie müssten unbedingt noch nachts weitergeleitet werden, weil am nächsten Tag die Abstimmung sei. Die Rezeptionistin steckte die Faxe in Briefumschläge und schob sie unter den Zimmertüren der FIFA-Komitee-Mitglieder durch. So bekam die ganze Bestechung zusätzlich noch eine etwas unseriöse Note. Charles Dempsey enthielt sich am nächsten Tag in der entscheidenden Abstimmung. Ich sag mal so: Heute wissen wir, dass er eigentlich für Südafrika stimmen sollte, aber von mehreren Seiten unter Druck gesetzt wurde – selbst Kanzler Schröder und Nelson Mandela sollen noch telefonisch versucht haben, Einfluss zu nehmen. Als dann auch noch das Fax kam, gab er auf und sagte später der BBC: »This final fax broke my neck, das hat mir den Rest gegeben. Jetzt schieben sie mir schon Faxe unter der Tür durch!« So hat er mit seiner Enthaltung aus Versehen, denn seine Stimme war schließlich entscheidend, den Weg frei gemacht für das sogenannte Sommermärchen in Deutschland.

G Es ist nicht zu begreifen, und man darf sich das auch gar nicht weiter ausmalen: Nicht mehr Millionensummen lenken die Weltgeschichte, es genügt Martin Sonneborn. Wo soll das noch hinführen? Franz Beckenbauer müsste bei so etwas doch vor Neid erblassen.

S Nach allem, was man heute weiß, können der Franz und ich eine furcht … Pardon: fruchtbare Zusammenarbeit bilanzieren. Ich musste mich hinterher noch mit einem Anwalt von Beckenbauer und dem Deutschen Fußballbund auseinandersetzen. Mit unserer »Titanic«-Anwältin Gabi Rittig fuhr ich zum Treffen nach Stuttgart ins Hotel Steigenberger, und da stand dann für einen kurzen Moment eine Schadenersatzklage in Höhe von 600 Millionen DM im Raum, also ungefähr 318 Millionen Euro – das übersteigt das Gehalt eines »Titanic«-Chefredakteurs.

G Geringfügig.

S »Titanic«-Chefredakteur, sagte ich, nicht: Parteivorsitzender mit SED-Erbschaft.

G Vorsicht, auch ich habe Anwälte!

S Obwohl du selber einer bist? Respekt! Jedenfalls kam ich tatsächlich unbeschadet aus der Sache heraus, indem ich eine vorbereitete Erklärung des DFB unterschrieb, dass ich zeit meines Lebens nicht mehr Einfluss nehmen werde auf die Vergabe von Fifa-Turnieren durch das Versenden von Bestechungsfaxen. Smiley. Von Mails und WhatsApp war übrigens nicht die Rede.

G Kein juristisches Nachspiel bis hin zum Gericht?

S Nein, nur die Drohung. Die riefen eine absurde Summe auf und sagten, darauf würden sie uns verklagen, wenn ich nicht unterschreibe. Ich hatte die neueste Ausgabe von »Titanic« mit, in der wir von der Aktion berichteten. Beckenbauers Anwalt las sich das sehr, sehr aufmerksam durch. Er fand nicht, was er wohl befürchtete, entspannte sich also etwas und ging dann, ohne seinen Tee zu bezahlen. Damit war die Sache durch. Also bis auf die Rechnung für den Tee.

G Was du so alles anrichtest ... Wer holt dich da nur immer raus?

S Früher unsere »Titanic«-Anwältin. Heute habe ich einen juristisch versierten Büroleiter. Das ist hilfreich. Über Christine Lagarde wollte ich kürzlich schreiben, sie sei vorbestraft. Jemand, der 400 Millionen öffentlicher Gelder veruntreut hat, kann doch nicht ernsthaft für ein hohes Amt geeignet sein. Mein Büroleiter wies mich darauf hin, dass sie in Frankreich zwar verurteilt worden war, das Gericht aber bizarrerweise wegen »ihrer Persönlichkeit und ihres internationalen Ansehens« auf die Verhängung einer Strafe verzichtete. Also verurteilt – aber nicht vorbestraft. Wir einigten uns darauf, die obskure Dame, aktuell Präsidentin der Europäischen Zentralbank, als »Kriminelle« zu bezeichnen, das ist juristisch nicht angreifbar.

G Unfassbar!

S Madame Lagarde oder ich?

G Bestechung oder Tauschgeschäfte – eure Methoden.

S Ja, einen Zwangsumtausch haben wir auch mal angekündigt: Man konnte diese unappetitlichen Sonderausgaben der »Bild«-Zeitung, die ein paar Mal im Jahr in jeden Briefkasten gepresst werden, an PARTEI-Ständen gegen eine »Titanic« tauschen oder einen Schluck Glühwein – ein ähnlich irrer Kurs wie damals der Zwangsumtausch zu DDR-Zeiten. Und als Olaf Scholz mit Kevin Kühnerts Hilfe zum Kanzlerkandidaten bestellt wurde, haben wir uns nachmittags eine Stunde vors Willy-Brandt-Haus gestellt: Gegen die Abgabe eines SPD-Parteibuches gab es eine Flasche Bier, Sonnebräu.

G War es erfolgreich?

S Ich würde sagen, ja. Im Laufe der Stunde wurden sechs Parteibücher abgegeben und eine Ehrenurkunde für 31 Jahre SPD-Mitgliedschaft.

G Die florierende Wirtschaftsform einer Spaßpartei.

S Wen meinst du nur immer mit Spaßpartei? Kühnert ist wohl der Juso-Vorsitzende, der seine Metamorphose vom Revoluzzer zum konservativen SPD-Mitglied am fixesten vollzogen hat.

G Mit Freibier habt ihr's auch. Bestechung und Freibier.

S Ja. Es gibt im Sommer auch regelmäßig EU-Veranstaltungen unter dem Titel »Trinker fragen, Europapolitiker antworten«. Da schenken wir auf EU-Kosten Freibier an europapolitisch interessierte Bürger aus. Der Zuspruch ist enorm.

G Endlich erfährt das deutsche Schimpfwort vom Bierernst seine Ehrenrettung.

S Den Bierernst sehe ich heute eher in der hypermoralischen Kritik an satirischen Beiträgen.

G Zum Beispiel?

S Auch Die PARTEI wird kritisiert. Wir haben mal ein Plakat zum Frauentag veröffentlicht. Da waren vier gut gelaunte Frauen aus der PARTEI zu sehen, die sich freudig mit Sekt zuprosten. Drüber stand: »Immerhin nicht behindert.« So etwas wird jedes Mal reflexhaft fehlinterpretiert, oft natürlich auch absichtlich.

G Bist du satirisch schon mal zu weit gegangen?

S Mir fällt im Augenblick keine Aktion ein, von der ich das wirklich denke. Das chinesische Außenministerium sieht das möglicherweise anders. Bei einem »heute-show«-Spaß auf der Buchmesse in Frankfurt im Herbst 2009 hatte ich chinesischen Besuchern Sätze über Menschenrechtsverletzungen in ihrem Land in den Mund gelegt. Der Beitrag wurde im chinesischen Staatsfernsehen ausgestrahlt und als offizieller Nachrichtenbeitrag aus Deutschland ausgegeben.

G Plump?

S Von uns? Ja. Sehr plump. Lustigerweise haben die Chinesen dem ZDF anschließend über das Auswärtige Amt die Hinrichtung meiner Person empfohlen. Nun ging das nicht, weil ich dort nicht fest angestellt war, also entschuldigte sich einfach nur der Intendant für mich in China. Was mir noch größere Freude bereitete, war ein Bericht der »SZ« darüber, dass Bundesaußenminister Guido Westerwelle auf seiner ersten China-Reise im Herbst 2009 wegen meines Beitrages nur ein sehr eingeschränktes Rederecht erhielt. Genau das müssen wir für Außenminister Maas auch erkämpfen, am besten weltweit.

G Einem Pharma-Lobbyisten hast du für die »heute-show« das Geständnis entlockt, billig produzierte Tabletten aus Fernost seien genauso wirksam wie teurere Pillen aus Deutschland.

S Dafür gab es eine Rüge von ZDF-Programmdirektor Thomas Bellut. Ich hatte den Geschäftsführer des Verbandes der Pharma-Industrie ProGenerika e. V., Peter Schmidt, interviewt.

G Ihr habt ihn angelogen.

S Nicht direkt, wir baten um ein Interview für eine der »heute«-Sendungen des ZDF, am liebsten hätten wir, das haben wir auch so gesagt, dass das Gespräch im »heute journal« ausgestrahlt wird. Wär ja wirklich sensationell aufklärerisch, wenn die so etwas zeigen würden. Machten sie aber nicht. Also: »heute-show«. Ich fragte den Mann nach den Kosten der Generikaherstellung, und er hat sich vor laufender Kamera um Kopf und Kragen geredet, hat von asiatischen Billigprodukten erzählt, die genauso gut sind wie die überteuerten deutschen, und dass er so etwas natürlich nicht öffentlich sagen würde. Die Situation zeigte auch, mit welcher Kumpanei man in einem milliardenschweren Verband offenbar rechnet, wenn man Interviews gibt. Wir haben dann all das gesendet, was er besser nicht hätte sagen sollen.

G Der Mann musste seinen Hut nehmen.

S Ehrlichkeit zählt eben nichts mehr in Deutschland. Aber Schmidt war vorher Mitglied der Arbeitsgruppe »Gesundheit und Soziale Sicherung« der SPD-Fraktion. Er hat mit seinem Wissen und seinen Verbindungen die Seiten gewechselt, und es ist genau diese Schnittstelle zwischen Politik und Lobbyismus, die man immer wieder kritisieren muss.

G Immerhin hat er nicht gefordert, dass du erschossen wirst.

S Demokratie hat auch ihre Vorteile.

G Bei der »heute-show« war ich auch schon zu Gast. Und hatte Bammel, das gebe ich zu. Oliver Welke ist wahnsinnig schnell. Ich fürchtete, nicht mitzukommen mit seiner Reaktionsschnelligkeit.

S Ja, ja, deine legendäre Begriffsstutzigkeit.

G Zwischen Aufzeichnung und Sendung lag eine halbe Stunde, diese kurze Frist genügte den Redakteuren, einen Satz von mir rauszustreichen. Natürlich nur, wie es hieß, wegen der Länge. Den Satz habe ich wieder gesagt, als ich in Aachen den Orden »Wider den tierischen Ernst« bekam. Dort haben sie ihn ebenfalls aus der Aufzeichnung getilgt. Der Satz lautete: »Ist Ihnen schon einmal aufgefallen, dass bisher alle gefälschten Dissertationen aus dem Westen kamen?«

S Das ist aber auch wirklich ein langer Satz. In Westdeutschland wird so was traditionell rausgeschnitten. Sätze müssen kurz sein. Hauptsätze.

G Das mit der Länge der Sendung war doch nur eine billige Ausrede.

S Mit der Länge hast du es aber. Immerhin blieben sie höflich.

G Als auch der Ministerpräsident Kretschmann aus Baden-Württemberg den Orden »Wider den tierischen Ernst« bekam und ich die Laudatio auf ihn halten musste …

S Typisch: Erst ehren sie dich – und dann wirst du bestraft.

G Als ich die Laudatio hielt, erzählte ich, es gebe einen Satz von mir, der sei aus der »heute-show« und als ich den Orden bekam herausgeschnitten worden und deshalb würde ich diesen Satz, dass bisher alle gefälschten Dissertationen aus dem Westen kamen, heute nicht wiederholen. So haben sie es drin gelassen. Gab es eigentlich bei dir Aktionen, die fehlgeschlagen sind?

S Zu Studentenzeiten wollte ich mit fünf Freunden den sehr kleinen FDP-Ortsverein in Berlin-Mitte übernehmen, dort eine kommunistische Plattform gründen und ihn dann überregional bekannt machen. Wir hatten das abends beim Bier besprochen. Aber ich war am nächsten Tag der Einzige, der dann verkatert in diese kaputte Partei eingetreten ist.

G Was mir immer wieder auffällt: Du machst mit Namen von Politikern Witze.

S Zu meiner »Titanic«-Zeit habe ich Namenswitze verachtet.

G Wehner war ein Anhänger solcher Kalauer. Wie hieß dieser eine CDU-Abgeordnete?

S Wohlrabe. Bei Wehner hieß er Übelkrähe.

G Inzwischen ist das mit den Namen so etwas wie deine Spezialität.

S Als Spezialität würde ich es nicht bezeichnen. Aber es reizt schon, wenn es gut passt. Manfred Weber, CSU, das ist einfach ein Strebertyp, also Manfred Streber. Elmar Brok, 179 Kilogramm konzentrierte CDU, ist mittlerweile viel besser unter seinem Kampfnamen Elmar Brocken bekannt. Der bekennende

Choleriker war während seiner Zeit im EU-Parlament als Manager bei Bertelsmann angestellt und sicherte dem Konzern dort einen Einfluss, der mit Gemeinwohlinteressen nicht zu vereinbaren war. Der Staatsrechtler Hans Herbert von Arnim bezeichnet das als »legale Korruption«

G Tim Penner?

S Dieser Tim Renner, Kulturstaatssekretär unter Wowereit, ist für die Zerschlagung der Volksbühne am Rosa-Luxemburg-Platz in Berlin verantwortlich. Ich hatte zu Wahlkampfzeiten immer einen Filzstift in SPD-Rot dabei, um seine Plakate zu korrigieren.

G Ist es nicht elend, sich fortwährend mit der Dummheit von anderen auseinanderzusetzen? Kämpfer gegen die Dummheit sind Nachfahren von Sisyphos.

S Sozusagen eine ebenso unendliche wie göttliche Arbeit.

G Trotzdem: Mit Namen macht man eigentlich keine Witze.

S Du hast nichts zu befürchten, auf Gysi reimt sich doch nichts Sinnvolles.

G Wäre auch nicht sehr originell, um es milde zu sagen, Herr Mondbrunnen, Herr Wonnedorn. Ich wollte ja nur wissen, ob das mit den Namen nicht doch etwas zu primitiv ist.

S Total plump. Aber auch der schlichte Witz muss gemacht werden. Und er wirkt. Wir haben das gemerkt, als wir aus dem Bundestag erfuhren, dass Friedrich Merz seit einem Artikel in »Titanic« fraktionsübergreifend »Fotzenfritz« genannt wird. Natürlich hinter seinem Rücken, der Mann ist ja groß. »Fotzn« ist übrigens ein bairischer Begriff für Ohrfeige, Ohrfeigengesicht, passt doch sehr gut.

G Ich nenne noch einige Namen. Alexander Dobrindt?

S Ah, Doofbrindt ist tatsächlich sehr naheliegend, er hat uns das Maut-Desaster eingebrockt. Er und Andi B. Scheuert.

G Olaf Scholz?

S Zu Scholz fällt mir nichts ein. Er verkörpert tatsächlich auf vielen Ebenen das ganze Elend der SPD.

G Christoph Schlingensief?

S Hoppla, das ist einer der wenigen Leute, bei denen ich mich entschuldigen müsste, glaube ich. Wir haben mal einen kleinen Spaß über seine Krebserkrankung gemacht, weil wir dachten, es sei eine Kunstaktion. Wir lagen falsch, wie sich leider zeigte. Ein Mann, der sehr fehlt. Er hat schöne Kontrapunkte gesetzt zu dem seichten Humor, der sich mittlerweile in unserer Gesellschaft etabliert hat. Komik und Kunst sollen ja eigentlich Erkenntnisinstrumente sein, keine Narkosemedikamente. Wir brauchen dringend mehr Verstörung. Meine Europapolitische Beraterin zitiert gerne aus Marx' Kritik der Hegelschen Rechtsphilosophie: Man muss diese versteinerten Verhältnisse dadurch zum Tanzen bringen, dass man ihnen ihre eigene Melodie vorsingt.

G Schlingensief gründete die Partei »Chance 2000«.

S In einer Kunstaktion für die doofe Deutsche Bank wollte er Geldscheine vom Balkon des Reichstages werfen – »Rettet den Kapitalismus – schmeißt das Geld weg!« – und wurde dann von Brigitte Seebacher-Brandt gestoppt. Mit Zehntausenden von Arbeitslosen wollte er den Wolfgangsee überschwemmen, um dadurch Helmut Kohls nahegelegenes Ufer-Domizil zu fluten. Überhaupt: »Tötet Helmut Kohl!«, der »Big-Brother«-Container mit Asylsuchenden in Wien nach Haiders Regierungsbeteiligung und die Gründung von »Chance 2000«, um damit die Grenzen zwischen Kunst und Politik zu zerbröseln – was für wunderbare Ideen!

G Die Parteigründung kommt dir bekannt vor, was?

S Ja, und um eine Reaktion des Bundeswahlleiters, der später auch Die PARTEI zur Bundestagswahl zulassen musste, beneide ich Schlingensief. Er hatte die überschuldete »Chance 2000« kurz vor der Bundestagswahl im Kleinanzeigenteil der »taz« zum Verkauf angeboten. Daraufhin erklärte der Bundeswahlleiter humorlos: »Die Gesetze lassen eine Veräußerung nicht zu.« Und drohte für den Fall, dass die Partei sich stattdessen auflösen sollte: Die aufgestellten Kandidaten müssten im Falle ihrer Wahl trotzdem in den Bundestag einziehen. Smiley! Heutzutage würde man eine Partei natürlich bei Ebay versteigern.

G Wahrscheinlich überrascht es dich, wenn ich sage, ich glaube, dass es im Bundestag mehr und mehr Leute mit einer ironischen Ader gibt.

S Wie bitte? Du hast Wahrnehmungsstörungen.

G Gut, rede ich nur von mir.

S Das nennt man eine Überleitung!

G Ich bestehe auf Selbstironie – und ich praktiziere sie. Das wirkt bescheiden und ist in Wirklichkeit die höchste Form der Arroganz. Vor Jahren ging es im Bundestag um die Veräußerungserlösgewinnsteuer. Sehr allgemeinverständlich kann man das kaum nennen. Die falsche Sprache ist einer der Gründe, warum die Leute sich enttäuscht von den etablierten Parteien abwenden.

S Heutzutage wird von Politikern durch die von ihnen verwendete Sprache entweder bewusst verschleiert, worum es in einem politischen Vorhaben geht, oder es wird auf dem sprachlichen Niveau von Dreijährigen kommuniziert. Beides möchte ich mir als Wähler entschieden verbitten.

G Man muss das Dumme dumm nennen und das Gefährliche gefährlich und das Böse auch böse. Man muss es benennen, weil man sonst seinen Auftrag aufgegeben hat. Besonders dumm ist zum Beispiel, wenn sich der Herr Gauland hinstellt und sagt, die AfD hole sich ihr deutsches Volk zurück. Er hat von Eigentumsrecht keine Ahnung. Dieses Volk gehört nicht ihm, nicht mir – keiner Partei. Es gehört sich selbst. Diese Anmaßung, ständig für das ganze Volk sprechen zu wollen!

S Yep. Gauland würde ich zu Angela Merkel in den Käfig im Olympiastadion sperren.

G Wie bitte?

S Ich bin mal gefragt worden, was ich machen würde, wenn ich eine Woche lang mit Merkel den Job tauschen könnte. In Kairo fand gerade der Prozess gegen Mubarak statt, und ich sagte, ich würde sie inhaftieren lassen und einen Schauprozess veranstalten. Im Olympiastadion. In einem Käfig. Das erst wäre die Vollendung der Wende. Aber wir waren bei der …

G … Veräußerungserlösgewinnsteuer. Unter der Regierung Kohl mussten die Kapitalgesellschaften diese Steuer voll bezahlen, Unternehmen von Inhabern dagegen nur zur Hälfte. SPD und Grüne änderten die Sachlage: Nun wurden Kapitalgesellschaften von der Steuer befreit, während Inhaber-Unternehmen voll zu zahlen hatten. In dieser Debatte sprach auch ich. Ich sagte, ich wolle das Ganze jetzt noch einmal so langsam erörtern, dass auch ich es verstünde. Das ist wichtig, denn unterstelle ich anderen, es nicht zu verstehen, beleidige ich sie. Rede ich von mir, kann ich davon ausgehen, dass sich die meisten sagen, na, er wird es schon verstanden haben. Und dann bot ich folgende Übersetzung an: Unter Kohl musste die Deutsche Bank, wenn sie etwas verkaufte und also einen Kaufpreis bekam, eine volle Steuer, und der Bäckermeister, wenn er das Gleiche tat, nur eine halbe Steuer zahlen. Nunmehr werde eine »sozial-ökologische Reform« eingeleitet, die darin besteht, dass die Deutsche Bank nichts mehr zu entrichten braucht und der Bäckermeister das

Doppelte bezahlen muss. Dann zog ich natürlich über SPD und Grüne her, wie es sich gehörte. Als ich geendet hatte, rannten etwa zwanzig SPD-Abgeordnete im Plenum nach vorn zum damaligen Fraktionsvorsitzenden Peter Struck und fragten, ob denn stimme, was ich gerade gesagt hätte und was sie in einer halben Stunde beschließen sollten. Struck wedelte mit den Armen und rief wiederholt, es sei alles entschieden. Ist ja klar: Bei »Veräußerungserlösgewinnsteuer« gehen alle Ohren zu. Aber wenn ich Mitglied einer Regierungsfraktion bin, und ich beschließe neues geltendes Recht, und ich frage nicht, was ich da eigentlich beschließe, dann ist das ein Armutszeugnis.

S Oder ist das vielleicht die ironische Ader, von der du gesprochen hast? Ja, ich kenne solche Abstimmungen aus dem EU-Parlament. Die Fraktionen erstellen Abstimmlisten, und die werden abgearbeitet. Worum es geht, kann ein CDU-Hinterbänkler in den seltensten Fällen sagen.

G Ihr habt eine Reportage gemacht, »Sonneborn rettet die Welt«, und dafür den Adolf-Grimme-Preis erhalten. Wie rettest du die Welt?

S Der Film hat drei Teile: Umweltschutz, irre Finanzmärkte, Korruption. Für dieses Thema sind wir auch bei dir im Bundestagsbüro gewesen und haben versucht, dir 50 Euro zuzustecken, die du aber nicht angenommen hast.

G Doch nicht vor der Kamera (*lacht*)!

S Hinterher schon.

G Hinterher waren es dann 100 Euro (*lacht*).

S Ich kannte die Tarife im Bundestag nicht. Ja, es ging im Film um Korruption, Siegfried Kauder von der CDU, Vorsitzender des Rechtsausschusses, wollte ein Gesetz, das Korruption bei Abgeordneten strafbar macht. Sein eigener Bruder hat ihn ausgebremst.

G Volker Kauder, ja. Den hatte ich als Gesprächsgast im Deutschen Theater. Ich habe ihn gefragt, wie er sich so fühle, als Chef seines Bruders. Er antwortete: »Könnten Sie meinem Bruder mal sagen, dass ich sein Chef bin?« Das Verhältnis zwischen beiden ist inzwischen wohl restlos gestört.

S Das freut mich für beide Seiten. Wobei ich noch mal etwas zum Humor im Parlament sagen muss: Ich finde es eigentlich durchaus angemessen, wenn Abgeordnete und Minister humorfrei sind. Sie sollen, im Unterschied zu mir, solide Sacharbeit betreiben und keine Unterhaltungsbedürfnisse bedienen. Ich freue mich über jeden, der zwar mit Humor nicht umgehen kann, dafür aber seinen Job ordentlich macht.

G Du selber machst keine Sacharbeit?

S Ungern. Meine Chefin im Haushaltskontrollausschuss Inge Grässle sagte, ich sei eine ausgewiesene Niete in der Sacharbeit. Zum Glück ist sie nicht wieder ins EU-Parlament gewählt worden, weil ihre Partei, die CDU Baden-Württemberg, lieber vier Männer auf die sicheren vorderen Plätzen gesetzt hat. Grässle war unbequem.

G Sacharbeit … Ich kann das nicht ohne einen gewissen Humor machen. Ich weiß noch, es ging im Bundestag um die Privatisierung von Bundesstraßen, da bin ich ans Pult und habe dem damaligen Bundesfinanzminister gedroht: »Herr Schäuble, ich habe gehört, dass Sie vorhaben, die Bundesstraßen zu privatisieren. Ich muss Ihnen in diesem Fall drohen.« Drohen – das ist ein ganz wichtiges Wort im Plenum. Es ist ein Weck-Wort. Sofort horchen alle auf und heben den Blick für einen Moment von ihrem Handy. Der Gysi droht dem Schäuble? Jetzt wird's interessant. Ich habe ihm also gedroht. Ich sagte: Wenn der Bund die Bundesstraßen privatisiert, werden die Länder die Landesstraßen privatisieren, die Kommunen die Kommunalstraßen – alle brauchen Geld. So, nun die Drohung: »Wenn Sie das durchsetzen, Herr Minister, werde ich mir die größte Mühe geben, die Straße zu kaufen, in der Sie wohnen. Und das hat zwei

Folgen. Die eine ist, wenn Sie nach Hause wollen, wird das sehr teuer für Sie. Und die zweite Folge, es wird Ihnen grottenpeinlich sein – es ist ja meine Straße, ich entscheide, wie die heißt –, wenn Sie überall angeben müssen, sie wohnten ›Zum Gysi Nummer 1‹«. Bald nach meiner Rede wurde bereits ein Straßenschild ins Internet gestellt: »Zum Gysi«. Von einer Frau bekam ich einen Brief, sie würde sofort dahinziehen, denn in Wahrheit erhöbe ich bestimmt nur eine sehr niedrige Mautgebühr.

S Die Straße würde ich dir gern abkaufen, um einen der schlimmsten Gauner in diesem Land zu ärgern. Lügen und CDU-Parteispendenskandale pflastern seinen Weg, und trotzdem gilt der Mann, der auch in Griechenland buchstäblich Menschenleben auf dem Gewissen hat, vielen als ehrenwerter Repräsentant des Bundestages. Bundestagspräsident! Wir haben ja eine lange Auseinandersetzung mit ihm gehabt und unseren sogenannten Geld-Prozess letztlich vor dem Bundesverwaltungsgericht gewonnen. Schäuble hatte uns mit einer existenzbedrohenden 500 000-Euro-Forderung durch drei Instanzen gejagt – der Spaß hat den Steuerzahler 100 000 Euro gekostet und uns eine Menge Zeit – dabei haben wir nur Geld verkauft.

G Ich habe davon gelesen.

S Nachdem die (verfickte) AfD Gold verkauft hatte, um ihre Einnahmen aus der – absolut unseriösen! – Parteienfinanzierung zu erhöhen, haben wir das mit druckfrischen Geldscheinen nachgespielt. Unser Geldverkauf – zum Schluss haben wir 100-Euro-Scheine für 80 Euro vertickt und dabei noch Gewinn erzielt – wurde natürlich sehr stark öffentlich wahrgenommen. Anschließend wurden Vorschriften der Parteienfinanzierung geändert, und wenn man dem »Spiegel« Glauben schenken darf, kostet das die (verfickte) AfD insgesamt rund 2 Millionen Euro pro Jahr. Kein Wunder, dass mein Kollege im EU-Parlament, Jörg Meuthen, immer so böse rüberschaut. Dein Chef Schäuble hat sich nach dem Prozess übrigens nicht etwa bei uns entschuldigt, sondern er versucht jetzt, die Parteienfinanzierung dahingehend zu ändern, dass die kleineren Parteien weniger und die großen Parteien mehr Geld erhalten. Das Bundesverfassungsgericht sieht so etwas mit Missvergnügen. Also: Besäße ich die Straße, in der Schäuble wohnt, würde ich sie Schwarzgeldallee nennen. Oder Sackgasse. Und ihm mal die Luft aus den Rädern lassen.

G Du siehst, ich bin anders.

S Nicht nachtragend. Bin ich auch nicht. Aber ich vergesse nichts.

G Eine halbe Million Strafzahlung gegen euch. Ja, das hätte euch womöglich die Existenz gekostet.

S Nicht wirklich. Wir hätten bei Merkel einen Rettungsschirm beantragt. Ich gehe davon aus, dass wir mittlerweile systemrelevant sind. Obwohl … bei uns gilt Merkel ja als humorlos …

G Noch schlimmer als Humorlosigkeit ist das Überraschungslose des gesamten Betriebes. Die Plenardebatten zum Beispiel. Öde! Bei einem Gesetzentwurf sagen alle im Saal ihre Meinung, und natürlich hat aus der Sicht der Koalition die Koalition recht, und alle anderen haben unrecht. Ein langweiliger Ritus. Das ändert sich erst in den Ausschusssitzungen, vor allem im federführenden Ausschuss, der dann die letzte Fassung eines jeweiligen Gesetzentwurfes erstellt. Da sind keine Medien zugelassen, da muss niemand Wirkung nach außen erzielen, und deshalb werden plötzlich Argumente ernst genommen, die im Plenum abgebürstet wurden. Noch nie ist ein Gesetz so verabschiedet worden, wie es eingebracht wurde – außer natürlich bei völkerrechtlichen Verträgen. Das heißt, du musst Wert legen auf die Sacharbeit in den Ausschüssen.

S Ausschuss. Schon dieser Begriff. Sehr erhellend.

G Es gibt Sachen, da greifst du dir an den Kopf. Es ist zum Beispiel geregelt worden, dass die Besitzer von Kleingartenanlagen keine weitere Gebühr für das öffentlich-rechtliche Fernsehen und den Rundfunk zu bezahlen haben, wenn sie es an ihrem Hauptwohnsitz tun. Dann stellte man fest, dass alle Kleingartenanlagen im Osten keine Kleingartenanlagen im Sinne des bundesdeutschen Kleingartengesetzes sind. Denn sie sind einen Quadratmeter größer als die in den alten Bundesländern – und demnach mussten die ostdeutschen Kleingärtner Gebühren bezahlen. Das ist kein Witz. Erst, als es um die nächste Gebührenerhöhung ging, konnte der bürokratische Blödsinn korrigiert werden.

S Ich sag ja: Spaßparteien, das sind die anderen. Leider sind viele Medien zu staatstragend, um Dinge wirklich zu hinterfragen. Wenn ich sehe, was in der EU tatsächlich passiert, und wie dann darüber berichtet wird, bekomme ich Depressionen. Seitdem die Medien ihre Aufgabe als vierte Gewalt nicht mehr erfüllen, muss immer öfter die Satire als fünfte Gewalt im Staat einspringen. Wir stellen Öffentlichkeit her für skandalöse Zustände und garnieren das Ganze mit einem schlichten Witz, um es konsumierbar zu machen.

G Medien … Ich war oft eingeladen zum »Talk im Turm« bei SAT 1, mit Erich Böhme. Einmal diskutierten Stefan Aust, damals Chefredakteur beim »Spiegel«, und Helmut Markwort, Begründer des damals noch nicht lange existierenden »Focus«, über ihre Zeitschriften. Man verbiss sich geradezu ineinander, jeder lobte sich selber.

S Und was solltest du dabei?

G Keine Ahnung. Jedenfalls sagte Aust, sein Blatt recherchiere gründlicher, und Markwort setzte dagegen: Wir sind viel moderner und schneller! Und irgendwann wandte sich Böhme an mich: Und, Herr Gysi, was sagen Sie dazu? Na ja, sagte ich, Herr Markwort hat recht, »Focus« ist wirklich moderner. Pause, und dann: zumindest, wenn man unter »modern« oberflächlich versteht … Was ich nicht wusste: Die Kamera war auf Markwort gerichtet, bei meinem ersten Halbsatz, »Markwort hat recht«, nickte er eher genüsslich. Dann kam der zweite Halbsatz, »zumindest, wenn man unter ›modern‹ ›oberflächlich‹ versteht« –

die Kamera zeigte nun, wie er erschrak. Dann stand in der »Welt« der freundlichste Satz, den diese Zeitung je über mich schrieb: Herr Markwort, bei Gysi nie zu früh nicken, immer noch den Nachsatz abwarten! Ich gebe zu, das hat mir gefallen.

Magst du, als Sprachmensch, Gendersternchen?

S Nicht sehr, sie stören meinen Lesefluss. Alle Änderungen und Beschränkungen im Sprachbereich empfinde ich als Belästigung.

G Du greifst also nicht zu den Gender-Sternen.

S Ich schreibe ohne. Ich glaube, das ist ein Generationenkonflikt, der da gerade ausgefochten wird. Sprache begreife ich als mein Arbeitsmaterial, und ich bin ein bisschen verschnupft, wenn Leute ohne jeglichen Sinn für Ästhetik ihre ideologisch motivierten Kategorien in meine Werkstatt schieben. Wir haben bei »Titanic« noch jahrelang die alte Rechtschreibung beibehalten. Aber ich lerne langsam zu verstehen, dass die Jüngeren, die mit einer anderen Sprache aufwachsen, das praktisch schon als politisch reaktionäre Positionierung betrachten.

Aber du hältst das ja strikt ein, das »-innen«.

G Ich bin sprachlich noch geschult worden durch Walter Jens. Der saß in einer Fernsehsendung und sagte, bei uns verkomme völlig der Konjunktiv. Ja, alle reden nur von »wäre, hätte, seien, würde …« Der eigentliche Konjunktiv wird nicht mehr angewandt. Das machte mich nachdenklich. Und seitdem schreibe ich eben nicht: wenn ich irgendwohin fliegen würde, sondern: wenn ich irgendwohin flöge. Nicht: ich würde einen Kuchen backen, sondern: ich büke einen Kuchen. »Büke« ist phantastisch. Wie das allerdings Ausländer und Ausländerinnen lernen sollen, ist mir schleierhaft.

S Jetzt noch die Höflichkeit üben, Gregor: Ausländerinnen und Ausländer. Oder sind Feministinnen auch gegen diese alte Form der Bürgerlichkeit, die Damen zuerst zu nennen? Bestimmt. Kürzlich las mir meine Europapolitische Beraterin lachend einen Text vor, in dem es um »Philosophinnen und Philosophen der französischen Aufklärung« geht. Das ist ziemlich lustig, weil es nun mal keine Philosophinnen der französischen Aufklärung gab. Ähnlich erfolgreich dürfte eine gendergerechte Suche nach den größten Heerführerinnen der Preußischen Armee verlaufen. Es gibt keine, auch wenn einigen das aus heutiger Sicht nicht passt. Angeraten wäre jetzt wohl ein kleiner Vortrag über die soziale Stellung und Unterdrückung der Frauen in jener Zeit, ein Umstand, der eben auch zur Folge hatte, dass Philosophie und Preußische Armee nur patriarchalisch … und so weiter und so fort.

G Aber korrekt.

S Genossen und Genossinnen geht ja noch, aber bald wirst du Mannschaften und Frauschaften unterscheiden und aus dem Kanzleramt ein Kanzlerinamt machen. Die PARTEI fordert ja schon die Umbenennung von Mannheim in Frauheim, von Bad Herrenalb in Bad Damenalb. Von Mörderinnen, Boomerinnen und Sexualstraftäterinnen dagegen liest man selten. Mir würde es darum gehen, die Verhältnisse zu ändern, nicht die Art und Weise, wie wir über sie sprechen. Es wäre mir lieb, wenn die Gleichstellung von Frauen in der Gesellschaft in jeder Hinsicht praktiziert würde. Wie wer am Ende darüber spricht, scheint mir vergleichsweise unbedeutend zu sein.

G Früher habe ich auch nur die männliche Form verwandt, damit aber auch die Frauen gemeint. Im »Neues Deutschland« erschien ein Kommentar gegen das große »I« in Wortverbindungen, das ich ebenfalls nicht leiden kann. Deshalb spreche ich doppelt. Aber der Artikel richtete sich auch gegen die Verwendung weiblicher Bezeichnungen etwa bei Berufsangaben. Wenig später veröffentlichte die Zeitung den Leserbrief einer Frau. Sie hatte einen Vorschlag: Da über Jahrhunderte die Sprache männlich dominiert war, solle für die nächsten Jahrhunderte die weibliche Variante gelten, das heißt: Die weibliche Form würde verwendet, und die Männer seien damit auch gemeint. Der letzte Satz ihres Briefes lautete: »Ab heute heißt es dann:

Herr Rechtsanwältin Gysi.« Ich erschrak. Nee, Rechtsanwältin wollte ich nicht werden. Seitdem leiste ich meinen Beitrag für die Gleichberechtigung von männlichen und weiblichen Bezeichnungen.

S Vorbildlich.

G Du sprachst vorhin von Empfindlichkeit. Es ist doch aber ein gutes Zeichen, wenn die Sensibilität, zum Beispiel gegen Rassismus und für Minderheiten, in der Gesellschaft zunimmt.

S Yep. Selbstverständlich, aber eine etwas undogmatischere Herangehensweise wäre mir lieber. Wir hatten vor zehn oder elf Jahren mal ein großes Wahlplakat in Berlin, das zeigte mich, im Gesicht und an den Händen schwarz angemalt: »Ick bin ein Obama!« Ein US-Journalist rief mich an, mitten in der Nacht, und fragte, ob das nicht rassistisch sei. Ich antwortete: »Das ist kein Rassismus, das ist Schuhcreme.« Ich finde das Plakat heute noch in Ordnung, als Kritik an der ungebrochenen, fast sakralen Verehrung, die Barack Obama gerade in Berlin entgegenschlug. Man darf nicht vergessen, der Mann war ein ausgewiesener Vertreter des amerikanischen Establishments, er erhob die Tötung per Drohne zur Staatsdoktrin und unterzeichnete wöchentlich die sogenannte Kill-List. Wir haben seinerzeit das Plakat unter relativ großem Medieninteresse enthüllt, und niemand kam auf die Idee, das als rassistisch zu interpretieren. Heute wird »Blackfacing« ganz anders eingeordnet, wirkt ganz anders, so dass ich es heute nicht wiederholen würde.

G Warum nicht?

S Aus zwei Gründen. Erstens, weil ich heute weiß, dass es überraschend viele Menschen gibt, die sich davon getroffen fühlen. Wobei das eine gefährliche Begründung ist, wir erinnern uns an Robert Gernhardts Wüsten-und-Planeten-Witze, die als einzige erlaubt bleiben. Und zweitens, weil ich jetzt aus Erfahrung weiß, dass die eigentliche Botschaft des Plakates vollkommen untergehen würde in der reflexhaften Empörung. Es wäre eine oberflächliche Ablenkung von dem, auf das ich die Aufmerksamkeit lenken möchte, und damit kontraproduktiv.

G Steige ich eigentlich in deiner Achtung, weil ich in Aachen Träger des »Ordens wider den tierischen Ernst« wurde? Dazu kam im Osten die »Goldene Henne«.

S Nee, nicht wirklich. Ich kenne Karneval bzw. seine besten Witze. 2001, kurz nach den Anschlägen, rief ich im Auftrag des Innenministeriums, Abteilung IV, Referat Kultur, bei Karnevalisten und Büttenrednern an und ließ mir ihren jeweils schärfsten Witz erzählen. Wir wollten keine Zensur üben, das habe ich deutlich gesagt, jedenfalls nicht, wenn die Witze nicht zu scharf sind, wir wollten nur sehen, ob die in der damals angespannten Situation öffentlich auf einer Bühne überhaupt aufgeführt werden dürfen. Die »Witze« haben wir damals mitgeschnitten und dann als Audiodatei veröffentlicht. Mann, war das ein Schrott! Rrrrrrrrrakeeeeete!

G Der Rosenmontag vergeht, der Fasching jedoch bleibt.

S Was den Fasching angeht, gilt wahrscheinlich die böse Vorstellung von Komik als systemstabilisierendem Faktor. Wer sich seines Unmuts durch eine herzhafte Lachsalve entledigen kann, geht eben nicht mehr mit der Mistgabel auf die Straße, um die realen Verhältnisse zu ändern. Humor, zumal in seiner wenig aggressiven Form im Fernsehen, ist in diesem Sinne systemrelevanter denn je.

G Ja, aber ich sage dir: Was mich betrifft, sind diese Auszeichnungen auch Mosaiksteinchen von dem, was ich die Veränderung des Zeitgeistes nenne. Beide Ehrungen sind ein Ausdruck für die wachsende Akzeptanz eines solchen Ostdeutschen und stehen damit symbolisch für eine längst fällige Korrektur in der Bewertung solcher ostdeutschen Biographien.

S Geht's nicht eine Nummer kleiner?

49

G Nein! Man muss sich das doch mal vorstellen: Als ich vor Jahren schon mal bei der Ordensverleihung in Aachen war, als Gast, da sagte der FDP-Chef Guido Westerwelle zu mir: »Herr Gysi, wenn Sie nicht hier wären, wäre ich der Linkeste im ganzen Saal.«
Ist das eigentlich ein psychologisches Problem bei der Satire? Dass man manchmal gegen sein Herz reden muss? Dass man unter Umständen derber sein muss, als man von seinem Wesen her ist?

S Ja, man könnte sagen: Vorsicht bei der Berufswahl! Gegenfrage: Ist das eigentlich ein psychologisches Problem beim Anwalt? Dass man manchmal gegen sein Herz reden muss? Dass man unter Umständen kühler sein muss, als man von seinem Wesen her ist?

G Ich verteidige ja nicht eine Tat, ich verteidige einen Menschen. Um ihn zu verstehen, um Beweggründe zu begreifen. Und dann vielleicht sogar seine Unschuld zu beweisen. Deine Freiheit ist schon besonders – und besonders wichtig, ja. Satire sehe ich wirklich als vierte Gewalt im Staate. Oder besser: als fünfte. Für die vierte ist sie noch nicht mächtig genug. Hat nicht genügend Einfluss.

S Na, wenigstens nicht fünfte Kolonne. Das wäre mal ein Arbeitsfeld mit einigem Innovationspotenzial für unsere doofen Geheimdienste. Der Umsturz einer bestehenden Ordnung durch nichts als einen einzigen subversiven Witz! Da sind wir dann beim tödlichen Witz von Monty Python, wobei der heute vermutlich politisch nicht korrekt wäre.

G Wie gesagt: Die fünfte Gewalt ist nötig, weil die vierte Gewalt nicht mehr richtig funktioniert. Zeitungen und Sender nehmen ihre Pflicht zur kritischen Haltung vielfach nicht mehr wahr. Bei Dingen, die ich politisch-fachlich einschätzen kann, stelle ich auch in den aktuell berichtenden Medien sinkenden Sachverstand fest. Journalisten haben es natürlich in gewisser Hinsicht auch leicht ... Warum lachst du?

S Ich habe Gewissen verstanden ... Die Zeitungen bauen von Jahr zu Jahr mehr und mehr ab, wirkliche Analysen und mühselige Einordnungen sind kaum gefragt, lieber werden Agenturmeldungen weitergereicht, PR-Material, oder es wird »Spiegel Online« hinterhergeschrieben. Alles muss schnell, seicht und vor allem leicht konsumierbar sein.

Und: Zu viel ist vorurteilsgeleitet. Die Anstalt hat in einer Sendung mal aufgezeigt, wie viele deutsche Chefredakteure mit unappetitlichen US-amerikanischen Think Tanks verbandelt sind. Man hält es nicht für möglich, bzw. dann doch. Was da mit ausschnitthafter Information und tendenziöser Berichterstattung an Stimmung gemacht wird ... Ich habe lange unterschätzt, mit welcher Beharrlichkeit unser System auf die Konfrontation mit irgendeinem Gegenspieler angewiesen ist, als Selbstbegründungsstrategie, und mit welcher Beharrlichkeit daran gearbeitet wird, etwa Russland und China als bedrohliche Pappkameraden aufzustellen.

Außerdem orientieren sich die Medien immer seltener am Klügstmöglichen, sondern am Dümmsten. Das führt zu einer systematischen Unterforderung aller anderen und verfehlt, zumal im öffentlich-rechtlichen Rundfunk, den vorgeschriebenen Bildungsauftrag.

G Die Verantwortung von Medien ist irgendwie abstrakt. Journalisten sagen und schreiben etwas, das kann sich morgen erledigt oder als falsch herausgestellt haben – na und? Kein Mensch fragt mehr. Als Politiker übernimmt man, zumindest in bestimmten Funktionen, eine Verantwortung, die an einem selbst hängen bleibt.

S Ich bitte dich! Was bleibt denn hängen an den politisch Verantwortlichen? Gar nichts. Den Schmutz des Geschäfts müssen immer andere aushalten. Die kommen doch alle heil raus aus ihrem Fehlverhalten, ihrer Dummheit in Amt und Funktion. Nimm Andi B. Scheuert: dumm, Milliarden in den Sand gesetzt, seine Lügen und Vertuschungen sind Legion, er bleibt einfach im Amt. Früher sind Minister wegen eines Empfehlungsschreibens auf offiziellem Briefpapier zurückgetreten.

G Du bist Satiriker. Und Satire – immer werden wir um diese Wahrheit kreisen – hat eine völlig andere Funktion als die übrigen Medien. Satire muss wehtun. Sie reißt Masken von Gesichtern.

S Das würde ich in Corona-Zeiten nie tun. Aber das ist heutzutage auch gar nicht mehr notwendig. Alles ist doch nur zu offensichtlich, aber das Skandalöse wird nicht mehr zum Skandal: Die Politik der Automobilindustrie, die misslungene Energiewende, Korruption und Lobbyismus, Waffenlieferungen in Kriegsgebiete, Julia Klöckners Landwirtschaftspolitik. ,

Das digitale Zeitalter bringt natürlich eine veritable Informationsschwemme mit sich. Alle Informationen sind da, öffentlich zugänglich, aber niemand findet sie mehr. Das war früher eine erprobte Strategie von Geheimdiensten, Desinformation durch Überinformation. Die EU verfährt mit ihren großen Vertrags- und Gesetzestexten übrigens ähnlich. In Zeiten, in denen die Presse ihre Wächterfunktion nicht mehr aufrechterhalten kann, sehe ich unsere Aufgabe auch darin, als Gate Keeper auf den asozialen Plattformen Schlaglichter auf die wichtigsten Dinge zu setzen.

G Auf diese Art ärgerst du ja auch, in so mancher Rede, die Konservativen. Machst dich lustig und hast deinen kleinen, diebischen Spaß daran.

S Das ist der Antrieb. Und Die PARTEI ist eben eine spezielle Form dafür. Aber was du eben über Medien gesagt hast, hat mein Gefühl bekräftigt, dass es natürlich Folgen haben muss, wenn man in die Politik eintritt. Folgen, mit denen man am Anfang gar nicht gerechnet hat.

G Was meinst du damit?

S Na ja, ich sehe, wie es immer schwerer wird, sich dem Einsickern von Ernsthaftigkeit in die eigene satirische Arbeit zu widersetzen. Zorn schlägt aufs Gemüt. Klar, das ist auch eine Altersfrage. Aber noch macht der Witz Spaß, jeder rettet sein

Leben auf seine eigene Weise. Gregor, wenn du vollständig aufgehen könntest in der Politik, dann wärst du doch nicht auch noch Anwalt, Moderator, Autor. Du bist also auch einer, der fortwährend Fluchten sucht.

G Ich liebe, ich brauche Abwechslung.

S Abwechslung: Wenn die Politik unseriös und unfreiwillig komisch wird, dann muss halt die Satire zur Abwechslung seriös und politisch werden. Schon aus Notwehr.

G Camus spricht vom einzig wahren Platz des Menschen: in der Revolte.

S Der Mensch in der Pointe, das ist auch ein guter Platz in der Gesellschaft.

G Wobei man sagen muss: Wenn man in einem Hotel ein Zimmer nicht direkt gegenüber dem Fahrstuhl hat und ausschlafen darf, ist man mit so einem Platz in der Gesellschaft manchmal auch schon zufrieden. Aber es ist ja tatsächlich so, dass du die Front, den Graben, die Seite gewechselt hast. Vom Beobachter, das ist ein Publizist ja immer, direkt hinein …

S … ins Auge des Hurrikans. In ein kafkaeskes Irrsinnssystem in der wunderschönen Stadt Belgien, wie Trump sagen würde.

G Hast du Angst, dass dir der Witz mal ausgeht?

S Nein, das Material ist das Entscheidende, und das ist ja unerschöpflich.

G Das ist wahr. Wir Linken haben so manche Wahl verloren, aber dass ich meinen Humor bislang nicht verloren habe, dafür bin ich sehr dankbar. Irrsinnssystem, sagst du. Bei dieser Definition muss dich doch der Gedanke packen, dass Witz nicht ausreicht.

S Eben weil der Zorn andere Ausdrucksformen verlangt?

G Ja.

S Ich habe ja nicht wirklich die Seiten gewechselt, sondern nur mein Arbeitsumfeld. In der Konsequenz dessen, was du sagst, könnte es keiner mehr in seinem Leben aushalten. Dann wäre es wirklich obszön, dass einer noch Gedichte über Gänseblümchen schreibt.

Und wer solche Fragen stellt wie du, der klingt natürlich immer etwas hochmütig. Als wirke er selber im Zentrum von Zorn und Sturm – das machst du doch auch nicht. Nur, weil du Politiker bist, hast du doch nicht Abschied von deinem bürgerlichen Leben genommen. Wer sagt, Witz sei zu wenig, der muss sich die Frage gefallen lassen, wie weit wir mit der Ernsthaftigkeit in der Welt gekommen sind. Ich glaube immer noch, dass ein guter Witz erstens mir selbst die Situation wesentlich erleichtert und er zweitens das, was ich öffentlich machen möchte, einen guten Teil transportabler macht. Botschaften, die wir lustig verpacken, verbreiten sich zum Beispiel im Netz viel effektiver. Viele Mitglieder unserer Partei trainieren spielerisch ihren Widerspruchsgeist. In der satirischen Beschäftigung mit einer Thematik entsteht dann im Netz, etwa über die Ideen zu lustigen Plakaten oder Aktionen, eine ganz eigene politische Kommunikations-Kultur. Die den Protest allmählich und spürbar mit Veränderungsvorschlägen und Forderungen verbindet.

G Ich muss gestehen, dass ich so ein Ziel kaum vermutet hätte.

S Inzwischen ist es so: Wenn in der Welt etwas passiert, wenn in Paris Notre Dame brennt, und ich schaue ins Netz, dann finde ich den ersten – lustigen – Kommentar oft nicht auf den Seiten der professionellen Satireredaktionen, sondern auf PARTEI-Seiten: »Beileid auch aus Aleppo.« Da ist etwas enorm in Bewegung geraten, Tausende in irgendeiner Weise an Politik und Komik interessierte Menschen denken über einen Witz nach.

G Das klingt tatsächlich weniger nach langweiliger Sachpolitik.

S Ich hätte auch gar keine Lust, seriöse Politik, Sachpolitik zu machen. Und was heißt das überhaupt: Sachpolitik! Ich muss mir nur das Panoptikum der Sachpolitiker in der EU ansehen, etwa aus der kroatischen HDZ, einer extrem korrupten Partei, mindestens vier Minister oder Ex-Minister dieser Truppe sitzen im Gefängnis. Es ist das Erfolgsgeheimnis der Europäischen Union, dass keine gesamteuropäische Öffentlichkeit existiert. Wenn die Menschen in Deutschland wüssten, was die Zeitungsleser anderer Länder über ihre eigenen EU-Kommissare wissen, dann wäre hier was los. Ich durfte die designierte kroatische EU-Kommissarin Dubravca S. im Ausschuss befragen. Sie konnte nicht erklären, wie sie durch den Wechsel in die Politik in den Besitz von fünf Millionen Euro gekommen war – als Lehrerin hatte sie noch in einer Sozialbauwohnung gelebt und war recht plötzlich zur Eigentümerin mehrerer Landhäuser, Autos, Yachten, Grundstücke geworden. Die Empörung in der kroatischen Bevölkerung hat ihrer Berufung zur Vizepräsidentin der Kommission von der Leyen nicht im Wege gestanden. Fachgebiet »Demokratie und Demographie«, Smiley. Sachpolitik!

G Ich hätte bei so einer Befragung gesagt, ich hätte das Geld auf der Straße gefunden, und Sie, Herr Sonneborn, liefen hundert Meter hinter mir, da war ich aber froh, dass ich einen kleinen Vorsprung hatte. Was würdest du erwidern, wenn jemand plötzlich so reagierte?

S Das wird nicht passieren, es herrscht eine große Humorlosigkeit! Aber was du sagst, ist interessant: Was würde passieren, wenn satirischer Geist spürbar einsickerte in die Gesellschaft? Auch wie so ein Virus. Ansteckend. Es käme zu einer Belebung des geistigen, politischen Klimas. Aber eigentlich geht es nicht um satirischen Geist – Geist allein würde ja schon genügen. Warum gibt es eigentlich keine Intellektuellen mehr, die sich politisch äußern? »Künstler für die SPD«, von Joseph Beuys sofort als »Kitschpostkarte« gespiegelt, das wäre heute doch undenkbar. Nicht nur wegen der SPD. Wer sich an eine Zeit erinnert, in der Jürgen Habermas, Heiner Müller, Alexander Kluge, Frank Castorf, Frank Schirrmacher, meinetwegen bis zu den Güntern Grass und Netzer, den politischen Diskurs vorangetrieben haben, der kann es kaum fassen, dass es heute als eine Information von Bedeutung behandelt wird, wenn ein Til Schweiger sich äußert.

G Unvorstellbar.

S Aber eines ist sehr wohl vorstellbar: wie in bestimmten Situationen der Witz hervorschnellt aus den Leuten, die eben noch gelähmt herumschlurften. Hattet ihr im Osten nicht auch so eine Sekunde, im Herbst 1989, die große Demonstration auf dem Alexanderplatz? Was da plötzlich für Losungen und Plakate aus der grauen Ödnis auftauchten. Mit einem Male war die DDR witzig, kaum zu glauben. Woher kam das? Es muss Situationen geben, die so was herauskitzeln, und schon erwacht das Virus. Plötzlich und unerwartet, heißt es in Todesanzeigen, plötzlich und unerwartet kann sich auch das Leben zu Wort und Bild melden. Da ist dann in geballter Ladung die gesamte Tradition zur Stelle, von George Grosz und John Heartfield bis zu Robert Gernhardt, Klaus Staeck und F. K. Wächter. Das wird von Leuten übernommen, die die Betreffenden gar nicht kennen. Heiner Müller erzählte 1990 in einem Interview, dass ihm ein Plakat besonders gefallen hätte. Neben den ganzen ehrenwerten »Wir sind das Volk«-Plakaten hielt ein Mann das Transparent hoch: »Ich bin Volker«. Müller meinte damals, den Mann, der das geschrieben habe, brauche man in nächster Zeit. So ist es, dieser Typus wird gebraucht. Wenn es nicht die Möglichkeit uneigentlichen, satirischen Schreibens, Sprechens und Schilderhochhaltens gäbe, wäre unsere Kultur längst verrottet oder zerplatzt, meint Gernhardt.

G Eure Nachwuchsorganisation heißt »Hintnerjugend«.

S Und? Was ist daran anstößig?

G Hintnerjugend. Da denkt man sofort …

S An eine radikale, feiste, unmenschliche, dumme …

G Klar.

S Also an die Junge Union. Falsch. Der Name kommt daher, dass unser Generalsekretär Tom Hintner heißt. Der traditionelle Gruß der Hintnerjugend ist übrigens »Hi Hintner«. Klar, wir orientieren uns plakativ an historischen Vorbildern, an erfolgreichen Einheitsparteien in Ost und West. Leider mit viel weniger Erfolg als die Nazis. Die Großindustrie zum Beispiel, die Hitler noch den Weg an die Macht geebnet hat, weigert sich unverständlicherweise, uns mit Spenden zu unterstützen. Wir gelten als unseriöser als die NSDAP damals.

G Die Zustände werden furchtbarer, die Gnadenlosigkeit des Unsozialen wächst, die Gier grassiert, auch Hass marschiert mehr und mehr durch die Parlamente, es wird, im bösen Sinn des Wortes, ernst.

S Und weil die Medien, wie du es auch beschrieben hast, so sehr versagen, muss man gegensteuern. Satire ist Gegensteuerung, ist auch Wahrnehmung von Verantwortung. Das ist unser Spannungsfeld: einerseits Satire zu betreiben, mit all den Formen, die uns zur Verfügung stehen, von Nonsens bis zur gepflegten Polemik – und andererseits wirklich etwas tun, etwas verändern wollen. Da passiert eine interessante Entwicklung.

G Klingt wie: Da ist ein Unfall passiert.

S Letztlich besteht unsere Standhaftigkeit wahrscheinlich darin, sich von der Satire nicht abbringen zu lassen, nicht weich zu werden, sie also zu behaupten. Das war auch zu »Titanic«-Zeiten meine Überzeugung: Satire ist Notwehr in einer immer kälter werdenden kapitalistischen Welt.

G Wie lange?

S Bis allen das Lachen vergangen ist. Oder die Klimakatastrophe uns wieder erwärmt.

G Bis ihr an der Macht seid. Ihr und wir.

S Das wird heiter.

G Heiter und Macht, wie passt das zusammen?

S Das Prinzip muss lauten: Ihr macht die Politik und wir die Witze – oder: Wir machen die Politik und ihr lacht darüber.

SONNEBORN
VS.
ERDOĞAN

Der »Irre vom Bosporus«, wie wir den Irren vom Bosporus, Erdoğan, im EU-Parlament liebevoll nennen, hat wieder zugeschlagen. Diesmal hat er durch seinen Botschafter die EU-Kommission angewiesen, die Förderung für ein Konzertprojekt der Dresdner Symphoniker einzustellen, das sich mit dem türkischen Genozid an den Armeniern beschäftigt. Die Kommission hat daraufhin das Orchester aufgefordert, entsprechende Textstellen abzumildern und das Wort »Genozid« zu vermeiden.

Als Mitglied des Kulturausschusses möchte ich einen Vorschlag zur Güte machen: Ich empfehle den Dresdner Symphonikern dringend, das Wort »Genozid« zu streichen – und durch den Begriff »Völkermord« zu ersetzen.

Ich bin Deutscher und mit Völkermord kennen wir uns aus.

Allerdings konstatiere ich mit einer gewissen Verblüffung, dass uns die Türkei hier allmählich den Rang abläuft. Deshalb möchte ich die türkische Regierung warnen, den hundertjährigen Rhythmus, in dem sie offensichtlich Genozide zu begehen gedenkt, derzeit genügt ein Blick auf die Lage der Kurden, nicht zu beschleunigen. Sonst müssen wir darüber nachdenken, die Drecksarbeit mit unseren Flüchtlingen jemand anderem zu übertragen.

Nichts für ungut. Derzeit keine Türkei-Urlaube geplant.

Europäisches Parlament, April 2016

GYSI
VS.
BURKA-JÄGER

Wenn es nicht unbedingt nötig ist, sollte sich der Staat nicht in Kleiderfragen seiner Bürgerinnen und Bürger einmischen. Wenn Mädchen und Frauen ihre Kopftücher tragen wollen, dann ist das ihre Angelegenheit. Wenn sie dazu aber gezwungen werden, dann müssen wir sie schützen. Dasselbe gilt für die Burka, auch wenn ich Menschen lieber ins Gesicht sehe. Allerdings muss es hier – auch wenn die Burka freiwillig getragen wird – Einschränkungen geben: Erzieherinnen, Lehrerinnen, Beschäftigte im öffentlichen Dienst mit Publikumsverkehr, Richterinnen, Staatsanwältinnen, Notarinnen, Rechtsanwältinnen und andere müssen bei ihrer Arbeit ihr Gesicht zeigen: für die Kinder, für andere Bürgerinnen und Bürger, für die Öffentlichkeit. Außerdem gibt es Kontrollen, bei denen das Gesicht gezeigt werden muss. Mit anderen Worten: Das Notwendige müssen wir regeln und ansonsten die Freiheit der Menschen, einschließlich der Religions- und Glaubensfreiheit sowie des Rechts auf Freiheit von der Religion, achten.

Es gilt, diese Freiheit in Deutschland durchzusetzen und dafür weltweit zu streiten. Für Menschenrechte kann man sich nicht je nach politischen Gegebenheiten einsetzen, wie es die Bundesregierung macht. Sie schweigt zu vielen Menschenrechtsverletzungen von Erdoğan, und in anderen Fällen nutzt sie Menschenrechtsverletzungen sogar als Begründung für militärische Aktionen. Das ist höchst unglaubwürdig.

Deutscher Bundestag, September 2016

Europäisches

»Martin, du bist im Europaparlament, Europa leider nicht.«
»Gregor, deine Reden im Bundestag nützen auch wenig.
Wir leiden beide.«

S. in *Brüssel*: wirklich nur als »Stimmvieh«? Frau von der Leyen
lächelt verkrampft, wenn er redet. G. fragt nach der alten Gurkenkrümmungsverordnung und interessiert sich für das, was S.
ein Hartz-33-Leben nennt. Plötzlich taucht ein Diplomatenpass
als Mückenschutz auf, und G. und S. sind sich sehr einig im
Zorn auf eine EU der *Remilitarisierung* und einer korrupten
Wirtschaftspolitik, beschämend toleriert von Sozialdemokraten
und Liberalen.

G Es ist ja eigentlich nicht zu fassen: Ihr wart als PARTEI-Reisegruppe in Georgien.

S Reisegruppe?! Das war ein Staatsbesuch, Mann. Steinmeier, der als Außenminister vorher dort war, im Februar 2007, hatte das nicht besser hingekriegt. Wir waren bei der Georgian Labour Party zu Gast, der größten Oppositionspartei. Die georgische Sprache zählt zu den ältesten und kompliziertesten überhaupt, durch einen Übersetzungsfehler hatten die Georgier den Eindruck, wir wären schon mit 30 Sitzen im Deutschen Bundestag vertreten. In der »Titanic« hatten wir annonciert: »Komm mit auf Staatsbesuch!« Die ersten 25 PARTEI-Freunde, die sich meldeten, wurden in 49-Euro-Einheitsanzüge von C&A gesteckt, und los ging's ab Flughafen Frankfurt.

G Du hast ja bei deinem »Staatsbesuch« eine Frechheit sondergleichen begangen, du hast Willy Brandt imitiert.

S Es war in Tiflis, ja, vor dem Mahnmal für die Helden des Großen Vaterländischen Krieges. Ich ging in die Knie, weil ich dachte, seit Willy Brandt wird ein Kniefall im Ostblock einfach erwartet. Mein C&A-Anzug war sofort durchnässt, im Kniebereich. Vor mir lag ein Kranz aus dem Blumenhaus Quitt in Hanau. Die hatten fix auf Außenpolitik-Tarif umgeschaltet, als sie den Text für den Aufdruck sahen: »Dem Georgischen Volke – von Die PARTEI«.

G Wenn man die Fotos betrachtet – das sieht professionell aus.

S Die Gangart und den Gesichtsausdruck in dieser Szene hatte ich zu Schulzeiten jahrelang trainiert, immer wenn ich im Mathematikunterricht vom Lehrer an die Tafel gebeten wurde.

G Was wollt ihr als PARTEI außenpolitisch?

S International noch viel mehr Verwirrung stiften. In Tiflis habe ich mich offiziell für den Bruch des Hitler-Stalin-Paktes entschuldigt, Stalin ist ja Georgier, und die Entschuldigung stand noch aus. Stalin wird in Georgien übrigens wieder stark verehrt, fast mehr noch als Hitler bei uns.

G Bevor du 2014 ins Parlament nach Brüssel gegangen bist, hast du »Spiegel Online« ein Interview gegeben und deine politische Perspektive dort schon vorher auf einen bitteren Punkt gebracht: »Ich sehe mich eher als Stimmvieh, das die Vorgaben der Europäischen Kommission im Hauruckverfahren abnickt.« Das war natürlich blanke Ironie. Als seist du völlig botschaftslos.

S Natürlich habe ich politische Botschaften.

G Aber?

S Wie gesagt: Ich versehe sie mit einem Witz, damit sie mehr Verbreitung finden.

G Wie gesagt. Die Zeiten sind ernst.

S Zu ernst, um keine Satire zu machen. Für komplexe politische Fragen bieten wir einfache, populustig ... pardon, populistische Lösungen an.

G Das machen andere auch.

S Deren Lösungsvorschläge sind lächerlich, unsere lustig. Das ist ein wichtiger Unterschied.

G Es heißt, es genüge nicht die einfache Wahrheit.

S Doch. Und immer das Gegenteil behaupten. Ohne sein Gegenteil ist nichts wahr. Bei der Europawahl hieß unser Slogan: »Für Europa reicht's«. Also: runter von diesem Pathos einer Schicksalswahl. Der Wahlkampf sollte ja suggerieren: Wählt die Parteien, die die GroKo Haram stellen, die haben Erfahrung, wir leben in unsicheren Zeiten, diesmal darf nichts schiefgehen. Aber Erfahrung haben diese großen Parteien doch hauptsächlich in der Verwaltung des kaputten Zustandes, den sie in der EU selbst herbeigeführt haben. Was diese Parteien an Personal nach Brüssel schicken, da kann man getrost sagen: Für Europa reicht's. Gerade. Gerade noch! Nicht die Besten haben wir in den vergangenen Jahren nach Europa geschickt, sondern oft die Dümmsten.

G Ich fand das Gesicht der Frau von der Leyen interessant, als du sie in einer Rede angegangen bist. Sie ist ja nicht doof, sie merkt ja, was du da treibst.

S Rausgehen kann sie aber nicht. Also lächelt sie.

G Etwas verkrampft zwar, aber sie lächelte.

S Das ist ein Übersprungslächeln.

G Wie hat denn Frau Merkel reagiert, als du bei ihrem Besuch in Brüssel eine deiner kurzen Reden gehalten hast?

S Merkel reagiert gar nicht. Die gibt sich absolut unemotional in solchen Situationen. Ich habe es allerdings nicht genau gesehen, ich bin auf meiner Hinterbank zu weit weg und musste mich auf meine Rede konzentrieren. Merkel ist souverän, kann auch mit Zwischenrufen gut umgehen, da ist sie von euch in Berlin gut trainiert. Ich hatte eigentlich gar keine richtige Rede, ich hab ihr gesagt, dass ich die Redezeit nur beantragt habe, damit die nicht an Udo Voigt von der NPD geht. Und dass sie mir immer sympathischer wird, je mehr potenzielle Nachfolger ich sehe. Das war, als gerade der Blackrocker Friedrich Merz aufdrehte.

G Die EU sollte ja eine Gemeinschaft werden, in der die Demokratie und die Rechtstaatlichkeit fest gesichert sind.

S Kannst du glatt vergessen. Nimm nur die finanziellen Zuweisungen an die Mitgliedsländer Polen und Ungarn. Dafür sind doch Demokratie und Rechtsstaatlichkeit überhaupt kein Kriterium mehr. Unterstützt wird vor allem, wer eine konservative Regierung hat und seinerseits den konservativen deutschen Parteien und ihrer EVP Mehrheiten garantiert. Das ist absurd. Damit wird der Grundgedanke der EU aufgegeben.

G Es gibt doch bestimmt auch Idealisten oder Leute, die du gut findest, in Brüssel.

S Ja, zum Beispiel den Grünen Sven Giegold. Er kommt von Attac und setzt sich mit ganzer Energie gegen die verheerende Priorisierung wirtschaftlicher Interessen gegenüber denen der Bürger in Europa ein. Aber maßgebend ist im Parlament leider ein großer konservativer Block, der im Interesse der Industrie und Finanzwirtschaft alles wegstimmt, was sozial motiviert ist oder lediglich die Interessen von 450 Millionen EU-Bürgern vertritt. Flankiert von Sozialdemokraten und Liberalen. Das ist beschämend.

G Wenn es um solche ernsten Themen geht, also um die bittere Lage, dann wirst auch du – schubweise – ernst, wütend sogar. Bist es zunehmend geworden. So mein Eindruck. Vorhin hast du das bestätigt. Der Satiriker, also der Witz, kommt mitunter eben auch mal an sein Ende.

S Du hast recht, mein Niedergang hat begonnen, eindeutig. Das System ist aber auch infam. Es schickte eine Frau von der Leyen nach Brüssel und hat damit erreicht, dass ich sogar dem konservativen Juncker nachtrauere. Ich kann nur warnen: »Europa nicht den Leyen überlassen!«

G Verkehrsminister Scheuer …

S Du meinst Andi B. Scheuert? Wo bleibt da die Empörung? Wieso geht bei dem Idioten kein Mob mit Mistgabeln auf die Straßen? Warum verschwindet dieser Mann mit seinem gekauften Doktortitel aus Tschechien nicht wieder in irgendein bayerisches Nest? Ist mir unbegreiflich. Jetzt plant er die Maut auf europäischer Ebene, es geht letzten Endes darum, aus steuergeldfinanzierten Autobahnen privatwirtschaftliche Gewinne zu generieren. Wie kommst du überhaupt auf den? Den streichen wir aus unserem Text.

G Brüssel steht für eine radikale Remilitarisierung Europas, ohne dass das in Deutschland so richtig wahrgenommen wird.

S Man muss sich das vergegenwärtigen: Ich habe über einen EU-Haushalt mit abgestimmt, in dem mehr Geld für Waffenentwicklung, Grenzsicherung und Aufrüstung vorgesehen ist als für Entwicklungshilfe. Für automatische Waffen, für die Entwicklung von Killerdrohnen. Wenn wir in der EU die Grenzen hochziehen, die Menschen im Mittelmeer sterben lassen und in den Ausbau von Waffensystemen investieren, dann wird das möglicherweise ein paar Jahre halten, bleibt aber im Kern ein selbstwidersprüchliches, verlogenes Konstrukt. Für den Friedensnobelpreisträger EU.

G Europa kann der Armut, dem Hunger und der Migration nicht mit automatischen Waffen und Grenzzäunen entgegentreten. Wir Linke sagen das, wir sagen das laut – und?

S Als ich im Europaparlament anfing, wollte ich die EU umkrempeln und für ein starkes Kerneuropa mit 27 Satellitenstaaten kämpfen. Mittlerweile habe ich meinen Plan verfeinert: Nach den Briten will ich auch die Polen, Ungarn, Bulgaren, Österreicher und Iren aus der EU schmeißen. Luxemburg, Holland. Alle Steueroasen raus! Deutschland natürlich auch. Außerdem alle, die keine Flüchtlinge aufnehmen. Und dann, wenn die weg sind, verfolgen wir eine andere Flüchtlings- und Türkeipolitik.

G Und wie?

S Keine Ahnung, ich bin nur ein einfacher EU-Abgeordneter. Aber ich würde mal damit anfangen, den bankrotten Irren vom Bosporus, Erdoğan, nicht weiter mit großen Milliardensummen zu alimentieren.

G In den Medien wird die jüngere Generation oft als verlorene Generation, europafern und unpolitisch betitelt. Auch aufgrund der Dinge, die du benennst.

S Das ist, glaube ich, falsch. Das stimmt für Deutschland nicht. Wir haben monatlich rund 400 Eintritte in unsere Partei, überwiegend von jungen Leuten.

G Stellen sie Europa infrage?

S Europa kann man nicht infrage stellen, denn es ist eine geographische Tatsache. Viele sehen die EU-Institutionen kritisch. Lachen musste ich übrigens, als mal im »Spiegel« stand, zwei unter 30-Jährige seien in die SPD eingetreten. Der »Spiegel« hat eben noch Sinn für Sensationen und Kuriositäten.

G Hast du Hoffnung für die EU?

S Die Nationalsozialisten hatten eine Vision für Europa für die Zeit nach dem »Endsieg« entworfen. Wir sind gar nicht so weit entfernt von deren Vorstellungen: absolute deutsche Vormachtstellung, Euro, eine Zentralbank in Deutschland – ich sag doch: Europa ist eine wirtschaftliche Konstruktion. Solange das Europaparlament konservativ besetzt ist, solange es eine wirtschaftsorientierte und finanzmarktfreundliche Politik vorantreibt, solange es die vielen daraus wachsenden sozialen Verwerfungen gibt und die Auseinandersetzung Nord-Süd, solange wird dieses Konstrukt keine Chance auf Sympathie haben. Da muss ganz schnell etwas geschehen, sonst passiert etwas – und alles fliegt uns um die Ohren. Glaubt man den Daten von Eurostat, sind in der EU seit Beginn der Datenerhebung 22 bis 25 Prozent der

Bürger arm oder von Armut bedroht. Abgesehen von Umwelt- und Infrastrukturproblemen müsste das vorhandene Vermögen anders verteilt werden. Wenn wir es schaffen, diesen profitgenerierenden Zweckverbund in eine Gemeinschaft zu verwandeln, die sich an den realen Interessen der europäischen Bevölkerungsmehrheit orientiert, wird alles gut. Smiley!

G Hast du in Brüssel Freunde?

S Nur Hunde. Unter Brüsseler Journalisten heißt es, wenn du einen Freund suchst, dann kauf dir einen Hund. Unter meinen Sitznachbarn bräuchte ich gar nicht zu suchen. Ich gehöre zu den fraktionslosen Abgeordneten und somit zum Abschaum des Parlaments.

G Warum sagst du das?

S Na, weil ich die ganze letzte Legislatur hindurch meinen Sitzplatz im Plenum hinten bei den Lümmeln hatte, zusammen mit Spinnern und Neonazis. So nah an Leute wie Udo Voigt von der NPD zu kommen, ist für einen »Titanic«-Redakteur normalerweise nicht so einfach. In einer Plenumspause, als ich fast allein war, hab ich mal nachgeschaut, ob der schon irgendwo Hakenkreuze eingeritzt hat. Unter seinem Tisch lag eine Zeitung. Sah aus wie die »Junge Freiheit«. War aber die »taz«, das hat mich sehr irritiert. Allerdings hatte Voigt die Seite 18 aufgeschlagen, eins acht, szenetypisches Kürzel für Adolf Hitler, und interessierte sich wohl für einen Artikel über Hakenkreuze in Griechenland – letztlich also ganz normale Fortbildung.

G Nimmt man dich ernst?

S Ich glaub schon, besonders die Ausländer, die mich nicht kennen, die nicht wissen, wo ich herkomme und was ich so mache. Es gibt aber durchaus auch semiseriöse Kontakte zu deutschen Parteien – sie reichen von deiner Partei bis hin sogar zur FDP. Ich glaube nicht, dass mich alle als Spaßpolitiker sehen, auch wenn das EU-Parlament ja eine Art Spaß-Parlament ist. Weil es eben in der Hauptsache nur Vorgaben von Rat und EU-Kommission abnickt und ohne eigenen Gestaltungsauftrag, ohne Initiativrecht ist. Und es gehört auch zum Spaß, wenn mein leicht irrer polnischer Kollege Januzs Korwin-Mikke – ein Monarchist, der leider nicht wiedergewählt wurde – in einer Debatte um den Gender Pay Gap erklärt, es sei absolut korrekt, dass Frauen weniger verdienen, weil sie kleiner, langsamer und dümmer seien als Männer. Es war äußerst unterhaltsam zu beobachten, wie daraufhin eine kleine Spanierin zwischen ihren Kopfhörern erstarrte, weil sie nicht glauben konnte, was ihr soeben übersetzt worden war, und dann empört lospolterte.

G Dein eigentliches Parlamentspublikum ist YouTube.

S Eine einminütige Rede gegen Erdoğan, 2016, hat auf verschiedenen Portalen über fünf Millionen Abrufe gehabt. Sehr gut verbreitet hat sich auch eine Rede mit der Forderung, Irland aus der EU zu schmeißen, weil es dem globalen Umsatzgiganten Apple einen empörenden Spitzensteuersatz von 0,005 Prozent gewährt. Für sein gesamtes Europageschäft. Die Steuerschuld hatte sich summiert auf 12 bis 14 Milliarden Euro, aber Irland wollte diese Summe nicht eintreiben. Um Apple nicht zu verdrießen. Reden meines guten Kumpels Herbert Reul, einer der nettesten und dümmsten Menschen, die ich im Leben kennengelernt habe, jetzt Innenminister in NRW, hatten durchschnittlich eher 35 Abrufe. Wenn es gut lief. Jo Leinen von der SPD, euer Oskar verpasste ihm den Spitznamen »Pannen-Jo«, hatte auch Reden mit 8 Abrufen, und wenn es schlecht lief, mit Null. Er hat nachher seinen YouTube-Kanal gelöscht, weil ich mich immer darüber lustig gemacht habe. Leinen hat sich übrigens mit einer kleinen Mogelei neben seinen Zahlungen im EU-Parlament noch die Weiterzahlung einer 7000-Euro-Pension aus seiner Ministerzeit im Saarland erschwindelt. Also, die Abrufe der Videos der anderen im Netz sind marginal – wenn's hochkommt.

G Weil's nicht wenigen bei diesen Leuten einfach nur hochkommt.

S Gregor, mach weiter so, und ich befördere dich zu meinem Redenschreiber.

G Bezahlst du denn gut, du mit deinem speziellen Brüsseler Existenzminimum?

S Sieh an, immer den warmen Regen im Blick, der Genosse.

G Bitte keinen Regen, da wachse ich noch mehr. Oh, jetzt hab ich selber mit dem Thema angefangen, das ich mir verbeten habe …

Du hattest bestimmte Ziele beim Eintritt ins Europaparlament: einen Amazon-freien Mittwoch, eine Faulenquote und die Wiedereinführung der Gurkenkrümmungsverordnung. Ziele erreicht?

S Leider nein. Erwartungsgemäß nein. Als fraktionsloser Abgeordneter bin ich chancenlos in diesem Parlament.

G Ja! Woran ist denn das mit der Wiedereinführung der Gurkenkrümmungsverordnung gescheitert?

S Wir wollten diese abgeschaffte Verordnung wieder einführen, aber nicht für Gurken, sondern für deutsche Export-Waffen: jeweils zwei Zentimeter Krümmung auf zehn Zentimeter Lauf. Das würde die Welt garantiert nicht schlechter machen. Als ich das meinem CDU-Kollegen McAllister schmackhaft machen wollte, murmelte er, sichtlich überfordert, irgendwas von »interessant«, und sprang dann ganz schnell in einen Aufzug; es schien ihm völlig egal zu sein, ob der Lift nach oben oder unten fuhr. Vierzig Abgeordnete brauchte es zur Unterstützung dieser Idee, dann erst hätte man die Kommission damit beauftragen können, sich mit der Idee zumindest auseinanderzusetzen. An diesem Mangel an Solidarität bin ich gescheitert. Als mich der Abgeordnete der Tierschutz-Partei ansprach und fragte, ob ich bei ihm gegen die Käfighaltung von Kaninchen unterschreiben würde, sagte ich, klar, her mit dem Papier! Leistung und Gegenleistung, dachte ich mir, und präsentierte ihm die Idee mit der Gurkenkrümmung. Er reagierte unwirsch: Nein, damit mache man keine Späße! Da habe ich es bei anderen gar nicht erst versucht. Aber das Thema steht als politischer Punkt noch auf der Agenda.

G Das mit der realen Gurkenkrümmung war übrigens ein Hohn. Gut, dass die Verordnung getilgt wurde. Aber dass es sie überhaupt gab! So etwas entsteht, wenn du einen Apparat hast und krampfhaft nach Kompetenzen für ihn suchen musst. Man will doch was zu entscheiden haben! Du machst einen Menschen für Gurken zuständig, schon macht der sich eine Birne. Tonnen von Gurken in Schweden mussten damals vernichtet werden, weil sie die falsche Krümmung hatten. Und das, obwohl andernorts viele Menschen an Hunger starben. Pervers!

S Das Scheitern unserer Krümmungsidee offenbarte: Kleine Parteien können in Brüssel kaum etwas durchsetzen – die Grünen nicht und auch ihr Linken nicht.

G Du hast für deinen Gang nach Brüssel angekündigt, du wolltest die EU melken wie einen kleinen südeuropäischen Staat.

S Das haben wir als PARTEI gesagt, ja. Praktisch so eine Art Hartz-33-Leben. In Anlehnung an die monatlichen Pauschalen, die man in Brüssel für Assistenten und Angestellte zur Verfügung hat. Das Geld kann man sich leider nicht mehr einstecken. Nach der Osterweiterung der EU hat man Sicherungsmechanismen eingebaut. Ist ja, nüchtern betrachtet, auch richtig. Ein rumänischer Abgeordneter im europäischen Parlament verdient wesentlich mehr als sein Staatschef, und er kann mit seinen EU-Geldern in Rumänien zwanzig Leute einstellen. Das ist doch eine absurde Situation.

G Sag mal, was machst du eigentlich im Ausschuss für Kultur und Bildung?

S Gar nichts.

G Verarschst du die Leute also nur, wieder mal?

S Nein, diesen Ausschuss habe ich damals ausgewählt, weil ich dachte: damit kennst du dich aus. Aber ich merkte schnell, dass dieser Ausschuss absolut nichts zu sagen hat. Ein paar britische UKIP-Schachteln haben dort den Ton angegeben. Ich bin dann in den LIBE-Ausschuss gewechselt.

G Wohin?

S L-I-B-E. Bürgerliche Freiheiten, Justiz, Inneres. Dort habe ich in der vergangenen Legislaturperiode tatsächlich mal eine wichtige Abstimmung entschieden. Linke, Grüne und SPD standen auf verlorenem Posten gegen die Konservativen, ihnen fehlte eine einzige Stimme, und so wurde ich gefragt, ob ich irgendwie helfen könnte. Mit einem schmutzigen Geschäftsordnungstrick, den mein Büroleiter, juristisch geschult, aufbrachte, mogelte ich mich in den Ausschuss und ersetzte dort in der Abstimmung den abwesenden Udo Voigt (NPD). Dann habe ich eine Stimme für ePrivacy abgegeben, die wichtigste Datenschutz-Verordnung für Europa. Es war die 31. Von 60 Stimmen, ohne sie hätte es keine Mehrheit gegeben. Die schockierten Gesichter von Monika Hohlmeier-Strauß – der Name ist echt und sie trägt ihn zurecht – und Dr. Axel Votz von der CDU – Name gaaaanz leicht abgeändert – werde ich nicht vergessen.

G Wofür steht ePrivacy?

S Damit werden unter anderem alle Messenger-Dienste wie zum Beispiel WhatsApp vor Datensammlung und kompletter Auswertung geschützt, die Datenschutzeinstellungen für Kommunikationsgeräte verbessert, et cetera. Mit dieser einen Abstimmung konnten wir gleichzeitig CDU/CSU/FDP, Mathias Döpfner, Google, Facebook, Telekom, Vodafone, Microsoft und die komplette datensammelnde Industrie heftig verärgern. Das bestätigt: PARTEI-Wähler können sicher sein, dass ihre Stimme nicht verschenkt ist.

G Das war doch Wahlbetrug.

S Nein, das war legal, sagt mein juristisch geschulter Büroleiter. Außerdem leider komplett egal, denn der Rat, die 27 Regierungschefs, blockieren die Verordnung seit über drei Jahren. Sie setzen sie bei Ratstreffen einfach nicht auf die Tagesordnung, und so kann nicht über sie abgestimmt werden. Erwähnte ich schon, dass die Ratsmitglieder die Arschlöcher der EU sind? Weil sie nicht nur extrem konservativ, sondern auch fast ausschließlich nationalistisch abstimmen. Das zerstört die EU.

G Das würde ich gerne mal mit deinem Büroleiter diskutieren: ob du gegen den Willen des Abgeordneten für ihn eine Stimme abgeben darfst. Aber gut, nehmen wir das mal hin, es diente ja einem guten Zweck.

S Ich sehe, der Genosse kennt sich aus. Die bewährte linke Methode: Der Zweck heiligt die Mittel. In diesem Fall war es aber legal, wie gesagt, ein schmutziger Geschäftsordnungstrick.

G Was treibst du als Mitglied der Delegation für die Beziehungen zu Korea? Warst du in beiden Koreas?

S Nein. Südkorea bemüht sich sehr um uns Abgeordnete, aber das interessiert mich nicht so sehr. Wir waren eingeladen, mein Büroleiter ist dann geflogen. Er logierte in Hotels, in denen ein Weizenbier an der Bar 18 Euro kostete. Aber Kapitalismus kenne ich selbst. Mich interessiert Nordkorea. Die Demokratie hat uns hier im Westen goldene Jahrzehnte beschert. Aber wenn man sieht, wie Briten beim Brexit abstimmen, manipuliert von Boulevard-Medien, deren Besitzer sich längst in Malta EU-Pässe gekauft haben, wenn man betrachtet, wie viele US-Amerikaner Trump wählen, und wie Unternehmen und Lobbyisten auch bei uns Politik machen, dann wächst eine Ahnung, dass wir das System modifizieren müssen.

G Es ist ja inzwischen unglaublich, was sich Viktor Orbán herausnimmt.

S Viktator Orbán. Sein Ungarn wird in führenden Demokratie-Indizes als erste Diktatur in der EU geführt. Polen, Rumänien, Bulgarien, Slowenien, Tschechien und andere wetteifern um Silber und Bronze. Mit einer illiberalen Demokratie, wie Orbán sie errichtet hat oder wie die Polen sie pflegen, kommt man wesentlich weiter in der europäischen Politik. Wir werden das nach der Machtübernahme auch hier in Deutschland einführen. Und nordkoreanische Erfahrungen sind dafür bestimmt nützlich.

G Erdoğan darf man auch nicht unterschätzen.

S Das ist schon eher eine illiberale Diktatur, würde ich sagen. Der Irre am Bosporus ist bereits einen Schritt weiter.

G Du bist ja auch so eine Art großer Vorsitzender.

S Du meinst: langer Vorsitzender.

G Ihr habt zur Europawahl eine Liste aufgestellt mit Namen von Nazigrößen. Was sollte das bewirken?

S Wir haben mit Sonneborn und Semsrott angefangen. Aus strategischen Gründen. Dann kamen »Bombe« und »Krieg«. Und dann »Göbbels«, »Speer«, »Bormann«, »Eichmann«, »Keitel«, »Hess«. »Göbbels« war uns etwas peinlich, weil er nur mit »ö« geschrieben wurde. Es waren ja alles echte Parteimitglieder. Wir haben in unserer Mitgliederdatenbank nach entsprechenden Namen gesucht. Erstens wollten wir auf die zunehmende Militarisierung in der EU aufmerksam machen, und zweitens, ganz banal: Die ersten zehn Namen stehen ausgedruckt auf dem Wahlzettel. Wir wollten AfD-Wähler abfischen. Und senile CSUler.

G Ihr schreckt ja vor nichts zurück. Ihr lasst euch von jedem wählen.

S Ja. Und nein. An AfD-Wähler gehen wir ein bisschen anders ran. Wir hatten mal ein Plakat, ich glaube, es war in Sachsen-Anhalt, wo es am Nötigsten und Einleuchtendsten ist, auf dem stand, dass die Leute zur Sicherheit AfD *und* NPD wählen sollten. Das ist schön rechtsradikal und macht einen Stimmzettel sofort ungültig.

G Diese Idee ist nicht schlecht.

S Ja.

G Du sprachst, bezüglich der etablierten Parteien in Brüssel, vom Wechsel der Positionen im Minutentakt.

S Und deshalb sind auch wir bereit, im Minutentakt unsere Inhalte zur Diskussion zu stellen. Oder unsere Meinung zu wechseln. Wenn das gefragt ist, bitte sehr. Wenn das demokratische Mehrheiten bringt, sind wir dabei.

G Abwechselnd mit »Ja« und »Nein« zu stimmen – kann das nicht auch schiefgehen?

S Es ist so, dass ich bei unwichtigen Abstimmungen lange einfach abwechselnd mit »Ja« und »Nein« gestimmt habe. Gemäß unserem Wahlversprechen »JA zu Europa, NEIN zu Europa«. Es gab in den letzten Jahren die erwähnte »GroKo Haram« im Europäischen Parlament, genauso wie im Deutschen Bundestag. Die konnten alles mit hundert Stimmen Mehrheit durchbringen. Das ist natürlich der Demokratie nicht dienlich, aber meine Stimme hatte absolut keine Bedeutung. Wenn es knapp wird, werde ich benachrichtigt.

G Im Parlament saß ja auch Frau von Storch von der AfD.

S Frau von Strolch, so viel Zeit muss sein. Wir hatten ein Plakat mit ihr: »Der Storch bringt die Kinder. Die Storch bringt sie um.« Sie hatte ja mal gesagt, dass man notfalls auch auf Frauen und Kinder schießen müsse, wenn Flüchtlinge an den Grenzen stehen. Ich hab sie mal gefragt, ob sie ihren Großvater noch kennengelernt hat, Johann Graf Schwerin von Krosigk.

G Der war Minister bei den Nazis.

S Genau. Sie sagte, sie habe noch auf seinem Schoß gesessen, sich aber leider nicht mehr inhaltlich mit ihm austauschen können. Krosigk war Hitlers Bankier, Reichsminister der Finanzen! 1933 hat er das Ermächtigungsgesetz unterzeichnet. Und 12 Jahre später dann die Kapitulation des Deutschen Reiches über den Reichssender Flensburg erklärt. Das heißt, der war von vorn bis hinten an der Spitze dabei. Die AfD steht da in einer großen Tradition.

G Mit Frau von Storch saß ich mal in einer Talkrunde bei »Maischberger«. Ich erinnerte sie an ihre Äußerung, wieder eine Mauer mit Schießbefehl einführen zu wollen. Beflissen versuchte Maischberger, ihr beizuspringen. Sie möge doch die Gelegenheit nutzen, das jetzt schnell auszuräumen. Die Storch räumte das aber nicht aus, sie sagte zu mir, ja, ja, ich würde ja von Mauern mehr verstehen, ich käme schließlich aus der SED. Ja, meinte ich, und weil ich etwas davon verstehe, will ich davon weg – und Sie wollen wieder dorthin. Das ist der Unterschied. So war alles zwischen uns gesagt.

S Die Mauer! Jetzt ist klar, warum ich mich mit ihr ganz gut verstanden habe. Das ist aber natürlich auch ein Punkt, der mir im Nachhinein ein bisschen peinlich ist.

G Du meinst eure Mauer-Idee. Warum peinlich?

S Es ist eine originäre PARTEI-Idee. Und nun praktiziert Europa das tatsächlich: nämlich den Festungsgedanken. Ich habe in einer Rede vor dem EU-Parlament gefordert, dass wir jährlich nicht mehr Flüchtlinge aufnehmen sollten als das Mittelmeer. In dieser Rede erwähnte ich wohl auch ein paar meiner politischen Erfolge, unter anderem hätte ich den Briten den Laufpass gegeben und dafür gesorgt, dass Kanzler-Altlast Helmut Kohl vom Netz genommen, demontiert und witwengesichert endgelagert wird. Manfred Streber (CSU), der Vorsitzende der Europäischen Volkspartei EVP sprang auf, fuchtelte mit den Armen und forderte eindringlich, dass das Präsidium sich mit meinen ehrverletzenden Worten über Helmut Kohl beschäftigen solle. Das Sterben im Mittelmeer berührte ihn nicht die Bohne.

G Das Problem ist: Ihr fordert die Mauer satirisch, und Storch meint es ernst. Ich weiß immer nicht, ob das alle mitbekommen, diesen Unterschied.

S Jedenfalls hat die Mauer-Idee böse Folgen: Jetzt werden überall an den Außengrenzen der EU massiv Mauern und Grenzanlagen gebaut. Alle wissen, dass auf griechischen Inseln die Leute unter unwürdigsten Bedingungen vor sich hin rotten, dass es in Bosnien Leute gibt, die erfrieren. Oder ausgeplündert und erschlagen werden. Dass im Mittelmeer gestorben wird. Es ist brachial, was an den Außengrenzen Europas geschieht und weiter ungehindert geschehen darf. Grundiert vom sogenannten Wertekanon der Europäischen Union und getragen von einer christlich-konservativen Mehrheit im Europäischen Parlament.

G Das stimmt. Bedeutet es, dass ihr deshalb die Idee mit der Gurkenkrümmungsverordnung aufgegeben habt?

S Da hatten wir noch keine Mehrheiten. Jetzt würden uns vielleicht die Grünen und die Linken unterstützen. Wir könnten das mal wieder ins Gespräch bringen.

G Bei den Grünen bin ich nicht mehr ganz so sicher.

S Wahrscheinlich hast du recht. Die Hinwendung zu den Konservativen ist nicht zu übersehen.

G Das alte SPD-Prinzip: Wandel durch Annäherung.

S Das neue Prinzip der Grünen: Annäherung durch Wandel.

G Wie bringst du andere Abgeordnete zur Weißglut? Indem du dein nüchternes Gesicht behältst? Oder was macht die so wütend?

S Vermutlich ist es die Tatsache, dass wir Öffentlichkeit herstellen können. Die meisten Abgeordneten beklagen zwar ein mangelndes öffentliches Interesse an ihrer Person – aber im Grunde sind viele dankbar, dass man ihnen nicht genauer auf die Finger schaut. Und wir visualisieren oft Abstimmungsergebnisse. Wir stellen die ins Netz. Da können die Leute sehen, wie ihre Abgeordneten abstimmen. Das sehen die großen Parteien, manchmal auch die Grünen, nicht so gern. Die Wähler erhalten so Einblick in die Kluft zwischen politischem Anspruch und tatsächlichem Abstimmungsverhalten. Und dann bekommen die Abgeordneten böse Mails und Anrufe.

G Sag generell mal etwas zu Angela Merkel.

S Wird mir immer sympathischer, je mehr Leute ich sehe, die ihr folgen.

G Du hast eine Rede zur Hufeisentheorie gehalten.

S Ja, die Hufeisentheorie mit ihrer Behauptung, es gäbe eine Mitte, von der aus man eine Äquidistanz zu behaupteten Extremen halten müsse, ist eine Nebelkerze der Konservativen. Natürlich kann man Links und Rechts nicht gleichsetzen: Mir fallen auf Anhieb fünf gefährliche Rechtsradikale ein in diesem Land. Aber kein einziger gefährlicher Linksradikaler. Außer Johannes Kahrs. Aber Parlamentspräsident Sassoli sieht das offensichtlich anders.

G Und er hat genau hingesehen. Du hast zwei Armbinden getragen, rechts Hammer und Sichel und links Hakenkreuz.

S Aus dramaturgischen Gründen. Aber Sassoli mochte das nicht. Er sorgte dafür, dass die Filmdatei der Rede nicht an uns überspielt wurde. Seitdem dreht die Parlamentsverwaltung an den Daumenschrauben, jeder Abrechnungsvorgang wird zu einem bürokratischen Hindernislauf. Meiner parlamentarischen Assistentin wurde gekündigt, und Redezeit ist für mich nun noch schwerer zu erhalten.

G Siehst du, deshalb bin ich mir sicher, bei dir wird sich mehr und mehr die Perspektive verschieben: vom Witz zum Zorn.

S Immerhin: In den letzten zwei Jahren im Europaparlament habe ich erlebt, dass junge Menschen protestieren, sich zusammenfinden auf den Straßen.

G Fridays for Future zum Beispiel.

S Ja, ich habe ein offizielles Entschuldigungsschreiben für den Unterricht am Freitag verfasst, das man sich immer noch auf meiner Homepage herunterladen kann. Ich habe mich sehr gefreut, als ich sah, dass ein paar Zehntausend Schüler auf den Straßen viele konservative Abgeordnete doch noch beeindrucken können. Und da sie ja damit rechnen müssen, dass wir ihre Abstimmungen veröffentlichen, gab es tatsächlich ein paar ungewöhnlich bürger- und zukunftsfreundliche Abstimmungsergebnisse. Leider hat der Druck von der Straße derzeit nachgelassen.

G Hast du diese Aktion wieder eingestellt?

S Das Veröffentlichen von Abstimmungen? Nein, bei wichtigen Entscheidungen machen wir das weiter.

G Und da sagst du: keine Wirkung.

S Auch bei mir selbst, ich hatte die junge Generation schon ziemlich abgeschrieben. Jetzt ertappe ich mich manchmal bei etwas mehr Zuversicht.

G Politik kann sich nie vollständig gegen den Zeitgeist stellen. Aber indem du Öffentlichkeit herstellst, veränderst du den Zeitgeist und damit auch die Politik.

S Dir zur Beruhigung: Ich sage jungen Leuten, die das Parlament in Brüssel besuchen, sie sollen links, grün oder sozialdemokratisch wählen, jedenfalls da, wo die SPD noch sozialdemokratische Vertreter hat. Das ist ja in der Politik vermutlich untypisch, dass man andere Parteien empfiehlt.

G Wenn wir zusammen koalieren wollen, musst du in dieser Hinsicht noch etwas stärker werden! Aber ich muss da noch einmal nachhaken: Du glaubst doch an Europa?

S Das ist eine Frage, die sich gar nicht so einfach beantworten lässt. Ich glaube an die Idee der EU, nicht an ihre derzeitige, rein wirtschaftsorientierte Umsetzung durch konservative Regierungen, Beamte und Abgeordnete.

G Den Armutssockel hast du schon erwähnt.

S Und dann ist da die massive Militarisierung. Da geht so viel Geld hinein – obwohl der Vertrag von Lissabon das explizit untersagt. In Brüssel weiß jeder, dass das Geld für die Militarisierung einfach unter den Deckeln von Forschungsprogrammen, Strukturhilfe oder sonst was versteckt wird. Die Kommission kann da kreativ sein.

G Trotz vertraglichen Verbots sucht die Politik nach Techniken, militärische Interessen zu verfolgen. Techniken, mit denen man versucht, einer erfolgreichen Klage beim Europäischen Gerichtshof auszuweichen.

S Und dann wundert man sich, dass sich mehr und mehr Menschen von der Politik der EU abwenden.

G Man wundert sich nicht mehr. Feststellbar ist eine Tendenz zur Unverfrorenheit derer, die etwas zu entscheiden haben.

S Das einzig Tröstliche: Es ist alles viel zu traurig, um nicht darüber zu lachen. Ich habe mich in den ersten fünf Jahren mit der Militarisierung beschäftigt, aber in dieser Legislatur habe ich das Gefühl, dass alles noch viel schlimmer ist, als wir dachten. Wir haben uns mal die osteuropäischen EU-Staaten genauer angeschaut. Der Fall des Eisernen Vorhangs hat dort gar nicht so viel verändert. Es gibt eine erschreckende Kontinuität von Machtstrukturen und Herrschaftspraktiken. Die, die früher gut gelebt haben, leben immer noch gut – und besser. Korrupte Eliten haben Ungarn, Bulgarien, Rumänien und Polen übernommen, in weiteren Staaten sind sie dabei, es zu tun. Sie eignen sich die EU-Milliarden an und verteilen sie an Freunde, Familie, Gefolgsleute, Wähler. Die EU-Kommission sieht das, ohne zu handeln, und macht sich mitschuldig.

G Du meinst, es regieren Gier und Kalkül, die auf nichts Rücksicht nehmen?

S Die EU arbeitet an einer Osterweiterung Richtung Balkan, Albanien, Mazedonien, Serbien. Länder, in denen es zum Teil noch Blutrache gibt. Das wird interessant – so aggressiv, wie die Stimmung bei uns im Straßenverkehr derzeit ist. Wir dehnen uns aus, aus denselben primitiven Gründen wie bei den ersten EU-Erweiterungsrunden. Und vor 70 Jahren. Um mehr billige Arbeitskräfte zu haben und noch größere Absatzgebiete.

G Das ist die perverse moderne win-win-Situation.

S Ja. Wir transferieren große Mengen EU-Geldes in diese Länder. Dann bauen Audi, Bosch und BMW dort Werke, erhalten hohe Subventionen, zahlen kaum Steuern, und die Arbeitskräfte sind extrem billig. Außerdem machen sich die EU-Staaten nicht klar, in welchem Maße sie an der Zerstörung der Gesellschaftsstrukturen dieser Beitrittsländer beteiligt sind: Qualifizierte Berufe wandern ab nach Westeuropa, um bei uns den sogenannten Fachkräftemangel zu beheben. Das geht so weit, dass man in bulgarischen Krankenhäusern keine Ärzte mehr findet, weil die alle bei uns sind. Ebenso die einfachen

Landarbeiter, die uns den Spargel stechen oder für einen Hungerlohn bei Tönnies, dem Schlächter, arbeiten. Abgesehen davon, dass die westeuropäische Arbeiterschaft durch diese organisierte Lohnkonkurrenz enorm unter Druck gerät, bleiben ganze Landstriche Osteuropas zurück, die somit ihrer produktiven Gesellschaftsschicht beraubt sind, bis hin zum Kollaps ihrer gesamten Infrastruktur. Die mittlere Generation fehlt, die Großeltern ziehen die Kinder auf. Das System soll ich verteidigen? Schwierig.

G Zumal du selbst nicht gerade einen Hungerlohn beziehst.

S Ich habe anfangs selbst nicht gewusst, ob das gut gehen wird: ich, ein vom System bezahlter Komiker. Als ich nach Belgien ging, habe ich erklärt: »Die EU kostet im Jahr 135 Milliarden Euro. Da ist die eine Milliarde, die ich in Brüssel einstecke, gut investiert.« In meinem Buch über meine Abenteuer im EU-Parlament habe ich die finanzielle Seite komplett transparent gemacht, bis hin zum absurden Spritgeld für Abgeordnete. Aber ich glaube, ich kann heute sagen, ich bin nicht weniger scharf oder unabhängig als früher. Das wird dir mein Chef Sassoli sicherlich bestätigen.

G Bei mir zu Gast, in meiner Gesprächsreihe am Deutschen Theater Berlin, war auch der Regisseur Frank Castorf. Der sagte klipp und klar: Alle Kraft, die ich habe, geht gegen dieses System. Aber bevor es untergeht, nehme ich es aus, so gut ich kann. Immer gut den Wechsel betreiben: die Hand ausschlagen und zugleich aufmachen.

S Die Leute wissen, dass Aussagen bei mir nicht 1:1 zu lesen sind. Es gibt in Deutschland vielleicht ein, zwei Millionen Leute, die vom Intellekt und vom Humorverständnis her begreifen und schätzen, was wir bei »Titanic« und als PARTEI machen.

G So wenige?

S So viele.

G Du bist im Europaparlament, aber du regierst Europa leider nicht. Du hast dich entschieden, Satiriker zu bleiben. Darüber kann ich mich zwar amüsieren, aber es hilft uns nur begrenzt weiter.

S Wie deine Reden im Bundestag, die uns auch nur begrenzt weiterhelfen. Darunter leiden wir beide.

G Hast du eigentlich einen Diplomatenpass?

S Ja, aber im Grunde nur, um Mücken totzuschlagen.

G Du hast ihn noch nie aus anderen Gründen benutzt?

S Doch. Einmal bin ich, in Wuppertal, mit dem Wagen bei Rot über ein paar durchgezogene Linien und die Kreuzung gefahren, weil ich sehr spät dran war. Dann sah ich ein Blaulicht hinter mir, es kam rasch näher, stoppte mich, ein Polizist stieg von seinem Motorrad ab. Das quadratische, vollbärtige Polizistengesicht schaute mich an. Ich sagte: Entschuldigung, Herr Wachtmeister, ich muss ganz dringend zur Autobahn – und hielt ihm den Pass hin. Der guckte, starrte, sagte, es gäbe momentan viele Baustellen in Wuppertal, da sei ein schweres Durchkommen. Und dann sagte er: Fahren Sie mal hinter mir her! Er schaltete sein Blaulicht an und geleitete mich durch die Innenstadt zur Autobahn.

G Habe ich noch nie gemacht! Aber ich fahre auch selten selbst.

S Aber du hast sicherlich auch einen Diplomatenpass.

G Ja. Ich bin ja schließlich Diplomat. Du lebst davon, das Gegenteil zu sein.

S Das Auswärtige Amt vergibt diese Dinger so ein bisschen selektiv. Zum Beispiel an Thomas Bach vom IOC, eine privatwirtschaftliche Formation. Der hat DREI Diplomatenpässe bekommen.

G Nein!

S Doch. Das ist ein Skandal, ich hab nur einen einzigen Pass. An der Ausgabestelle der Deutschen Botschaft in Brüssel saß ein Beamter, der missgelaunt sagte: »Ja, hier ist der Diplomatenpass. Ist ja kein richtiger Diplomatenpass. Ist ja nur einer für Europaabgeordnete!« In Tegel am Flughafen musste ich durch die Sicherheitsschleuse. Ich trage gern Schuhe mit Stahlkappen vorn, die muss ich immer ausziehen, weil es piept.

G Du weißt ja, wann das Alter wirklich beginnt.

S Nee.

G Wenn man sich hinsetzen muss, um sich die Schuhe anzuziehen. Hab ich jedenfalls gehört.

S Ist mir ganz unbekannt. Nicht die These, aber das dazugehörige Alter.

G Wirklich? Reiner Selbstbetrug, mein Lieber. Aber worauf läuft deine Schuh-Geschichte hinaus?

S Ach so, ja ... Ich hatte eines Tages keine Lust, die Schuhe aus- und wieder anzuziehen. Also hielt ich der Dame vom Sicherheitspersonal meinen Diplomatenpass unter die Nase. Sie sagte nur: Bei mir zieht sogar der Papst seine Schuhe aus. Ich hab es nie wieder versucht.

G Typisch Berlinerin. Wie der Linienbusfahrer, den eine Frau fragt: Kommt als Nächstes der Alex? Nee, antwortet er, der kommt nicht, da müssen Se schon hinfahren.

Weil der Wagen vom Bundestag nicht kam, musste ich mal gemeinsam mit einem CSU-Abgeordneten vom Flughafen Tegel in die Stadt fahren. Der Kollege versuchte ständig, den Fahrer zu dirigieren und ihm klarzumachen, welche Strecke er fahren solle. Das einem eingefleischten Berliner Taxifahrer! Der fuhr, wie er wollte. Bis der CSU-Mann wütend rief. »Sie wissen wohl nicht, wen Sie hier fahren! Zwei Bundestagsabgeordnete!« Der Fahrer drehte sich kurz und sagte trocken: »Da hab ick schon Bessret jefahrn.«

S Wer war denn dann fürs Trinkgeld verantwortlich?

G Na ich.

S Ist übrigens sehr selten geworden: ein Ur-Berliner Taxifahrer.

G Das ist wahr. Hand aufs Herz: Hast du viel zu tun in Brüssel?

S Elmar Brocken hat mich als »faul, faul, faul, frech und faul« bezeichnet.

G Hat er recht?

S Mit »frech« vielleicht. Aber wir haben noch nie im Leben so viel gearbeitet wie derzeit im EU-Parlament. In einer fundierten 20-minütigen Beschimpfung von Viktator Orbán steckt ja eine Menge Recherche und Schreibarbeit. Und wir haben viele längere Filme auf meinem YouTube-Kanal. Es gibt zu viele empörende Dinge, die in die Öffentlichkeit müssen.

Aber indem du fragst, was ich dort tue, unterstellst du, dass wir in Brüssel keine Politik machen. Ganz so ist es nicht, es ist nur eine ungewöhnliche Art, Politik zu betreiben. Wir schauen hinter die Kulissen und üben Kritik an Dingen, die falsch laufen. Mit den Methoden, die ich bei »Titanic« und in der »heute-show« gelernt habe. Ich bekomme viele Zuschriften von Leuten, die sagen, sie hätten, seitdem ich im Parlament sitze, mehr über die EU gesehen und gelesen als jemals zuvor.

G Damit kritisierst du auch uns als Linkspartei.

S Nein. Ich weiß, wie schwer es ist, seriöse Anliegen in die Medien zu bringen. Deswegen konzentriere ich mich ja auf die unseriösen Seiten der EU. Die sind unterhaltsamer. Und es ist doch sagenhaft, was für skurrile Gestalten man in Brüssel trifft. Rechts neben mir saß ein unrasierter Immobilienhändler der AfD, links vor mir Marine Le Pen.

G Sie natürlich nicht unrasiert.

S Na …

G Die berühmten Haare auf den Zähnen … Gelesen habe ich: Es kommt wirklich vor, dass du in 40 Minuten 240 Mal abstimmen musst. Das schaffst du doch gar nicht.

S Doch, mit Abstimmlisten kann man das schaffen. Oder wenn man abwechselnd mit Ja und Nein stimmt, wie ich früher.

G Du sorgst dich gar nicht darum, die Übersicht zu behalten? Die CDU hat das attackiert: Du würdest das Parlament lächerlich machen. Als wäre es ganz sch…egal, wie ein Politiker entscheidet und bestimmt.

S Da kann ich nur antworten: Es wäre für Europa besser, wenn auch die komplette CDU abwechselnd mit Ja und Nein stimmen würde. Dann bestünde wenigstens eine 50-prozentige Chance auf eine Abstimmung, die sich zur Abwechslung mal am Wohl von Bürgern und Umwelt orientiert – und nicht ausschließlich an den Interessen von Wirtschaft, Finanzindustrie und Großspendern. Eine Umweltschutzorganisation hat mal das Abstimmverhalten der deutschen Abgeordneten ausgewertet. In diesem Ranking lag ich mit abwechselnder Stimmabgabe viel besser als die CDU-, CSU- und FDP-Abgeordneten.

In Brüssel ist es so, dass man die CDU auf seiner Seite haben muss, dann kann man in Europa was durchsetzen. Meistens nicht unbedingt Gutes. Wir Deutschen geben dabei den Takt an. Fast alle großen Fraktionen werden von Deutschen geführt.

Es gibt ein eingespieltes Team aus Politik, EU-Beamtentum und Journalismus. Wenn wir an der Macht sind …

G Suchst du bei Abstimmungen den Kontakt zu anderen?

S Wenn es bei einer Abstimmung knapp wird, werde ich von den progressiven Parteien informiert, und dann gehe ich mit meiner Stimme auch sehr bewusst um. Im Parlament wurde über einen Bericht zur Seenotrettung abgestimmt. Dabei ging es eigentlich nur darum, den Seenotrettern im Mittelmeer moralisch den Rücken zu stärken – humanitäre Hilfe sollte nicht weiter kriminalisiert werden. Obwohl dieser Bericht absolut keine praktische Folge hatte, ist er nur mit 312 zu 310 Stimmen durchgekommen. Hätte ich nicht dafür gestimmt, wäre er abgelehnt worden. Überleg dir das mal! Es bedrückt mich, wenn ich sehe, dass 310 Arschlöcher im Parlament aus nationalistischen oder parteitaktischen Gründen so abstimmen.

G Zitat Martin Sonneborn, vor der Europawahl 2019: »Ich habe Angebote von größeren Fraktionen. Die Führung der Grünen und der Linken, in Form von Gregor Gysi, haben mich angesprochen, wir können jederzeit mit zwei oder drei Mandaten zu ihnen gehen. Aber wir werden nach der Wahl erst einmal verhandeln und alle massiv gegeneinander ausspielen.«

S Ich dachte, das macht man so in der Politik. Die bürgerfreundliche Politik im EU-Parlament wird von Linken und Grünen gemacht. Beziehungsweise: eben nicht gemacht, sie haben keinen wirklichen Einfluss, auch wenn die Grünen gerade sehr darum kämpfen, mitspielen zu dürfen. Wenn die Menschen linker wählen würden, könnten wir ein anderes Europa haben.

G Ein vereintes Europa mit mehr Mitgliedsstaaten?

S Vorsicht. Eher mit weniger. Es ist doch in vielen Bereichen schon jetzt unmöglich, im Rat einstimmige Beschlüsse zu fassen. Und ich denke, dass wir aktuell der Bevölkerung in der EU keine Erweiterungen mehr zumuten können. Wenn derart viele

Menschen bei uns von Armut bedroht sind, dann wählen sie verstärkt rechtsradikale Parteien. Wir müssen das weitere Erstarken von Rechtspopulisten verhindern, indem wir die EU sozialer machen. Zusätzlich müssen wir friedlich mit unseren Nachbarn im Osten umgehen und keine Bedrohungsszenarien aufbauen.

G Unsere Aufgabe als Politiker ist es auch nicht, den Leuten vorzuwerfen, dass sie Fremdenangst haben. Unsere Aufgabe ist es, ihnen diese Angst zu nehmen. Das ist schwer. Aber genau das müssen wir erreichen. In einer globalisierten Welt, in der es eine funktionierende Weltwirtschaft gibt, aber keine funktionierende Weltpolitik. Antisemitismus, Rassismus und Ausländerfeindlichkeit waren immer schon die Instrumente der Herrschenden. Es gab nie einen natürlichen Grund, warum ein armer deutscher Bauer einen armen französischen Bauern totschlug und umgekehrt. Früher waren es die Könige, die die Menschen wegen der gewollten Kriege gegeneinander aufhetzten. Auch, damit die Mehrheit nicht auf die Idee kam, ihre Könige abzuschaffen.

Gab es eigentlich Momente, da du dir in so einer Runde von 700 Leuten im Parlament gesagt hast: Es ist sinnlos, ich fahre nach Hause.

S Einmal mehr: Ich habe nicht den Anspruch, dass ich direkt und schnell etwas Gravierendes bewirke. Ich möchte Transparenz schaffen für die Dinge, die in Europa unrund laufen. Fortwährend stoße ich, wenn ich mich in Brüssel umsehe, auf Ungereimtheiten, Skurrilitäten, empörende Sachverhalte. Ich schreibe darüber immer in der Hoffnung: Je mehr die Menschen wissen, desto wahrscheinlicher ist es, dass ihnen die Mechanik im Maschinenraum der politischen Macht bewusst wird.

G Europa bedeutet: Bund, Zusammenschluss. Wie lange erträgst du in Brüssel die Isolation?

S Es gibt noch eine tschechische Satirepartei. Das erlaubt mir zu sagen: Wir arbeiten an der Erschaffung einer Satirischen Internationalen.

GYSI
VS.
OST-POLITIK

16,8 Prozent unserer Bevölkerung stammen aus Ostdeutschland, und in den Spitzenpositionen von Politik, Verwaltung, Wirtschaft, Wissenschaft und Kultur sind die Ostdeutschen mit 1,7 Prozent vertreten. Die früheren Versprechen hat die Bundesregierung nie eingehalten. Erstens wurden blühende Landschaften versprochen – die sind ausgefallen –, die gleichwertigen Lebensverhältnisse gibt es nach wie vor nicht, und die innere Einheit ist immer noch nicht verwirklicht.

Manchmal hat man den Eindruck, als ob die Mauer noch stünde.

Ich werde Ihnen ein Beispiel geben. Ein CDU-Mensch hat zu mir gesagt: Aber, Herr Gysi, Sie vergessen, dass die Mieten und Restaurantpreise im Osten günstiger sind als im Westen. Deshalb ist es gerechtfertigt, geringere Renten und geringere Löhne zu zahlen. – Abgesehen davon, dass man nicht zwei Faktoren nehmen kann, sondern wenn, dann alle Preise und Kosten, lautete meine Gegenfrage, ob er bestätigen kann, dass in der bayerischen Stadt Hof im Vergleich zur bayerischen Stadt München die Mieten und Gaststättenpreise wesentlich günstiger sind, und ob er je gefordert hat, deshalb dort geringere Löhne und Renten zu zahlen.

Da er das nie gemacht hat, sage ich Ihnen den Unterschied: In seinem Kopf herrscht noch die Spaltung, während bei mir die Einheit vollzogen ist; deshalb käme ich gar nicht auf eine solche Idee wie er.

Deutscher Bundestag, März 2019

SONNEBORN
VS
RAKETEN GEGEN SYRIEN

Aus Gründen möchte ich darauf hinweisen, dass es verboten ist, Marschflugkörper in fremde Länder zu schießen. Und unserem alten Kollegen Lambsdorff, der sich echauffiert, weil Deutschland seine Teilnahme an diesem Unsinn abgesagt hat, möchte ich entgegnen: Lieber Graf, wenn Sie unbedingt in den Krieg ziehen wollen, niemand hindert Sie. Fallschirmspringen hat ja eine gewisse Tradition in der FDP. Zwinkersmiley. Die Bundeswehr allerdings können wir nicht mitschicken, die ist kaputt. Die könnte höchstens defektes Militärgerät auf Assads Palast werfen. So ein Leopard II aus 8000 Metern Höhe knallt da ganz schön rein. Ähnlich übrigens, wie die deutschen Nato-Panzer in Afrin, wo der Irre vom Bosporus gerade einen brutalen Angriffskrieg führt.

Ein Wort noch an Präsident Macron: Sie halten große Reden an der Sorbonne. Sie haben die französische Elite-Laufbahn absolviert. Sie sollten wissen, dass das maßgebliche Erbe Ihrer Kultur die Aufklärung ist: Zuerst wird aufgeklärt und dann geschossen – nicht umgekehrt. Wie wollten Sie sich vor Voltaire und Diderot rechtfertigen? Fragen Sie doch mal Ihre Frau, die könnte mit beiden noch persönlich bekannt gewesen sein.

Europäisches Parlament, April 2018

Heimatliches

»Martin, sollst du sagen, warum du was tust, sagst du nur: aus Gründen. Warum?«

»Gregor, sehr gut beobachtet. Und ich sag dir ganz genau, warum: aus Gründen.«

Wie wird man, was man ist? G. in Berlin, S. in Osnabrück. Den einen führte eine Bäckerzeitschrift auf den Weg, den anderen die Erkenntnis: »Jura ist ein Studium für Doofe.« Beide versuchen sich am Begriff *Heimat*, landen bei der *Migration* und in einer Hängematte – die S. gehört. Er führt merkwürdige historische Autoritäten an, um *Die PARTEI* aufzuwerten. G., der Rinderzüchter, steigt auf Kanzeln und wundert sich über seine Stimme.

S Warst du ein guter Schüler?

G Nicht sehr gut, nicht schlecht.

S Aha, das war die kurze Zeit, da du zum Mittelmaß gehörtest.

G Mein Ehrgeiz suchte meist erfolgreich den Ausgleich mit dem geringsten Aufwand. Einen großen Tag hatte ich, als alle Klassen meiner Altersstufe im Geschichtsunterricht den Gang von Heinrich IV. nach Canossa durchnahmen und deshalb auf Papst Gregor VII. zu sprechen kamen. Da ich der Einzige an der Schule war, der diesen Vornamen trug, lief ich in den Pausen mit stolz geschwellter Brust herum.

S Gab es an eurer Schule nur kommunistische Lehrer?

G Die Lehrerschaft war gespalten, es gab höchst unterschiedliche Weltsichten. In Erinnerung ist mir ein Lehrer, der begeistert von seinen Erlebnissen im Zweiten Weltkrieg erzählte, andere wiederum betonten ihre Übereinstimmung mit der DDR. Endlich ein anderes Deutschland! Es waren noch die Jahre der offenen Grenze. Viele Schülerinnen und Schüler fuhren nach Westberlin, tauschten Ostgeld im Kurs von fünf zu eins in Westgeld um und gingen vor allem ins Kino AKI, in dem ich leider niemals war. Meine Eltern duldeten es nicht.

S Die Mauer schon vor der Mauer. Du bist kommunistisch aufgewachsen.

G Außer mir gab es in der Klasse nur noch einen weiteren Schüler mit antifaschistischen Eltern. Die Väter und Mütter der anderen hatten in der Nazidiktatur möglichst unauffällig gelebt. Die meisten Väter waren Soldaten im Zweiten Weltkrieg gewesen. Mir fiel auf, dass die antifaschistischen Eltern politisch mehr zu sagen hatten als die anderen – diese anderen aber die Mehrheit bildeten. Ein früher Grundkurs in staatssozialistischer Realität: Eine antifaschistische Minderheit hatte die Macht übernommen, aber sie blieb doch Minderheit. Die neue Macht gewann nie das Vertrauen und den Rückhalt der Mehrheit. Die Antifaschisten waren von den Nazis grausam behandelt worden. Als sie nun selbst die Macht besaßen, schwang immer die Angst mit, diese Macht wieder zu verlieren und dann womöglich erneut gedemütigt und verfolgt zu werden. Aus dieser Furcht heraus glaubten sie, eingeschränkte Demokratie und beschnittene Freiheit rechtfertigen zu dürfen.

S Muss ich mir merken für unsere Regierungsübernahme.

G Reden wir über Heimat.

S Als Linker erwartest du von dir selbst wahrscheinlich ein eher ambivalentes Gefühl dazu?

G Ach. Ich kann mich sehr gut daran erinnern, dass mir ein Förster mal den Wald erklärte, der seine Heimat war und den er sehr liebte. Spätestens seitdem sage ich mir: Wer bin ich eigentlich, dass ich mir anmaße, Heimatgefühle anderer Menschen zu kritisieren, ja zu verachten.

S Hör auf! Deine Selbstentblößung wird ja immer schrecklicher. Du attackierst alles Nationalistische – aber womöglich hast du für Deutschland trotzdem was übrig?

G Niemand kann dem Menschen Heimat streitig machen. Trotzdem sollten wir natürlich darauf hinweisen, welche ungeheuren gesellschaftlichen Widersprüche es gibt, die auch durch ein Heimatgefühl nicht beseitigt werden. Unter Heimat muss man nicht immer ein ganzes Land verstehen, darunter kann man auch den Ort verstehen, an dem man aufgewachsen ist. Eine bestimmte Gegend, Verhältnisse und Umstände, die man kennt und mit denen man umgehen kann. Es ist aber auch legitim, eine positive Beziehung zum eigenen Land zu haben.

S Womit verbindest du Heimat?

G Im positiven Sinne mit vier Jahreszeiten, mit Millionen verschiedener Grüns und einer phantastischen Kultur des Frühstücks. Das Frühstücksangebot in anderen Ländern kannst du oft vergessen. Im negativen Sinn verbinde ich Heimat, Deutschland, mit einem stärker werdenden Rassismus und Nationalismus, einer intoleranten politischen Kultur und einem Mangel an Differenzierung bei der Betrachtung und Bewertung historischer, politischer und kultureller Vorgänge sowie herausragender Persönlichkeiten der Geschichte.

S Schön an Deutschland ist …?

G Ich sag ja, die Natur – von den Meeren über die Seen und Flüsse bis hin zu den Wäldern und Bergen. Und es gibt eine spezielle Art von Gemütlichkeit beim Zusammensein von Menschen.

S Genau. Man sah es an den steigenden Corona-Zahlen …

G Ja. Meine Familie, mein Alltag, den ich mir ja selbst gewählt habe, zum großen Teil jedenfalls … Selbst der »Italiener« vorn an der Ecke – entzöge man mir das, es träfe mich. Heimat ist Geborgenheit.

S Der Mensch sucht im übertragenen wie im sehr konkreten Sinne überschaubare Räume. Die Globalisierung überfordert ihn – also schützt er sich. Er sucht Übersichtlichkeit und Vertrautes. Deshalb muss man Gesellschaften so strukturieren, dass nicht der eine den anderen bedrängt, der eine nicht gegen den anderen ausgespielt wird oder ausgespielt werden kann. Ich glaube, in dem Moment, da wir vorhandenes Vermögen gerechter verteilen, sind auch die Bedenken, das Misstrauen, die Aggressivität der Menschen, auch gegen Fremde, ein Gutteil geringer.

G Der Kabarettist Uwe Steimle hat – nicht privat, sondern in einer seiner Bühnengestalten – böse und zynisch gesagt: »Ich hab doch nichts gegen Ausländer. Aber wenn ich sie sehen will, fahre ich hin.«

S Ich setze Methusalix dagegen, aus »Asterix. Das Geschenk Cäsars«: »Ich hab nichts gegen Fremde. Einige meiner besten Freunde sind Fremde. Aber diese Fremden da sind nicht von hier!«

G Ausländer … Integration … für die Satire ein heikles Thema.

S Für alle ein heikles Thema. Für die Satire eigentlich nicht.

G Oft werde ich gefragt: Muss Integration an Bedingungen geknüpft werden? Ja. Die Kenntnis der deutschen Sprache steht an erster Stelle, dann folgen die beruflichen Qualifikationen. Ohne Integration auf dem Arbeitsmarkt gibt es keine Integration in die Gesellschaft. Und man muss unsere Grundrechte lehren, Artikel 1 bis 20 des Grundgesetzes. Jedem Geflüchteten müssen wir erklären, dass Frauen und Männer bei uns gleichberechtigt sind. Und Punkt. Das müssen wir natürlich auch bei uns noch durchsetzen. Kein Flüchtling hat das Recht zu versuchen, Kultur, Kunst und Lebensweise in Deutschland einzuschränken, aber, und dieses Aber ist entscheidend: Jeder Flüchtling hat das Recht, zu versuchen, Kultur, Kunst und Lebensweise hierzulande zu erweitern. Parallel dazu muss die einheimische Bevölkerung fair bezahlte Jobs ergreifen können. Sonst ist es kein Wunder, wenn sich die Stimmung leider auch gegen Flüchtlinge wendet. Natürlich weiß auch ich, dass Deutschland nicht die ganze Menschheit aufnehmen kann …

S Mir ist auch nicht bekannt, dass Deutschland das vorhätte. Aber warum müssen wir zum Beispiel Lebensmittel und Kleidung so billig nach Afrika exportieren, dass die afrikanischen

Produkte immer teurer sind und die dort bestehenden Strukturen vernichtet werden?

G Wir leben auf Kosten der sogenannten Dritten Welt und wundern uns, wenn das Elend anklopft.

S Man stöhnt hierzulande ob einer angeblichen Belastung, obwohl andere Länder weit mehr Flüchtlinge aufnehmen. Anstatt zu stöhnen, sollte Europa viel mehr helfen. Wahrscheinlich würde es schon genügen, die jahrhundertelange Ausbeutung der sogenannten Dritten Welt zu beenden. Wenn dies nicht geschieht, werden sich Flüchtlinge immer wieder einen Weg suchen.

G Es wäre fatal, wenn wir Flüchtlingen das Recht absprächen, Perspektiven für sich und ihre Familien auch bei uns zu suchen.

S Horst Seehofer hat gesagt: »Migration ist die Mutter aller Probleme.« Ich habe ihn in einer Videokonferenz des LIBE-Ausschusses mit seinem Zitat konfrontiert und gefragt: »Wer könnte denn der Vater aller Probleme sein? Zwinkersmiley!« Einen Vaterschaftstest hat er allerdings abgelehnt.

G Zu dem Punkt findest du Wichtiges bei Marx und Engels.

S Zu den meisten anderen Punkten auch. Außer vielleicht zum elenden Thema Mikroplastik.

G Etwas Entscheidendes war, dass Marx und Engels geradezu beschwörend sagten: Lasst euch nicht gegeneinander aufhetzen. Das steckt hinter dem Schlusssatz des Kommunistischen Manifests: »Proletarier aller Länder, vereinigt euch!« Es ist ein Appell, die gemeinsame Interessenlage zu erkennen und sich nicht von den Herrschenden zu Feinden machen zu lassen. Immer dann, wenn er in Schwierigkeiten war, stellte der Zar in Russland fest, dass angeblich die Juden an allem schuld wären. Er wollte, dass sich die Bevölkerung untereinander abschlachtet.

Die meisten werden doch auch heute erkennen: Nicht der Syrer oder sonst jemand ist unser Problem, sondern: Wir müssen Kriege, soziales Elend und große ökologische Schäden überwinden. Marx zu lesen, ist in diesem Zusammenhang wahrlich eine Ermunterung.

S Euer Hang zu den Klassikern!

G Der sei gelobt! Gestatten wir doch dem Wort, edler zu sein als unsere Taten. Eine Sache wird nicht dadurch falsch, dass sie derjenige, der sie äußert, selber nicht leben kann. Und eine Erfahrung, die du gemacht hast, die verhindert letztlich nicht, dass Träume nachwachsen. Unsere Sehnsüchte lassen sich nicht domestizieren. Eine Utopie wird nicht dadurch entwertet, dass wir nicht vor ihr bestehen. Wir fassen die Sterne zwar nicht, nach denen wir greifen, aber ihr Licht strahlt dennoch. »Kindisch, aber göttlich schön«, heißt es bei Schiller.

S Sehr pathetisch.

G Deutsche Klassik, ja. Auch Heimat. Für dich ist die Satire Heimat, oder?

S Yep. Im Grunde bist du ja auch Satiriker. Du hast dir 1989 die SED zur Heimat gewählt. Auch noch als Vorsitzender! Bist sozusagen aufs Dach geklettert und hast die Fahne geschwungen. Hast dir ausgerechnet ein Haus zur Heimat gewählt, aus dem unten gerade alle rausrennen, weil's abbrennt.

G Du bringst Heimat auf einen sehr merkwürdigen Punkt. Aber ehrlich gesagt: Ich würde meine Entscheidung von Mitte Dezember 1989 nicht wiederholen. Wenn ich mir mit Abstand vor Augen führe, was ich mir damals antat und was mir daraufhin andere antaten: unbegreiflich. Ich muss verrückt gewesen sein. Da steht eine Partei wenige Zentimeter vorm gähnenden Abgrund, ich stelle mich an die Spitze und rufe: »Vorwärts!« Das kann nur ein Narr gewesen sein.

S Dieses Gefühl, das bin nicht ich, ich stehe neben mir und schaue einem Fremden zu.

G So hab ich manchmal gedacht, ja. Einer, der glaubte, von etwas Unwirklichem getragen zu werden, während der Schritt in den Abgrund praktisch schon vollzogen war. Aber: Der Absturz fiel aus.

S Stattdessen: Gysis Höhenflug.

G Unglaublich, das Ganze – wie der Witz, den es damals über mich gab. 1990 stand ich am Müggelsee, und Jesus Christus kam zu mir. Er fragte mich, ob er mir irgendwie helfen könne, weil mir so viele Menschen nicht glaubten. Ich bat ihn, ein Wunder begehen zu dürfen. Er erklärte mir, dass ich über den Müggelsee laufen könne, was tatsächlich geschah. Es war ein großes Abenteuer. Die Berlinerinnen und Berliner, die drumrum standen, sagten nur: »Kiek mal, schwimmen kann er ooch nicht.«

Aber nun hatte ich »Ja« zum Vorsitzenden gesagt und entdeckte eine preußische Eigenart an mir: Ich bin stur. Ich stehe fester, je mehr man an mir rüttelt. Und man rüttelte nicht nur, man spuckte, beleidigte, log. Da ich mich netter fand als das zunächst gezeichnete öffentliche Bild, arbeitete ich mit einem gewissen Selbstbewusstsein an der Korrektur. Zu einem Fraktionsvorsitzenden der CDU/CSU hab ich mal gesagt: »Wenn Sie von Anfang an netter zu mir gewesen wären, dann wären Sie mich schon lange los.« Das hat ihn leider nur unzureichend animiert, sich in seiner Fraktion für einen kulturvolleren Umgang mit mir einzusetzen. Inzwischen wissen selbst CDU-Abgeordnete, worin unsere politische Leistung bestand: Millionen Partei- und Staatsfunktionäre der DDR, die für sich keine Zukunft und keine Perspektive in der Bundesrepublik Deutschland sahen – sie mussten doch auch einen Weg in die deutsche Einheit finden. Die anderen Parteien haben sich ja geweigert, die Interessen dieser Menschen zu vertreten. Es war meine, unsere Aufgabe.

S Aber du hättest auch ein ganz anderes Leben führen können, als Anwalt. Better call Gysi.

G Ja. Ich hätte wohl ausreichend Mandanten gehabt. Aber natürlich hat mich mein politisches Leben auch enorm bereichert.

S Was war denn dein größter politischer Moment der letzten Jahre?

G Na, auf jeden Fall die Wahl Bodo Ramelows zum Ministerpräsidenten von Thüringen, im Dezember 2014.

S Du warst bei der Abstimmung mit im Landtag in Erfurt?

G Ja, aber ich hatte gezögert.

S Angst vor der Niederlage?

G Rot-Rot-Grün hatte eine Stimme Mehrheit. Wenn es nicht geklappt hätte, hätten sich sämtliche Kameras auf Bodo und mich gerichtet und zwei begossene Pudel gezeigt.

S Du meinst, das Bild von einem begossenen Pudel hätte gereicht.

G Außerdem bin ich ein kleines bisschen abergläubisch. Ich denke, man kann Dinge provozieren, indem man anwesend ist.

S Auch bei einer Niederlage?

G Ja, aber es kam zum Glück nicht dazu. Und dann interpretiert man den Aberglauben einfach um: Er siegte, weil viele bei ihm waren, auch ich.

S Du kannst dein Leben als Politiker noch immer genießen. Die vielen Beleidigungen sind vergessen?

G Vergessen nicht, nee, weiß Gott nicht. Oskar Lafontaine erzählte mir mal: Als er noch ein führender Sozialdemokrat war, hätten seine Mutter und seine Schwiegermutter immer von Gysi geschwärmt. Denn wenn sie mich im Fernsehen gesehen hätten, sei immer nur zu sehen gewesen, wie Leute über mich herfielen. Und da sagten beide wie aus einem Munde: »Sie können den Kleinen doch auch mal in Frieden lassen.« Ich hab denen leidgetan.

S Du siehst noch Aufgaben vor dir. Aber du weißt auch, wo die Grenze ist. Sagst du jedenfalls.

G Eine Sache kann ich, darauf bin ich ein bisschen stolz: Ich kann aufhören mit Funktionen.

S Aber erst, wenn wir die Macht übernommen haben.

G Muss ich mir noch überlegen.

S Ich habe es geahnt.

G Aufhören ist eine Kunst. Der Fehler von Kohl bestand darin, dass er meinte, unbedingt noch einmal kandidieren zu müssen. Wenn er es unterlassen hätte, wäre er mit Glanz und Gloria gegangen. Aber nein: Er musste sich eine Niederlage organisieren. Auch Frau Merkel hätte in der Mitte der letzten Legislaturperiode ihren Abschied ankündigen können. Nein, auch sie organisierte sich ein zähes, arg gebeuteltes Schlusskapitel. Es gibt Dinge, die zahlen sich nicht aus.

S Apropos zahlen, hat das nicht Heiner Müller gesagt? »Heimat ist, wo die Rechnungen ankommen.«

G Ja. Genialer Satz. So ein Dichter erinnert uns daran, dass auch Sprache so etwas wie Heimat ist.

S Stimmt. Das merke ich in Brüssel, wenn ich im Parlament eine Rede halte. Die Übersetzungen sind teilweise sehr lustig, weil die Simultan-Dolmetscher oft die Feinheiten nicht mit übersetzen können. Wenn es zutrifft, dass ein Text immer klüger ist als der Autor, dann muss ich sagen: Seine Übersetzung ist zumeist dümmer. Auch eins der Probleme der EU.

G Du könntest die Texte vorher in die Übersetzungskabinen geben.

S Nein, das mache ich nicht.

G Warum nicht?

S Aus Gründen.

G Sagst du immer.

S Stimmt auch immer.

G Du möchtest nicht, dass vorher jemand weiß, was du sagst?

S Zum Beispiel. Aber ist ja auch egal. Auch wenn's nicht richtig übersetzt wird: »Verfickte AfD« bleibt »verfickte AfD«.

G Ein Lob der Deutlichkeit. Und der Bodenständigkeit.

S Sagte der Rinderzüchter.

G Bin ich, ja. Kommt mir in der Politik gut zupass. Als Rinderzüchter kann ich ausmisten – eine politische Grundtätigkeit. Ich kann melken, also Steuern eintreiben. Ich kann künstlich besamen, also den Leuten was vorgaukeln, so, wie den Kühen ja ein erotisches Erlebnis vorgelogen wird. Und ich kann mit Hornochsen umgehen. Nur mit einer Ochsentour kann ich nicht dienen.

S Rinderzüchter und Rechtsanwalt, bisschen komisch ist die Mischung schon.

G Mein Vater meinte, für den Beruf des Rinderzüchters würde ich vielleicht noch dankbar sein, und zwar dann, wenn ich womöglich mal ins politische Exil müsse. Kein Land der Welt interessiere sich für einen Juristen aus der DDR, aber als Cowboy fände ich überall Arbeit.

S Jura hast du natürlich einzig aus dem Grund studiert, dass du von Jugend an ein Anwalt der Entrechteten sein wolltest.

G Nee. Ich wusste überhaupt nicht, was ich studieren wollte. Zufällig traf ich auf der Straße die Mutter einer Mitschülerin, die Frau eines Rechtsanwalts war. Sie sah mein ratloses Gesicht. Als ich ihr meine Sorge mitteilte, riet sie mir ohne Umschweife, Jura zu studieren. Ich erwiderte: »Um Gottes Willen, da muss ich ja alle Gesetze auswendig lernen.« Sie verneinte. »Mein Mann sagt immer, man müsse nur wissen, wo etwas steht. Nachschlagewerke gibt es zuhauf.« Außerdem behaupte ihr Mann selbstironisch, Jura sei »ein Studium für Doofe«. Der entschuldigende Blick war völlig fehl am Platze. Mir imponierte diese Charakterisierung; sie klang für mich wie eine Beruhigung: Ich würde mich beim Studium nicht überanstrengen müssen. Und damit war der Grundstein für mein weiteres Leben gelegt.

S Du bist in einem privilegierten Haushalt aufgewachsen.

G Was heißt Privilegien? Ich war nie im Regierungskrankenhaus, nie in einem ZK-Ferienheim.

S Du hast immer in einer kleinen Mietskaserne gehaust?

G Nein, du aber doch auch nicht! Es gab bei uns nur eine einzige wirklich gnadenvoll zu nennende Besonderheit, die sich aus der Tätigkeit meiner Eltern ergab: Das waren die Gäste in unserem Haus. Sie kamen aus Südafrika, den USA, aus Belgien, Holland, Großbritannien und vor allem aus Frankreich. Und das auch nach dem Mauerbau. Meine Schwester und ich hörten ihnen als Kinder und Jugendliche aufmerksam und gespannt zu, wir lernten durch sie, und so wurde in einer für die DDR außergewöhnlichen Weise unser Horizont erweitert. Die Welt, die wir nicht wirklich kennenlernen durften, kam uns so doch nahe. Unter den Freunden meiner Eltern war ein französischer Unternehmer. Trotz seines Reichtums stand er der Französischen Kommunistischen Partei nahe. Ich war noch ein Kind, aber ich hatte schon begriffen, dass es einen gewissen Widerspruch gab zwischen diesem reichen Mann und seiner Solidarität mit einer politischen Kraft, die doch eher gegen den Reichtum Weniger kämpfte. Eines Tages fragte ich ihn, was er eigentlich täte, wenn die sozialistische Revolution in Frankreich siegte. Er antwortete. »Oh, das weiß ich ganz genau. Dann gehe ich sofort in die Schweiz – und kämpfe dort weiter.« Das war überhaupt die Gesprächskultur bei uns: ironisch, frei von Verklemmung und ideologischer Militanz.

S Gab es in der Schule Erfahrungen mit ideologischer Enge?

G Klar. Aber auch Erfahrung damit, sich in Maßen zu wehren. Zwei Mädchen in meiner Klasse gestalteten während der offiziellen Hysterie gegen lange Haare (die ja auch eine propagandistische Tirade gegen das »Yeah! Yeah! Yeah!« der Beatles war) eine Wandzeitung. Sie trug die Überschrift »Lange Haare, kurzer Sinn?« und zeigte je ein großes Bild von Friedrich Engels und Karl Marx und deren üppiger Haar- und Bartpracht. Dazu stand ein kurzer Text, der ausmalte, wie diese beiden bedeutenden Köpfe wohl unter den gegenwärtigen DDR-Bedingungen behandelt würden. Der Direktor der Schule kam in die Klasse und fragte nach dem in der FDJ-Leitung Verantwortlichen für politisch-ideologische Fragen. Eine typische Reaktion: Man vermeidet das Gespräch mit den direkt Verantwortlichen und delegiert es auf einen »Funktionär«.

S Das warst in dem Falle du?

G Die Sache mit der Wandzeitung geschah im März 1966. Die Wahl der FDJ-Leitung war im September 1965 gewesen, ich hatte damals gefehlt, also nichts mit jener Wahl zu tun. Also interessierte mich auch die Frage des Direktors nach dem verantwortlichen FDJ-Funktionär nicht. Weil sich niemand in der

Klasse meldete, wiederholte er seine Frage. Plötzlich beugte sich unsere FDJ-Sekretärin zu mir und flüsterte etwas erschrocken: Sie habe leider vergessen, mir mitzuteilen, dass ich damals in Abwesenheit zum Verantwortlichen für politisch-ideologische Fragen gewählt worden sei. Mit anderen Worten: Von September bis März hatte die FDJ-Leitung nicht ein einziges Mal getagt und ich nichts von meiner Funktion erfahren.

S Die FDJ war inzwischen eingeschlafen.

G Sie war bei uns in der Klasse nie aufgewacht. Nun meldete ich mich aber pflichtgemäß – etwas verwirrt, aber: pflichtgemäß. Der Direktor nahm mich mit in sein Zimmer und erklärte mich zum Verantwortlichen für die offenkundige politisch-ideologische Unklarheit, die in der Klasse herrsche – umgehend hätte ich dafür zu sorgen, dass die Wandzeitung verschwände. Ich nahm meinen Mut zusammen und erklärte, dass dies möglicherweise nicht klug sei. Die Wandzeitung abzuhängen trage nur zu noch größerem Wirbel bei, ihre Wirkung verstärke sich und spreche sich gewiss weit herum. Wenn sie aber – es war Montag – bis Freitag hängen bliebe, sei sie noch eine gewisse Zeit Blickfang, dann beruhige sich die Aufmerksamkeit. Ich versprach ihm, dafür zu sorgen, dass am Freitag die Wandzeitung abgenommen werde. Er überlegte hin und her, her und hin – am Ende nickte er: »Gut, dann mach es so.«

S Du bist 1989 in die Politik reingerutscht.

G Du in gewissem Sinne ja auch.

S Ja. Wie ins Leben überhaupt.

G Kein geradliniges, zielgerichtetes Hinsteuern. Warum hast du die Leitung von »Titanic« 2005 abgegeben? Wie kamst du auf die Idee, Die PARTEI zu gründen?

S Nach zehn Jahren wollte ich weg aus Frankfurt. Und die Formen, die mir zur Verfügung standen, Telefonterror, Politaktionen, Nonsens – das hatte ich alles durch. Aber unser Verleger bat mich, noch ein Jahr dranzuhängen. Ich sagte zu und gründete Die PARTEI, einfach, um neue Aktionsformen zu probieren. Außerdem ging mir alles viel zu friedlich vonstatten: Nimm die deutsche Einheit – nannte sich so und war doch nur Etikettenschwindel. Wir wussten doch, dass es historische, sozioökonomische, kulturelle Unterschiede gibt und dieses ganze Gerede von Einheit von den realen Verhältnissen doch gar nicht gedeckt war. Ist doch toll, in einer Talkshow zwischen lauter so typischen Talkshow-Gästen zu sitzen und anzukündigen, dass wir die Mauer wieder aufbauen. Damit diese Milliarden, die täglich von fleißigen Händen im Westen erwirtschaftet werden, nicht rübergewuchtet werden in den Osten. Nur, damit die raffgierigen Ossis sich da Autobahnen und Telefonzellen und goldene Wasserhähne anschaffen. Du kannst dir vorstellen, wie die Reaktionen aussahen.

G Zur Parteigründung gehört Selbstbewusstsein.

S Es gab von vielen Seiten Ermunterungen. Ich habe sie einem meiner Bücher vorangestellt. »Die PARTEI ist ein Stück meines Lebens«, hat Oskar Lafontaine gesagt. »Die PARTEI ist in ihrem Kern gesund«, stellte Willy Brandt fest. »Die PARTEI ist der Generalstab des Proletariats«, schwärmte Stalin. Und Hitler wusste es ganz genau: »Die PARTEI ist kein Internat für höhere Töchter, sondern eine Kampforganisation.« Durch uns können Deutsche wieder ungehemmt von der Partei sprechen. Es gab in den ersten Wochen viele Anrufe in der Redaktion: Schon mein Großvater war in der Partei, ich möchte auch zu euch.

G In der DDR sagte man auch nur »die Partei«, wenn man die SED meinte.

S Ein politischer Traumzustand, wenn man für alle steht. Das Glückshormon der Diktatoren. Wobei es bei uns wie bei anderen Parteien in der deutschen Geschichte ist: Eine niedrige Mitgliedsnummer kann nach der Machtübernahme berufliche Vorteile sichern. Wobei zur Ehrlichkeit der Hinweis gehört, dass die Sache zwölf Jahre später auch nach hinten losgehen kann.

G Wie viele Mitglieder habt ihr inzwischen?

S Würde ich jetzt eine Zahl nennen, wäre das schon gelogen, denn jeden Tag kommen zehn neue Leute dazu. Am Anfang haben wir 500 Nummern übersprungen, haben die Nazis damals auch gemacht. Knapp unter 50 000 dürften wir gerade liegen.

G Am Anfang dachte ich, dass du unserer Partei Stimmen wegnimmst.

S Wie Lederer.

G Heute bin ich davon überzeugt, dass Die PARTEI einen völlig eigenständigen Wert hat. Euren Zugang zu den Dingen habe ich unterschätzt. Interessant, dass du gar nicht so tiefsinnig rangegangen bist, sondern ganz andere Motive hattest. Wenn man etwa deinen Hass auf Frankfurt heranzieht.

S In Politik und Satire gilt: Man sollte nie von persönlichen Motiven Handelnder auf ihre gesellschaftlichen Wirkungen schließen. Mancher geht protestierend und kämpfend nur deshalb auf die Straße, weil er es daheim nicht mehr aushält. Aber ich muss noch was sagen zum Verhältnis deiner Partei zu uns. Die humorlose Katja Kipping hat vor der letzten Wahl einen Think Tank damit beauftragt, herauszufinden, wie sie sich am besten mit uns auseinandersetzen kann.

G Du hast gesagt, du wolltest weg aus Frankfurt.

S Ich mochte die Stadt nie. Eine furchtbare Gegend. Kein bisschen liebenswert. Nur was für Banker und Leute, die viel Geld verdienen, die ganze Zeit arbeiten. Gute Cafés? Kaum zu haben. Der Dialekt ist unerträglich, die Architektur furchtbar und das Essen hessisch. Es ist grauenhaft.

G Wenn du das verbreitest, kriegt Die PARTEI keinen einzigen Wähler mehr in Frankfurt am Main.

S Es ist fast so schlimm wie Berlin. Elf Jahre habe ich in Frankfurt gearbeitet. Zum Schluss wohnte ich über der Redaktion, bin montags am Bahnhof angekommen, fuhr zur Wohnung, ging jeden Morgen runter in die Redaktion. War die Woche vorbei, fuhr ich zum Bahnhof, trank dort ein paar Guinness und bin in eine andere Stadt gefahren. Noch heute wundere ich mich, dass ich das ganze elf Jahre ausgehalten habe. Wie gesagt, ich wollte weg, und fünf Jahre Chefredakteur waren auch genug.

G Frankfurt am Main habt ihr praktisch aufgegeben, die Hauptstadt der Neuen Frankfurter Schule, der »Titanic«.

S Die Redaktion blieb in Frankfurt, nur die Parteizentrale haben wir nach Berlin verlegt.

G »Neue Frankfurter Schule« – den Begriff gibt es erst seit 1981, das Ganze war aber eine Antwort der Satire auf das schwere deutsche Grübelgemüt infolge von Achtundsechzig. So einen wie Robert Gernhardt hätte ich gern in meiner Gesprächsreihe am Deutschen Theater gehabt. *Der* Satiriker der alten Bundesrepublik. 2006 ist er gestorben. Würde er bei der PARTEI mitmachen?

S Ich glaube nicht. Robert Gernhardt hat in seinen späten Jahren sehr auf die Anerkennung durch das Feuilleton gesetzt. Ich habe große Hochachtung vor ihm. Ich muss gerade daran denken, wie Bernd Fritz in unsere Redaktionskonferenz kam und grinste. Der Immobilienbetrüger Jürgen Schneider war auf der Flucht, und Fritz sagte, er habe gerade dessen Kreditkarten sperren lassen. Er hatte tatsächlich sämtliche Banken angerufen und gesagt: »Hier Jürgen Schneider. Meine Kreditkarten sind gestohlen worden. Können Sie die bitte sofort sperren?« Bei zwei Banken hatte er Glück. Eine hat sofort gesperrt, bei der anderen haben sie zurückgefragt: »Wie ist denn Ihr Passwort?« Fritz entgegnete, das sei ihm leider entfallen, da sagte die Frau in der

Leitung: »Aber es ist doch der Name Ihrer Mutter!« Da hat Fritz aufgelegt, den Namen wusste er natürlich nicht. Robert Gernhardt meinte nur trocken: »Warum hast du nicht gesagt: Ich habe sie immer ›Mama‹ genannt?« Ja, dann hätten sie vielleicht auch Schneiders zweite Kreditkarte gesperrt.

G Mit den Namen Robert Gernhardt und Bernd Eilert ist die Zeit verbunden, da der Nonsens bei den Linken in Westdeutschland Einzug hielt.

S Der anarchischen Philosophie Adornos folgte die anarchische Widerstandskraft des Unsinns.

G An einen Vers von Otto Waalkes kann ich mich noch gut erinnern, ich kam aus dem Lachen nicht wieder heraus: »Das Wasser trüb, die Luft ist rein, Franz-Josef muss ertrunken sein.«

S Was Monty Python in Großbritannien trieben, machten auch die Satiriker in Frankfurt, übersetzt auf deutsche Verhältnisse.

G Du kommst aus Osnabrück. Bist du stolz, ein Osnabrücker zu sein?

S Ich bin kein gebürtiger Osnabrücker; aufgewachsen bin ich da, aber geboren wurde ich in Göttingen. Was nicht heißen soll, dass ich dereinst die Ehrenbürgerschaft von Osnabrück ablehnen werde. Die von Göttingen natürlich auch nicht. Osnabrück ist eine schöne, ruhige, westdeutsche Kleinstadt. Während ich behütet aufwuchs, haben Jugendliche in Berlin-Neukölln Brückenzoll von Gleichaltrigen erhoben. Da wurden Schulkinder mit dem Oberkiefer auf die Bordsteinkante gelegt und entkamen einem Nackenschlag nur gegen Zahlung von 10 Pfennigen. Osnabrück ist eine Stadt, in der man gut aufwachsen kann, die man dann aber rasch verlassen sollte – um irgendwo anders Brückenzoll zu erheben.

G Was hast du in Osnabrück gelernt?

S Das Biertrinken. Die Stadt steht bei mir für Schulbildung, Bier und katholische Kirche, drei Dinge, von denen mir eines viel Spaß bereitet hat. Unser Sozialkundelehrer an der Ursula-Schule hat uns damals ins Gasthaus Holling geladen, um uns mit Freibier in den CV zu locken, den Cartellverband der katholischen deutschen Studentenverbindungen. Wir sind der Gaststätte treu geblieben, auch weil man Bier damals noch mit Strichen auf Bierdeckeln notierte – die man abrubbeln oder mit doppelter Bierdeckelführung umgehen konnte. Osnabrück steht damit auch für sehr sozialverträgliche Bierpreisgestaltung. Und Die PARTEI kämpft heute noch für eine Bierpreisbremse.

G Ursula-Schule. Klingt fast wie Ursula von der Leyen …

S Wir waren der erste Jungenjahrgang an einem Mädchengymnasium; deswegen habe ich bis heute einen sehr weiblichen Zugang zur Politik: Krawall, Krawall, Krawall. Nach dem Abitur war ich ziemlich verwirrt, so dass mir nichts übrig blieb, als 15 Semester zu studieren, von Leistungen nach dem deutschen BAföG alimentiert. Es waren interessante Zeiten, 500 Studenten im Grundkurs Politik in Münster. Ein Dozent hat zu uns gesagt, es bleibt mir unvergesslich: »Das Proletariat drängt an die Hochschulen, man sieht es an Ihnen.« Im Garten daheim hatten wir eine Hängematte, darin verbrachte ich gern mein Leben, ich hing sozusagen rum …

G In der sozialen Hängematte.

S Smiley. Hing rum, las und überlegte, womit ich meine Existenz verbringen könnte. Logisch, dass mir viele ehrbare Berufe einfielen, die natürlich überhaupt nicht infrage kamen. Sich zu überlegen, was man beruflich auf keinen Fall machen will und sich Gedanken über Politik machen – das sind Dinge, die Studenten seit den Bologna-Reformen schon aus Zeitgründen nicht mehr tun können. Die Briten haben der EU ein paar vergiftete Abschiedsgeschenke hinterlassen, u. a. die Gesundschrumpfung des europäischen Bildungswesens auf seinen ökonomisch verwertbaren Kern. Das ist schlimm, weil es keinem unserer europäischen Bildungsideale entspricht. Wir werden Bologna rückgängig machen, damit Studenten wieder 15 Semester in Ruhe das Leben studieren können.

G Der Titel deiner Magisterarbeit lautete: »Die ›Titanic‹ und die Wirkungsmöglichkeiten der Satire«. Was hast du denn da Schlaues aufgeschrieben?

S Ich habe da überhaupt nichts Schlaues aufgeschrieben. Ich habe wissenschaftlich korrekt bewiesen, dass Satire keine Wirkungsmöglichkeiten mehr hat. Die Arbeit ist mit »Sehr gut« benotet worden, aber in den ersten Jahren bei »Titanic« habe ich die eigentlich schlüssige Beweisführung dann aus Versehen empirisch komplett widerlegt. Mit Telefonaktionen, nach denen in Sachsen-Anhalt rechtsradikale Landtagsabgeordnete zurückgetreten sind. Oder mit der Heimholung der Fußball-WM. Damit hat »Titanic« unserem Land nach Berechnungen der FAZ nicht nur einen milliardenschweren Zuwachs des Bruttosozialprodukts eingebracht, sondern auch einen kleinen Babyboom. Eine befreundete Hebamme wunderte sich, dass sie neun Monate nach der WM keine freien Termine mehr hatte und fragte nach: In der Nacht nach dem 2:0 gegen Schweden sind offenbar viele Kinder gezeugt worden.

G Wann hattest du denn deinen Hang zur Satire festgestellt? Schon als Kind?

S Ich weiß aus Schilderungen meiner Eltern, dass ich mir, sobald ich lesen konnte, die »Bäckerblume« gegriffen habe. Kennt man wahrscheinlich gar nicht mehr. Das war so ein kostenloses Werbeblatt, das in Bäckereien auslag.

G So was wie heute die »Apotheken-Umschau«.

S Du kennst die, na ja, deine Altersgruppe. Risikogruppe.

G Also jedenfalls: die »Bäckerblume«.

S Ja. Die hatte eine Witzseite mit den furchtbarsten Witzen, die man sich denken kann. Die habe ich ausgeschnitten, auf einen Zeichenblock geklebt und dann meiner Familie vorzulesen versucht. Alle liefen weg, wenn ich damit ankam. Das zeigt schon frühkindliche Prägungen – hin in eine furchtbare Richtung. Richtig zu schreiben angefangen habe ich in Münster, während des Studiums. Es gab da so ein dünnes Anzeigenblatt, »Kaufen & Sparen«. Darin las ich den ungewöhnlich polemischen Verriss eines Howard-Carpendale-Konzerts, und der Artikel gefiel mir. Der Chefredakteur, der auch sein einziger Redakteur war, hatte ihn geschrieben. Das ermutigte mich. Ich hatte gerade das Münsteraner Lepramuseum besucht und erfahren, dass dort Geld gesammelt wurde für den Ankauf einer leprösen Hand aus dem Mittelalter. Zugleich war aber bekannt, dass es noch Leprafälle in Spanien und anderen Teilen Europas gab. Dieser Spendenaufruf für ein Museumsstück empörte mich. Ich schickte einen entsprechenden Text ans Anzeigenblatt, der Chefredakteur fand ihn super. Und erklärte mir dann, er könne ihn leider nicht drucken, sonst würden ihm sämtliche Anzeigenkunden abspringen. In diesem Moment begriff ich eines der grundlegenden Prinzipien des Mediengeschäfts.

G War deine Familie eher kleinbürgerlich strukturiert, so dass du dich irgendwann daraus befreien wolltest?

S Wie befreit man sich aus Familien? Das ist ja meistens strafbar.

G Wie der Austritt aus der Kirche, also bei euch jedenfalls.

S Austritt aus der Kirche war einfach, bei euch jedenfalls, in Berlin-Mitte, vormals Ostberlin. In Westdeutschland war es schwieriger, da rauszukommen. Ist es noch immer. Zum Beispiel in Bayern. Ich habe von Leuten gehört, die – vor allem in kleineren Orten – inquisitorische Befragungen auf dem Amt über sich ergehen lassen mussten, ehe sie rausdurften. In Bielefeld konnte es vorkommen, dass der Pfarrer bei den greisen Eltern vorbeischaute und fragte, was denn mit dem – erwachsenen –

Sohn schiefgelaufen sei. In Ostberlin, ich hatte 1991 eine kleine Wohnung im Scheunenviertel, ging ich aufs Amt, sagte, ich würde gerne aus der Kirche austreten, hätte aber leider meinen Ausweis vergessen. Die Antwort: »Aus der Kirche austreten? Kein Problem, kommen Sie her.«

G Dein Vater war Berufsberater. Da muss er ja psychologische Fähigkeiten besessen haben. Welche Hoffnungen setzte er in seinen Sohn?

S Als ich sechzehn war, schenkte er mir einen Ratgeber mit dem Titel: »Wege ins mittlere Management.« Ich war total beleidigt. Mehr traute er mir nicht zu? Ich meine, wer strebt denn schon an, ins *mittlere* Management zu gehen? Mit sechzehn ist man doch übermütig, glaubt, man könne die Welt aus den Angeln heben. Wenn ich überhaupt in die Wirtschaft gewollt hätte, dann ja wohl mindestens an das untere Ende des *oberen* Managements.

G Warst du in der Schule eher aufgeweckt oder schüchtern?

S Ich habe versucht, Wissenslücken, die sich auftaten, mit komischen Antworten zu überspielen. Das fanden die Lehrer nicht gut, die Mitschüler schon. Es ist wie heute im Europäischen Parlament.

G Bis 1984 hast du das katholische Gymnasium in Osnabrück besucht. Was hieß »katholisches Gymnasium«?

S Es gab eine Messe, Donnerstagmorgen. Als ich jünger war, empfand ich das als ein bisschen quälend, aber als ich älter wurde, wusste ich das als Freistunde zu nutzen, und schon änderte sich meine Haltung zur Kirche. Es war eine katholische Privatschule, von Nonnen und später Patres geführt. Vom Schulgeld her relativ günstig, und ich war dort lediglich, weil die SPD gerade mal wieder auf dem Schulsektor herumexperimentierte und meine Eltern, CDU-Wähler, sehr misstrauisch waren. Also schickten sie mich dorthin.

G Da habe ich mal eine theologisch-wissenschaftliche Frage an dich. Nach Auffassung der protestantischen und auch der katholischen Kirche ist Jesus Christus am 24. Dezember geboren worden. Das feiern wir. Der Tag steht fest. Aber der Tag, an dem er gekreuzigt wurde, wechselt ständig, es ist von Jahr zu Jahr immer ein anderer. Aber der gute Mann kann doch nicht in dem einen Jahr später, im nächsten Jahr früher gestorben sein. Ich verstehe das nicht. Also, entweder man richtet sich nach dem Mond, dann müsste sich auch Weihnachten immer so verschieben wie Ostern. Oder aber es gibt zwei feste Tage. Kannst du mir das erklären?

S Nein, kann ich nicht. Theologiegeschichtlich ist viel bewegender, dass wir oft, wenn etwas unmöglich ist, sagen, dass »eher Weihnachten und Ostern auf einen Tag fielen«. Damit müssen wir inzwischen vorsichtig sein. Der Einzelhandel arbeitet fieberhaft, aber die Schokoladen-Weihnachtsmänner dürfen nie zeitgleich mit den Osterhasen ins Regal kommen.

G Hast du gedient?

S Als Messdiener? Einmal. Wir waren zu zweit und haben während einer Messe zu lange mit den Altarschellen geklingelt, immer abwechselnd, jeder hat darauf gewartet, dass der andere aufhört … Danach nicht mehr.

G Armee meinte ich!

S Ach so. Ja. Nach drei Tagen Bundeswehr wusste ich, dass ich da falsch bin. Ein Unteroffizier lobte mich für mein exakt gemachtes Bett. Ich freute mich einen Augenblick, aber dann begriff ich, dass das eine merkwürdige Freude war über ein merkwürdiges Lob. Von da an übertrieb ich es bewusst – ich wurde der zackigste Soldat von allen. Die Unteroffiziere haben das nicht begriffen, sie wussten, dass irgendwas nicht stimmt, es wurde einfach auch zu viel gelacht bei uns. Aber sie fanden kaum Angriffsfläche. Zwölf Monate war ich ein eher subordinierendes Element. Bei der Ausbildung an Waffen schoss ich immer auf die Scheibe des Nachbarn. So sorgte ich für belebende Verstörungen.

G Ich war nur in der vormilitärischen Ausbildung, zu Beginn des Studiums. Am auffälligsten an den militärischen Gefilden ist ja dieser völlige Mangel an Ironie. So wurde uns erklärt, wie wir uns vor einem Atomschlag zu schützen hätten. Wir sollten uns hinknien, und zwar mit dem Rücken zur Richtung der Explosion, und einen Arm vor die Augen halten. Bei den Ausbildern fand ich wenig Resonanz mit meiner Bemerkung: Wenn diese lächerliche Pose schon alles sei, um sich zu retten, dann verstünde ich die ganze Hysterie, die Ängste und all die Weltuntergangsszenarien rund um die Atombomben nicht. Der Höhepunkt der Ausbildung bestand in der Vergatterung zum Wachdienst. Wir liefen mit Gewehrattrappen herum. Der Zugführer brüllte: »Vergatterung!« Aus dem Kreis der Kursanten, wie wir hießen, kam ein »Wie bitte?« Brüllend fragte er, wer das gewesen sei. Ich meldete mich. »Vortreten!« Gebrüllt, getan. Was diese Frage solle. »Sie haben etwas gerufen, von dem ich annahm, dass es etwas Wichtiges war, ich habe es aber nicht verstanden.« Ich sah dem Mann ins Gesicht und wusste: Wenn ich jetzt noch ein einziges Wort sage, schlägt er zu. Ich hielt den Mund.

S Ich kann seitdem Hemden falten auf DIN A4-Größe, mit scharfen Kanten.

G Als ich mal beim Parlamentspräsidenten in Nordkorea war, stellte der fest, dass der Sozialismus in der DDR gescheitert sei, während es den nordkoreanischen noch gebe. Ich fragte nach den Ursachen beider Tatsachen. Ja, sagte er, gescheitert sei die DDR erstens an einer völlig mangelhaften politisch-ideologischen Arbeit und zweitens, weil die DDR-Armee der westdeutschen Armee nie so überlegen war wie die nordkoreanische Armee der südkoreanischen.

S Smiley! Das wusste die westdeutsche Armee aber nicht. Wir hatten damals viel Respekt vor euren »Orange-Pakt-Truppen«, wie der Gegner in Schulungen offiziell genannt wurde. Wir haben viel gelacht, beim Bier, als ich 1990 beim »Eulenspiegel« Praktikum machte und wir uns darüber austauschten, dass wir mit alten Knarren auf verschiedenen Seiten des Eisernen Vorhangs gesessen hatten, eine geschürte Angst vor dem jeweils anderen – und eigentlich keiner von uns überhaupt Bock auf Atomkrieg gehabt hätte. Was für eine Welt!

G Damals gab es Hunger in Nordkorea. Ich antwortete dem Parlamentspräsidenten in Pjöngjang: Mit der politisch-ideologischen Arbeit, das mag ja stimmen, aber in der DDR konnten fast alle Leute Westfernsehen sehen und Westrundfunk hören – während man in Nordkorea nicht einmal den koreanisch sprechenden Sender der Volksrepublik China empfangen könne, geschweige denn andere Sender. Und was die militärische Überlegenheit anbelange: Mir habe ein Offizier der NVA erzählt, wenn diese an einem Wochenende in die Bundesrepublik einmarschiert wäre, hätte sie schnurstracks durchmarschieren können, das hätte kein einziger Soldat der Bundeswehr überhaupt mitbekommen. Der unbehelligte Durchmarsch an sich wäre also kein Problem gewesen – nur, so der Offizier, hätte er nicht gewusst, wie er die Soldaten am ersten Warenhaus hätte vorbeiführen sollen. Der Präsident schwieg eine Weile, um dann offener und ehrlicher mit mir zu sprechen.

S Waren die westdeutschen Kaufhäuser damals nicht geschlossen am Wochenende?

G Die hätten sie trotzdem gestürmt, dafür waren sie ja bewaffnet.
Gehört eigentlich ein Osnabrücker Friedensschinken zu deinem Abendbrot?

S Ich glaube, Friedensschinken kann man dann essen, wenn man saturiert und an der Macht ist. Wir in der PARTEI setzen auf Konfrontation; Friedensschinken beschädigt unsere Botschaft.

G Stimmt es, dass sich der Hang zur Ironie besonders in Kleinstädten ausprägt? Als eine Art Gegenreaktion zur Biederkeit.

S Ja, es kommen viele »Titanic«-Redakteure aus Bielefeld, aus Siegen, aus Göttingen, Essen, Heilbronn. Wenn man aber im satirischen Bereich wirken will, ist es schon richtig, in die Großstadt zu gehen.

G Ist das Niveau dort höher?

S Yep. Die Herausforderungen sind größer, und durch den Austausch in Gruppen von Gleichgesinnten schärft sich der eigene satirische Blick.

G Du bist gelernter Versicherungskaufmann. Auch das hatte dir dein Vater geraten. Wärst du in der Lage, mir eine sinnlose Versicherung aufzuschwatzen?

S Dir nicht, nein. Obwohl … gegen Hochwasser … bei deiner Größe …

G Aber anderen schon.

S Ich fürchte, ich bin ein bisschen raus aus der Branche.

G Warum überhaupt so ein Kaufmannsabschluss?

S Ich habe 22 Monate lang im Großraumbüro gesessen und wusste hinterher immerhin schon mal, was ich beruflich nicht machen will. Das nützliche Prinzip der negativen Auslese. Die Lehre war die Voraussetzung dafür, dass ich anschließend BAFöG bekam und 15 Semester lang vollkommen unabhängig war. Und meine Eltern waren beruhigt. Verwahrlosende Kinder drücken doch auf die Seele. Und aufs Portemonnaie.

G Stimmt. Du hast für »Titanic« gearbeitet, aber auch für Zeitungen ohne Satire.

S Ja. Du denkst an den »Eulenspiegel«?

G Arrogant! Da muss ich dir etwas erzählen. Die Zeitschrift hatte zu DDR-Zeiten ein Foto veröffentlicht vom jüngsten Parteitag der SED. Blick in den Saal, alle applaudierten dem Redner. Der Bildtext: von wegen, es gebe im ND, dem Zentralorgan der SED, keine Klatschspalten. Na, die haben den Chefredakteur natürlich rund gemacht. Er rief im ZK an, es war ein Freitag, und sagte, er solle doch am Montag auf einer Festveranstaltung den Vaterländischen Verdienstorden in Bronze bekommen, das habe sich ja nun wohl erledigt. Wieso, bekam er zur Antwort, das eine habe mit dem anderen doch nichts zu tun. So merkwürdig war das mit den Zusammenhängen von Freizügigkeit und Kontrolle, von Zensur und Zuwendung, von Anpfiff und Orden. Zeitungen und Zeitschriften waren bei uns nicht nur Einwickelpapier.

S Und ob! Ihr habt versucht, alle einzuwickeln, nicht nur die Heringe. Wenn's denn welche gab.

G Zunächst gab es Heringe, später stattdessen Makrelen bis zum Überdruss. Was mich interessiert: Irgendwann habt Ihr doch bei »Titanic« beschlossen, mit Aktionen in die Öffentlichkeit zu gehen. Euer Chefredakteur Bernd Fritz bewarb sich bei »Wetten, dass?«. Er behauptete, er könne Farben von Buntstiften am Geschmack erkennen. Das wurde doch geprüft, wie kam der damit durch?

S Die Kontrollen beim ZDF waren extrem lax. Punkt. Es hat sich beim öffentlich-rechtlichen Fernsehen niemand Gedanken darüber gemacht, ob so etwas möglich sein könnte oder nicht. Sie haben ihm ja nicht mal richtig die Augen verbunden bei der Probe. Thomas Gottschalk war schon etwas irritiert, dass dieser merkwürdige Typ angeblich die Farbe schmecken konnte. In der Livesendung bekam er eine Skibrille aufgesetzt, da hat er einfach drunter durchgeguckt. In der Sendung hat er dann angekündigt, in der nächsten Ausgabe von »Titanic« alles aufzuklären. Eine schamlos innovative Werbekampagne für das eigene Heft.

G War Gottschalk empört?

S Zunächst ja. Die Empörung hielt aber nicht lange an. Später kam er in die Redaktion, als er Autoren für seine Late Night Show brauchte, und drei Redakteure sind dann sogar nach München gegangen und haben für ihn geschrieben.

G Als Sohn einer Hausfrau und eines Berufsberaters – wie war deine Erziehung?

S Unser Vater hat uns stets ermuntert, CDU zu wählen. Bei uns zu Hause wurde oft über die Politik der »Sozis« geschimpft, das verstand ich nicht. Inzwischen habe ich es verstanden, und zwar gründlich. Die Sozialdemokratie war lange Zeit das kleinere Übel, um das größere zu verhindern. Aber je größer das größere Übel wurde, umso größer wurde auch das kleinere. Inzwischen sind die Sozialdemokraten genau jenes Übel, das die Menschen früher verhindern wollten, als sie die Sozialdemokraten gegen das damals größere Übel gewählt haben – das damals noch kleiner war als das große Übel heute. Die Sozialdemokratie hat aus ihrer Tugend eine Not gemacht. Sie setzt sich für sozial Schwache ein, aber hilft bei der Durchsetzung von Bedingungen, in denen die Schwachen unaufhaltsam schwächer werden.

G Mein Vater war ein gebildeter Mann. Mit sehr viel Humor. Und einer großen Fähigkeit zur Liberalität. Er war, für mich, ein bisschen zu wenig Vater, aber in dem, was ihm möglich war, ein guter. Meine Mutter und mein Vater waren Verleger, meine Schwester hat später mal im Spaß zu meiner Mutter gesagt: »Oh, oh, ihr könnt den ganzen Tag dankbar sein, dass wir nicht kriminell geworden sind – bei der Vernachlässigung, die ihr an den Tag gelegt habt!«

S Ich habe das zweitschlechteste Abitur unseres Jahrgangs abgelegt, Notendurchschnitt 3,6 – nur in Religion war ich gut. Glaube ich.

G So hast also auch du deinen Glauben.

S Ich war ja, wie gesagt, an einer katholischen Schule. Eines Tages durften wir im Deutschunterricht für die letzte Stunde vor den Ferien einen Film holen. Ich bat den Klassensprecher, Monty Python mitzubringen, »Das Leben des Brian«. Der dämliche Deutschlehrer, ich bitte um Verzeihung, ich sag das nur wegen der Alliteration, wollte ihn hinterher von der Schule verweisen. Seitdem glaube ich an die Kraft der Komik.

G Hast du irgendwie gemerkt, dass es keinen Gott gibt?

S Oh, habe ich noch gar nicht gemerkt. Aber wie gesagt: In der Kirche bin ich nicht mehr.

G Ich war nie drin. Und ich staune übrigens, dass ich seit einiger Zeit zunehmend in Kirchen eingeladen werde. Dann steige ich die Kanzeltreppen hoch, stehe oben und stelle erschrocken fest, dass meine Stimme eine pastorale Färbung bekommt. Dann weise ich mich selber zurecht: Gysi, komm wieder runter mit deiner Stimme!

S Warum so viele Einladungen in Kirchen?

G Erst dachte ich, aha, auch dort herrscht Personalmangel. Aber es hat wohl eher mit Orientierungssuche zu tun, diese Suche macht offenbar vor Partei- und Konfessionsgrenzen keinen Halt mehr.

S Du hast – und das als Linker! – gesagt: »Ich glaube nicht an Gott, doch ich fürchte eine gottlose Gesellschaft.« Eigentlich … kein Widerspruch.

G Mit gottlos meinte ich: religionsfrei. Natürlich weiß ich um die Fehlentwicklungen in den Kirchen. Aber Religion – man denke nur an die Bergpredigt – kann allgemein verbindliche Moralvorstellungen in der Gesellschaft verankern. Das kann zurzeit sonst kaum noch jemand, Parteien schon gar nicht.

S Die gesellschaftliche Linke trat mit genau diesem Anspruch an.

G Sie war vor Jahrzehnten auch durchaus in der Lage, solche Moralvorgaben zu schaffen, gerade im sozialen Bereich.

S Gerade auf zwischenmenschlichem Gebiet hat auch die katholische Kirche Aufsehenerregendes geleistet. »Kirche von unten« zum Beispiel. Seit dem Bekanntwerden all des verbrecherischen sexuellen Missbrauchs weiß man erst so richtig, was damit gemeint war.

G Durch das Scheitern des Staatssozialismus hat die Linke zwar nicht die Fähigkeit verloren, Moral vorzugeben, aber sie hat keine Kraft und keinen Einfluss mehr, ihre Gebote allgemeinverbindlich werden zu lassen. Deshalb wären wir jetzt ohne die Religionen eher eine moralfreie und damit sehr gefährdete Gesellschaft. Natürlich halten sich viele nicht an die Moral, der Mensch ist bekanntlich ein seltsames Tier. Aber dass es solche Normen gibt, etwa die Feindesliebe, etwa das Verhältnis von Kindern zu Eltern und von Eltern zu Kindern, das ist den Religionen zu verdanken. Ein solches Wertegerüst ist sehr wichtig. Darum hätte eine gottlose Gesellschaft verheerende Folgen. Und es geht um wichtige Traditionen. Stell dir unsere Gesellschaft ohne Weihnachten und Ostern vor – Traditionen, Rituale und Kultur spielen doch eine große Rolle. Zu meinem Vater habe ich als Kind mal gesagt: Wenn es Gott nicht gibt, dann wurden die Kirchen ja alle umsonst gebaut. Mein Vater antwortete, die Kirchen seien nicht für Gott gebaut worden, sondern für die Menschen.

S Du kannst diejenigen, die dir feind sind, auch noch lieben?

G Nein, so weit kann ich wahrlich nicht gehen. Aber immerhin: Ich habe, wann immer ich im Bundestag oder anderswo übel angegangen wurde, nicht zurückgehasst.

S Es gab die tröstliche sozialistische Vorstellung, man könne Religion überwinden.

G Mein Vater war anderer Meinung. Er wies mich darauf hin, dass Religion bleiben wird, weil viele Menschen sie benötigen und Atheisten vieles nicht erklären können. Nimm nur die Erde, als sie ganz anorganisch war.

S Ach ja, ich erinnere mich gern.

G Wie entstand das erste Organische? Durch einen Meteor mit Bakterien? Aber woher kam der?

S Von uns jedenfalls nicht! Was kann ein Linker aus der Geschichte der katholischen und der evangelischen Kirche lernen?

G Nimm die Reformation. Sie zeigte, dass eine Institution, die überzieht, Gegenwehr provoziert. So widerfuhr es der Kirche mit dem Ablasshandel. Die Gegenreformation war wiederum die Reaktion auf manches überschießende protestantische Element. Das ist eine wichtige Lehre für mein Leben – die Linken versuche ich davor zu warnen, programmatisch zu überziehen. Sonst lösen sie in ihrem Vorwärtsdrang eine Gegenreaktion aus, die dann auch ihre Berechtigung hat.

S Reaktion, Gegenreaktion, reden wir also über Fußball.

G Ich weiß, ein Lieblingsstichwort für dich: VfL Osnabrück.

S Mich haben die achtziger Jahre geprägt, in denen es der VfL einmal geschafft hat, Bocholt Freitagabend im Dauerregen zu besiegen und einen Abend lang auf Platz eins zu stehen. Begeistert hat mich damals neben dem Zweitliga-Torschützenkönig Horst Feilzer besonders ein Mann, und zwar Detlef Olaidotter, einer der lustigsten Spieler, die ich in meinem ganzen Leben gesehen habe. Schon seine blonde Dauerwelle flog stets sehenswert. Aber er hat auch lustig gespielt: Er war Stürmer, neben Horst Feilzer; Feilzer hat alle Tore geschossen und Olaidotter keine. Er konnte nämlich nicht Fußball spielen. Er ging immer nur auf die Eckfahne zu und spielte sich und den Gegner schwindelig. Trotzdem hat er das Tor des Jahrhunderts geschossen. Es ist leider nicht aufgezeichnet worden, sonst wäre der Mann weltberühmt. Er hat bei einem Flugkopfball den Ball verfehlt – wie so oft –, hat sich dann nach hinten umgedreht und musste voll Erstaunen mit ansehen, wie seine eigene angewinkelte Hacke aus Versehen den Ball traf und ins Tor beförderte. Ewig unvergesslich sind mir: erstens dieses Tor und zweitens Olaidotters Gesichtsausdruck dabei, und dann …

G Stopp, stopp …

S Schon gut, jetzt darfst du von Union Berlin erzählen.

G Mir hat sich besonders eingeprägt, dass ich in der DDR nach Oberliga-Heimspielen von Union in Berlin jedes Mal ein paar Mandanten mehr hatte, junge Leute, die in die U-Haftanstalt Rummelsburg eingeliefert worden waren. Aber so tief wie du steckte ich nicht im lokalen Fußball.

S Das »lokal« nimmst du zurück.

G Die Lokalpatrioten sind der Adel des Fußballs. Ich habe das in Hamburg erlebt, Anfang der neunziger Jahre. Dort hatte der Kabarettist Dieter Hildebrandt im Fernsehen gesagt, er beneide mich. Denn ich würde jeden Wähler meiner Partei in Hamburg persönlich kennen. Frechheit! Und ich musste auch noch lachen. In Hamburg wurde ich zu einem Spiel vom 1. FC St. Pauli eingeladen. Ich stand im Fanblock. Von den zwei Toren, die fielen, und einem Großteil des Spiels habe ich wenig gesehen, denn ich war eingekesselt von lauter langen Kerls – nur an der Lautstärke der Fans erkannte ich dramatische Geschehnisse auf dem Rasen. Aber die Sprüche imponierten mir: »Nie wieder Faschismus, nie wieder 2. Liga!«. Der Torwart hieß Volker, also wurde gerufen: »Volker, hör die Signale!« Nach dem Spiel war mir hundeelend zumute wie nie zuvor und nie wieder in meinem Leben. Es dauerte eine Weile, bis ich begriff, dass um mich herum nicht geraucht, sondern gekifft worden war.

SONNEBORN
VS.
VON DER LEYEN

Frau Präsidentin! Liebe Frau von der Leyen, herzlich willkommen! Es freut mich sehr, dass ich ab sofort nicht mehr der unseriöseste Vertreter der europäischen Demokratie bin. Das Personaltableau, das der Rat vorgelegt hat, hat es in sich: Josep Borell – ein spanischer Typ, der als Präsident des Europäischen Hochschulinstituts zurücktreten musste, weil er vergessen hatte, eine jährliche Gratifikation von 300 000 Euro zu erwähnen – soll als Außenbeauftragter die europäischen Werte in der Welt vertreten. Christine Lagarde – eine Juristin, die wegen Veruntreuung von 400 Millionen Euro öffentlicher Gelder schuldig gesprochen wurde und noch nie eine nationale Notenbank geführt hat – soll die EZB leiten. Charles Michel – ein Belgier, der nicht einmal in Belgien eine funktionierende Regierung bilden konnte – soll Ratspräsident werden und für den Ausgleich in einem immer komplexeren Geflecht nationaler Interessen sorgen, und dazu Sie, Frau von der Leyen – eine europapolitisch völlig kenntnisfreie deutsche Ministerin, die lediglich durch einen irren Hang zu überteuerten Beratern, Missmanagement und Euphemismen aufgefallen ist, wie der »Trendwende Finanzen« als hübsche Beschönigung für die größte deutsche Aufrüstungskampagne seit Kriegsende. Um diese Parade von Inkompetenz und moralischer Wurstigkeit abzusichern, paktieren Sie mit der illiberalen PISS-Partei sowie den Möchtegernfaschisten Orbán und Benito Salvini? Wir sollten Europa nicht den Leyen überlassen – Zwinkersmiley.

Europäisches Parlament, Juli 2019

GYSI
VS.
DOPPELMORAL

Ist Ihnen mal aufgefallen, dass es im Nahen Osten nur drei säkulare Staaten mit einer Trennung von Politik und Kirche gab, während die anderen islamisch oder sogar islamistisch sind? Diese drei Staaten waren der Irak, Libyen und Syrien. Alle drei sind kaputt. Es scheint, als ob die Tradition einer Außenpolitik, die von den Ostverträgen bis zur deutschen Einheit führte, vollkommen überwunden worden ist. Das Duckmäusertum gegenüber der US-Administration und die Unlogik im Umgang mit verschiedenen Konflikten machen die Regierung immer unglaubwürdiger.

Den völkerrechtswidrigen Krieg gegen Jugoslawien haben Sie mit der Verletzung von Menschenrechten im Kosovo begründet. Heute liefern Sie immer mehr Waffen an das menschenrechtsverletzende Land Saudi-Arabien, das damit auch noch einen Krieg im Jemen führt. Sie benutzen die Argumente immer so, wie Sie meinen, sie gerade zu benötigen. Unglaubwürdig ist auch, dass Sie das Kosovo ohne Genehmigung des Zentralstaates und gegen einen ausdrücklichen Beschluss des UN-Sicherheitsrates von Serbien trennten, eine Trennung aber in anderen Fällen wie zum Beispiel der Krim scharf kritisieren. Ja was denn nun? Merken Sie das denn gar nicht?

Im Nordirak besuchte ich zusammen mit dem deutschen Generalkonsul ein Flüchtlingslager. Die Mädchen weinten, und zwar deshalb, weil der einzige Lehrer, den sie hatten, ging, weil die UN keine 50 Dollar mehr pro Woche hatten, um ihn zu bezahlen. Ich habe das der Bundesregierung geschrieben. Es hat sie nicht beeindruckt.

Deutscher Bundestag, September 2018

Ost und West

»Martin, für die neue Zeit waren die Menschen im Osten sehr offen.«

»Gregor, ja, man konnte sie mit allem abfüllen, was aus dem Westen kam.«

Das musste ja kommen: Streit über *Ost und West*. Alles begann vor über dreißig Jahren mit einer Urkundenfälschung, sagt G. Die Mauer muss wieder hoch, schlägt S. vor. So beginnt das Gespräch über die *deutsche Einheit*. Zur Sprache kommen Jammer-Hotlines (statt Sex-Hotlines) für die neuen Bundesbürger, und gelobt werden die Vorteile einer geschlossenen Gesellschaft. Kann das gut gehen? Wie viel Verblödung setzen *Freiheit und Demokratie* frei?

G Warst du eigentlich gern ein Westdeutscher?

S Klar, man gehört doch gern zu den Siegern. Aber ich war auch sehr dankbar für die Wende. Weil wir plötzlich eine Unmenge Spielmaterial hatten. Wir konnten uns über euch lustig machen, über den Osten, diese Menschen, deine Landsleute, die doch wirklich zum Lachen reizten, allein schon dadurch, dass sie bei unseren Telefonaktionen ganz unverblümt Rede und Antwort standen. Und die Wahrheit sagten. Wir haben ganze »Titanic«-Ausgaben mit vertrauensseligen Ossis gefüllt.

G Ich mag diese Verarsche der Ostdeutschen nur sehr begrenzt.

S Siehst du nicht einen wahren Kern? Sogar in dir?

G Nee, ich mag diese Verarsche wirklich nicht.

S Komm, Gregor, jetzt nicht eingeschnappt sein. Wir haben doch auch was Völkerverbindendes geleistet damals.

G Wir?

S »Titanic«, Die PARTEI, ja sogar die Westdeutschen insgesamt. Aber du natürlich auch.

G Einseitige Verarsche mag ich nicht – und das Gönnerhafte ebenso wenig. Die Westdeutschen waren genauso angepasst. Auf andere Weise als wir, aber auch angepasst. Den Ostdeutschen ist die Legitimität ihrer Anpassung genommen worden, weil die Westdeutschen so ein Verhalten angeblich nicht kannten. Ein führender Politiker der CDU hat mir beim Gespräch im Deutschen Theater erzählt, sie seien mit der Jungen Union im Bus in den Osten gefahren, und am Grenzübergang, als die DDR-Grenzer den Bus betraten, hätte er am liebsten laut »Freiheit!« gerufen. Er traute sich aber nicht. Er bekannte seine Angst. Ich fragte ihn angesichts dieses unterbliebenen Rufes, ob man den Ostdeutschen nicht zu viel zumute, indem man dauernd anmahne, was sie alles hätten in Richtung der eigenen Regierung rufen sollen. Und sie saßen nicht im geschützten Bus. Er bejahte. Nun gehörte der betreffende CDU-Politiker nicht zu den Einpeitschern des unbedingten frontalen Widerstandes der Ostdeutschen gegen ihr eigenes Regime, aber es gab sie ja zuhauf, diese Leute mit scheinbar unbefleckter Moral. Der Moderator Michel Friedman hat mich im Fernsehen gefragt, wie viel Opportunismus man in der DDR benötigte, um dort Karriere zu machen. Ich antwortete: etwa so viel wie in der Bundesrepublik. Er erwiderte empört, das wolle ich doch wohl nicht ernsthaft miteinander vergleichen. Stimmt, sagte ich, das kann man wirklich nicht – in der DDR ging es in dieser Frage des Opportunismus allzu oft um die Existenz, in der Bundesrepublik nur um die Karriere ... Viele hatten bis zum Ende der DDR berufliche, gesellschaftliche Bedeutung, und von heute auf morgen waren sie ein Nichts. Ob in der Armee, ob in der Partei. Und wenn du woanders ...

S Du meinst, in ordentlichen, ehrenwerten, richtigen Berufen.

G Also wenn man woanders gearbeitet hat, etwa im Krankenhaus, dann wurde nach der Wende der Klinikchef ausgewechselt, und mancher dachte, er würde nun Chefarzt werden. Aber der neue Direktor hat seinen Chefarzt aus München mitgebracht. So lief es vielfach.

S Es war eine viel zu gute Gelegenheit, unsere Jungen und Dummen rüberzuschicken, die Versager, Abenteurer und Spinner, diejenigen also, die bei den Engländern früher in die Kolonien geschickt worden wären. Aber ihr wolltet die Einheit ja unbedingt.

G Ja, viele – und viele dachten, es würde sich nichts an ihrem Status ändern. Im März 1990 war ich als PDS-Vorsitzender bei der Generalität der NVA in Strausberg. Leute mit viel Lametta auf den Schultern und großem Selbstbewusstsein. Mit diesem Selbstbewusstsein erklärten sie mir, sie hätten gelernt, ein Land zu verteidigen. »Wenn wir die DDR verteidigen konnten, können wir selbstverständlich auch die Bundesrepublik Deutschland verteidigen.« Sie glaubten daran, übernommen zu werden. Kein einziger von ihnen wurde übernommen.

S Na, ist doch lustig. Die wachten kurz danach in ihrer Katastrophe auf. Ich sag doch, Witze nähren sich aus Katastrophen. Dafür war die Einheit ein großartiger Fundus.

G Vielleicht ist sie ungültig.

S Die Einheit?

G Ja. Unvergessen bleibt mir die Volkskammerdebatte zum Beitritt der DDR zum Geltungsbereich des Grundgesetzes. Die Diskussion fraß Stunde um Stunde. Nach Abstimmung und also beschlossenem Beitritt erfüllte ein langer Beifall den Saal. Allerdings hatte die Volkskammer einen falschen Beschluss gefasst. Er lautete: »Die Volkskammer erklärt den Beitritt zum Geltungsbereich des Grundgesetzes der Bundesrepublik Deutschland gemäß Artikel 23 des Grundgesetzes mit Wirkung vom 3. Oktober 1990.« Angesichts dieses Satzes erwachte der Anwalt in mir. Denn: Die Volkskammer hatte lediglich ihren eigenen Beitritt beschlossen, nicht den Beitritt der DDR. Was tun? Diese Fahrlässigkeit am nächsten Tag öffentlich machen? Und somit für eine neue Sitzung sorgen, in der dann ein korrigierter Beschluss gefasst würde? Oder besser den Mund halten? Ich entschied mich, nach der Abstimmung eine kurze Erklärung abzugeben. Zuvor flüsterte ich dem amtierenden Vizepräsidenten Reinhard Höppner den Fehler zu. Ich sagte, er solle sich den Beschluss noch einmal genau ansehen, die Volkskammer habe den Beitritt beschlossen, so müsse die DDR eben leider künftig auf die Volkskammer verzichten. Er beging eine Urkundenfälschung, indem

134

er nach dem Wort »Beitritt« kurzerhand »der Deutschen Demokratischen Republik« einfügte. Später hat er das auch öffentlich erklärt. Die Präsidentin der Volkskammer, Sabine Bergmann-Pohl, konnte dann den Beschluss korrekt verlesen, der aber so nicht beschlossen worden war.

S Ungelöste Frage nach über dreißig Jahren, dank Gysi: War der Beitritt wirksam?

G Ich denke schon.

S Gegen alle Unklarheiten hätte es eine andere Lösung gegeben: Wir hatten eine im Angebot, wir wollten die Mauer wieder errichten. Im letzten Satz unseres Parteiprogramms heißt es: »Die Sonderbewirtschaftungszone (SBZ) im Osten soll auch baulich vom Rest der Bundesrepublik getrennt werden. Auf diese Weise soll unserer modernen, fortschrittlichen und zukunftsweisenden Idee einer solchen Zone Ausdruck verliehen werden.«

G Dazu gehörten ja auch Westpäckchen »nach drüben«.

S Ja, war doch einst eine schöne Tradition. Nach der PARTEI-Gründung haben wir in »Titanic« einen Aufruf veröffentlicht, das wieder aufzunehmen. Irgendeine Adresse raussuchen im Osten, Päckchen packen und in einem einfühlsamen Brief erklären, dass wir uns leider nach unserer Machtübernahme von der DDR wieder trennen müssen, wir euch aber nie vergessen werden. Und es natürlich auch wieder Westpäckchen geben wird. Daraufhin schickten rund fünfzig Leute Päckchen an beliebige Adressen in Weimar. Mit Kaffee …

G Bohnenkaffee! Das wurde betont im Osten. So viel Genauigkeit muss sein. Nicht einfach nur schnöde: Kaffee.

S Dazu noch Damenstrumpfhosen, Maggi-Würfel, Bananen, Rätselhefte, Bastei-Romane und billiges Tomatenmark in Dosen. Was aber wieder typisch war: Keiner von den Beschenkten hat sich bedankt. Ich sehe diese Ostdeutschen jetzt öfter, wenn ich Fernsehberichte aus Sachsen sehe, und ich weiß nicht, ob ich lachen oder weinen soll.

G Weinen worüber?

S Über das Gleiche, über das ich nur lachen kann. Leider sind viele der Vollpfosten, die wir euch rübergeschickt haben, heute in hohen Verwaltungspositionen. Brutal war ja auch, dass damals eure Abiturnoten und die Hochschulnoten runtergesetzt wurden, Berufsausbildungen zum Teil gar nicht anerkannt, wenn ich mich recht erinnere, und nahezu sämtliche Häuser enteignet. Was für ein Wahnsinn. Meine Abiturnote hätte man gar nicht runtersetzen können!

G Ja, verheerend war vor allem das Prinzip »Rückgabe vor Entschädigung«. Das war wirklich zerstörerisch. Deshalb die Idee mit der erneuten Mauer?

S Die Idee mit der Mauer kam eigentlich auf, weil der »Stern« direkt nach der Parteigründung eine große Umfrage präsentierte, derzufolge sich fast 25 Prozent der Deutschen in Ost und West eine erneute Teilung des Landes wünschten. Was für eine Ohrfeige für alle Vertreter der Friede-Freude-Eierkuchen-Blühende-Landschaften-Hegemonie unter Helmut Kohl! Es gab ja nicht nur im Osten eine kleine intellektuelle Elite, die sich eine andere Zukunft für die DDR oder für ein vereinigtes Deutschland vorgestellt hatte als diesen humorlosen Anschluss an die BRD und ihr kaputtes kapitalistisches System. Wir Westdeutschen hatten euch immerhin das Wissen um die vielfachen Dysfunktionalitäten unseres Systems voraus. Auch bei uns ruhten die Hoffnungen der Linken darauf, dass es in dieser neuerlichen Stunde Null zu einer Bestandsaufnahme kommen würde, durch die auch das Verbesserungsbedürftige in der westdeutschen Gesellschaft auf den Prüfstand gerät. Einen eher gleichberechtigten deutsch-deutschen Zusammenschluss, ein Best-of beider Systeme oder zumindest ein paar Gramm mehr Utopie in der verfickt realen Wiedervereinigung. In dieser Situation einer doppelten Enttäuschung über die einfache, kolonialistische Übernahme Ostdeutschlands im Hauruck-Verfahren durch Birne, wie wir Kohl nannten, wäre die Maueridee unser bescheidenes Angebot gewesen, dieses historische Versagen Helmut Kohls wenigstens notdürftig zu reparieren.

G Das habe ich so noch nie gehört.

S Aber, um wieder ernst zu werden, unsere Mauer sollte natürlich hochwertiger, teurer und ästhetisch anspruchsvoller werden als eure. Wir standen mit israelischen Experten im Gespräch.

G Trotzdem die Frage: Hast du etwas gegen Ostdeutsche?

S Du bist lustig, warum sollte ich? Gar nichts. Ich bin regelmäßig auf Lesereise im Osten und sehe bei jüngerem Publikum keine Unterschiede mehr. In unserer Partei ist ein Drittel der Mitglieder aus Ostdeutschland. Die Grenze verläuft ja nicht zwischen Ost und West, sondern zwischen Leuten, die unseren Humor teilen und unsere Form der Kritik, und jenen, die es nicht tun. Der Maueraufbau war ein medientauglicher Aufreger, der uns in den alten Ländern Witze ermöglichte – und in den neuen natürlich auch. Hier lachen die Menschen bei Lesungen noch viel hemmungsloser über diese Idee, wahrscheinlich, weil sie einen subversiveren Humor gepflegt haben. Oder früher nie so laut lachen durften.

G Ja zur Mauer? Natürlich immer unter der Bedingung, dass ein gewisser West-Wohlstand erhalten bleibt.

S Na klar. So was unterstützen wir gern. Einige Mitglieder eurer Partei wollen ja bestimmt auch Honecker zurückhaben, aber doch den Meister Propper und unseren guten Rotkäppchensekt nicht wieder hergeben.

G Zitat Martin Sonneborn: »Die PARTEI hat sich in den vergangenen Jahren sehr für ein funktionsfähiges kommunistisches Regime im Osten Deutschlands eingesetzt.«

S Ja, einfach als Abgrenzungsrealität, wie Oskar Negt das formulieren würde, für den Kapitalismus, für das westliche System. Der Kapitalismus gebärdet sich doch wahnsinniger denn je. Das liegt auch daran, dass er keine Konkurrenz mehr fürchten muss. Gregor, ich habe dich in einer Bar in Ost-Berlin sogar gebeten, dieses neue kommunistische Schreckensregime anzuführen.

G Und ich hab dir gesagt, ich würde das lieber im Westen übernehmen.

S Gut, ist mir letztlich egal. Ich leite das Ganze im Osten und du im Westen. Wichtig ist, dass ich einen Palast erhalte und wir ein zweites System haben, das uns antreibt. Eine Zeit lang hatte ich übrigens den Verdacht, dass hinter dem Mauerfall ein Masterplan von Merkel steckt: dass sie diese sogenannte friedliche Revolution geplant hatte, um unser Land zu übernehmen, den Wohlstand aus dem Westen in den Osten zu transferieren und höchste Ämter mit Ostdeutschen zu besetzen. Gauck als Präsident, du lange Zeit als Oppositionsführer im Bundestag, sie selbst als Kanzlerin. Nur hat sie sich dann offensichtlich auf die Seite der Industrie geschlagen, deren Bereicherung ermöglicht und die eigenen Volksgenossen darüber vergessen. Toni Kroos, einer der bestimmenden Spieler der Fußball-Weltmeistermannschaft, ist in Greifswald geboren. Die PARTEI fordert schon lange die Umbenennung der dortigen Universität in Toni-Kroos-Universität. Wenn das geschafft ist, dann hat sich der Mauerfall gelohnt. Und der Plan zur Wiedererrichtung der Mauer hätte sich schon deshalb gelohnt, weil Frau Merkel auf ewig hinter ihr verschwunden wäre.

G Angela Merkel fragte in einer öffentlichen Runde doch tatsächlich eine Putzfrau, die ihre mageren Renten-, also Altersaussichten beklagte, ob sie denn nicht privat vorgesorgt habe. Ich bitte dich, wie nimmt sie denn noch Realität wahr! Und irgendwann wundern sich Politiker, dass einer von außen gewählt wird, irgendein Trump. Eine Roulettekugel ist im Vergleich zu solchen Typen, die leider auch Schule machen, exakt berechenbar. Was allerdings für Merkel spricht: Sie ist völlig uneitel, hat offenkundig keine übergroßen materiellen Bedürfnisse und kann manchmal sehr scheu lächeln. Aber sie hat den richtigen Absprung verpasst und regierte immer so, als bestimmten zwei DDR-Sehnsüchte ihre Politik: der Reisepass und der volle Supermarkt. Damit ist für sie ein Geschichtsziel erreicht, und die Perspektive soll sein: Du kannst auch morgen nach Mallorca reisen und volle Regale vorfinden. Merkel ist eine Politikerin des Status quo. Sie versprach den Ostdeutschen nur immer eine Verlängerung der Gegenwart.

S Aus dem Programm, morgen sei Zukunft, hat sie die Gegenposition entwickelt: Morgen ist auch wieder heute. Während wir schon 2005 mit der Forderung »Für eine Zukunft mit Zukunft!« in den Wahlkampf gezogen sind.

G Gleichzeitig meinte sie den Westdeutschen beweisen zu müssen, dass sie als Ex-DDR-Bürgerin den Osten nicht besonders fördert. Sie wollte als Frau aus der DDR dem Westen immer wieder beweisen, dass sie für ganz Deutschland steht.

S Du kennst diese Komplexe?

G Ja, ich habe sie bloß nicht.

S Kanzler bist du auch nicht.

G Das außerdem. Vor Jahren habe ich den Leuten auf einer großen Wahlkundgebung in München gesagt, dass sie mir hier auf dem Marienplatz zwar applaudierten, aber zwei Tage später meiner Partei trotzdem nicht ihre Stimme gäben. Wieder Applaus.

S Zur Strafe haben die Bayern jetzt Söder ... Für einen Spaß in der »heute-show« stand ich Merkel mal unmittelbar gegenüber. Es war ein wunderschöner Sommertag im Garten des Kanzleramtes, Tag der offenen Tür, alle gut gelaunt, Merkel badete in der Menge. Als sie in zehn Zentimeter Abstand an mir und der Kamera vorbeimusste, hab ich sie gefragt: Frau Merkel ist das heute ein schöner Tag oder eher ein Scheißtag für Sie? Darauf kam ein beeindruckend eisiger, beleidigter, vielleicht auch der eigenen Machtlosigkeit bewusster Blick. In solchen Momenten bin ich unglaublich froh, in einer gefestigten Demokratie zu leben. Wir wurden nicht verhaftet und nicht gefoltert.

G Stell dir mal vor, Angela Merkel würde Mitglied der PARTEI.

S Nein, wir nehmen keine Konvertiten. Wenn morgen wieder DDR ist, macht die prinzipienlose Alte erneut Agitation und Propaganda für die SED.

G Merkel konnte auch etwas durchsetzen, wenn sie es unbedingt wollte. Sie hat am Wochenende nach dem GAU in Fukushima geradezu blitzartig den Ausstieg aus der Atomenergie beschlossen. Warum hat sie nicht mit gleicher Kraft die Angleichung der Renten im Osten an die im Westen eingeleitet? Ihr fehlte dafür die Leidenschaft.

S Ausgerechnet als Frau aus der Zone!

G Zur Wende fällt mir eine böse Anekdote ein. In einer Talkshow im Fernsehen wird gesagt: »Nach der Wende gab es doch viele Probleme im Osten. Leute verloren ihre Arbeit. Manche haben sich sogar umgebracht, ja, die Selbstmordrate stieg enorm.« Heiner Müller, Gast der Show, erwiderte: »Ja ja, aber es gab auch negative Entwicklungen.«

S Jetzt steigt dein Niveau!

G Du färbst eben ab. Sag ich doch immer wieder.

S Es gab ausgleichende Gerechtigkeit im Schlepptau des Mauerfalls. Zum Beispiel: Die Leute im Osten mussten nun endlich Fernsehgebühren bezahlen. Es wurde Zeit dafür, ehrlich. Denn das mussten sie früher nicht. Ihr habt uns die ganze Zeit über unser gutes Westfernsehen weggeschaut, ohne zu bezahlen.

G Westfernsehen? War in der DDR ein Thema, klar. Eines Tages sollten alle Schülerinnen und Schüler meiner Schule geloben und unterschreiben, keinen Westrundfunk zu hören und kein Westfernsehen zu schauen. Zum einen: Ich hörte regelmäßig Westrundfunk, zum anderen: Wir hatten zu jener Zeit noch kein Fernsehgerät zu Hause. Also unterschrieb ich nicht, es gab keine Einwände. Die Sache schien schon vergessen, da nahm mich der stellvertretende Direktor zur Seite, hielt mir das Blatt mit der besagten Liste vor und sagte in knapp gehaltenem Ton: »Gregor, dort, deine Unterschrift. Keine Diskussion. Was du zu Hause machst, interessiert mich nicht.« An seinem Gesicht merkte ich: Es ging nicht um mich, es ging um ihn. Ich unterschrieb.

S Um Gerechtigkeit zu schaffen – und vor allem, um den erwartbaren blinden Jubel zum zehnten Jahrestag der Deutschen Einheit etwas zu erden – haben wir bei »Titanic« mal am Telefon versucht, im Namen der GEZ in Sachsen sämtliche Gebühren, die von 1980 bis 1990 angefallen sind, einzutreiben. Wir sind da allerdings auf eklatanten Widerstand gestoßen, und auf eindrucksvolle Beschimpfungen.

G Ich sehe und wiederhole: Du hast doch etwas gegen Ostdeutsche!

S Nein, ich hab manchmal was gegen Deutsche. Jedenfalls wenn sie in Feierlaune geraten. Wir rühmen uns immer dieser friedlichen Revolution, die nachgerade zum Gründungsmythos eines geeinten, wiederauferstandenen Deutschlands wurde. Ich wage mal die These, dass diese Revolution so friedlich nicht geblieben wäre, wenn ihr die Siegermacht im Osten das Einverständnis verweigert hätte. Man darf die deutsch-sowjetische Vergangenheit nicht vergessen. Vor allem nicht die deutsche Rolle dabei. Der Angriff Hitlerdeutschlands auf die Sowjetunion hatte 30 Millionen Menschen das Leben gekostet, jeden siebten Sowjetbürger. Dass Russland es 50 Jahre später fertigbringt, der Vereinigung der beiden deutschen Staaten nicht mit Argwohn, sondern mit einem Vertrauensvorschuss zu begegnen, sollte uns Deutsche eigentlich tief bewegen. Die meisten danken es ihnen heute, wieder 30 Jahre später, mit einer Wiederbelebung ihrer stumpfsinnigen Feindbilder aus der stumpfsinnigen Zeit des Kalten Krieges. Das wird mir immer unbegreiflich bleiben. Vielleicht sollte man Schüler verpflichten, auf YouTube mal ein paar Dokumentationen über den Zweiten Weltkrieg zu schauen. Oder Putins Rede im Deutschen Bundestag 2001, bei der er uns die Hand reichen wollte – die wir dann so brüsk ausgeschlagen haben … Da sind wir wieder bei den asozialen Netzwerken.

G Eine technische Errungenschaft mit auch schädlichen Möglichkeiten.

S Netz – das ist ein treffender Begriff. Die hauptsächliche Existenzform des Netzes war ja mal das Fangnetz. Digitalisierung ist Produktion von Fang-Netzen. Auch die Idioten können sich im Internet »informieren« und ihre Wut multiplizieren durch den Austausch mit Gleichgesinnten. Ich zitiere gerne meinen Bruder, der gesagt hat, dass es in seinem kleinen Dorf einen Dorfdeppen gibt, der lebt von Sozialhilfe und wird höchstens mal gerufen, wenn irgendwo eine Mauer oder eine Wand eingerissen werden muss. Seitdem er die sozialen Netzwerke studiert, weiß er, dass die Juden schuld sind an seinem Unglück und seiner sozialen Situation. Weil er sich mit anderen Dorfdeppen in anderen Dörfern und Städten in Verbindung gesetzt hat und sie sich diese Weltsicht gegenseitig bestätigen.

G Und dann gehen die zu Pegida oder wählen die AfD.

S Helmut Schmidt sagte mal, rechtsextreme Parteien »kommen und gehen auch wieder«. Solche Parteien – wie wir sie jetzt vergleichsweise mit der AfD haben – hielt er für »nicht lebensgefährlich, aber dennoch unerfreulich«. Siehst du das auch so?

G Als Schmidt in der Politik war, mag das so gewesen sein. Er hat dies aus seiner politischen Zeit heraus gesehen. Aber wir müssen nur Leute wie Donald Trump betrachten oder die Regierungen in Polen, Ungarn, Finnland, Dänemark, den Niederlanden, vor kurzer Zeit auch in Österreich und Italien. Es sind Regierungen, die doch auch dich auf die Palme bringen. Ich glaube ebenfalls nicht, dass das auf Dauer hält, aber wenn wir es nicht ernst nehmen, kann es viel länger halten, als wir uns das erhoffen. Man muss immer wieder daran erinnern: Andrea Nahles …

S Wer ist das?

G Die einstige SPD-Chefin trug doch tatsächlich den absurden Vorschlag mit, den rechtslastigen, also untragbar gewordenen Chef des Verfassungsschutzes durch Beförderung loszuwerden.

S Hans Georg Maaßen? Hahaha, ich habe damals einen Shitstorm geerntet für einen Kommentar bei Twitter: »Würdelos, dieses ewige Hin und Her! Früher hätte man #Maaßen eine geladene 45er auf den Schreibtisch gelegt, ihm noch einmal fest in die Augen gesehen und dann den Raum verlassen: Vorruhestand perfekt!« In Dresden hat übrigens unser Stadtrat Max Aschenbach erreicht, dass offiziell der »Nazinotstand« ausgerufen wurde. Der Antrag war in Ordnung, konnte aber aus irgendwelchen technischen Gründen nicht umbenannt werden. Das ging natürlich sofort durch die internationale Presse, die konservativen Stadtväter tobten.

G Der Rechtsruck ist entsetzlich.

S Die AfD wurde als neoliberale Wirtschaftspartei gegründet. Die eigentliche Gefahr liegt darin, dass sie nationalistische und rassistische Thesen zunehmend auch mit sozialen zu kombinieren begonnen hat. Das ist dann der Klebstoff, an dem Leute hängen bleiben. In Ost und West.

G Die Ostdeutschen fühlen sich als Verlierer der Geschichte. Bei der Herstellung der deutschen Einheit wurden sie zu Deutschen zweiter Klasse. Das hatte und hat Folgen.

S Wenn man zum Menschen zweiter Klasse wird, suchen manche nach Menschen dritter Klasse. Man will ja nicht ganz unten stehen.

G Vergessen wir nicht: Die Ostdeutschen hatten die sowjetische Besatzungsmacht, die anderen Deutschen hatten die westlichen. Daher glaubten die Westdeutschen, sie seien die Besseren.

S Die Gnade der westlichen Geburt.

G Die Westdeutschen waren nicht die Besseren, sie haben nur Glück gehabt. Ihnen wurde mit dem Marshallplan auf eine Weise geholfen, von der die Ostdeutschen nicht mal zu träumen wagten. Hätten die Westdeutschen die sowjetische Besatzungsmacht gehabt und der Osten die drei westlichen, dann wären wir geworden wie die Wessis, und die Wessis wären geworden wie die Ossis. So einfach ist es. Die Gnade des Zufalls!

S Die Bayern würden sagen: Wir wären unter jeder Besatzungsmacht – wir. Mia san mia.

G Von wegen. Wenn die Bayern unter sowjetische Besatzung geraten wären – ich kann dir genau sagen, wer aus der CSU der Typ 1. Sekretär der SED-Bezirks- oder Kreisleitung ist. Die kenne ich persönlich.

S In jedem System geht es um das Verhältnis des einzelnen Menschen zur Macht.

G Wenn du Ehrgeiz hast und irgendwo etwas zu sagen haben willst, dann suchst und gehst du den entsprechenden Weg. Punkt. Dass dieses Verhalten alle Wechsel überdauert, hat man ja nach der Wende gesehen. Wer verließ denn unsere Partei? Ehrlich Empörte, ja, aber auch Karrieristen und Leute, die Nachteile fürchteten, wenn sie jetzt bei der Stange blieben. Wer in die SED gegangen war, weil er sich Vorteile versprochen hatte, ging sofort wieder raus, und zwar auch wieder wegen der

Vorteile. Leute, die immer ganz vorne standen und den Ton angaben, auch die Administratoren aus der ZK-Abteilung Staat und Recht – ich glaube, von denen war bald keiner mehr in der Partei. Als ich Rechtsanwalt in der DDR war, bekam ich Briefe dieser Art: Sie vertreten mich in einer Grundstückssache, und ich finde, Sie könnten etwas mehr Initiative ergreifen. Ich möchte Sie darauf hinweisen, dass ich Träger des Ordens »Banner der Arbeit« bin. Nach 1989 bekam ich Briefe, in denen stand: »Mein erstes Parteiverfahren hatte ich schon 1958.« Das heißt, die Art der Auszeichnung, auf die man sich berief, hatte sich geändert.

S Man darf die Angst nicht unterschätzen. Wer im Westen lebte, lebte mit der Arbeitslosigkeit. Im Osten war sie vermutlich ein Schock.

G Zu viele Ostdeutsche sagen sich: Erst habe ich meine Arbeit durch die Einheit verloren, was stimmt, jetzt verliere ich sie durch die Flüchtlinge, was nicht stimmt.

S In einer solchen Lage bist du anfällig für einfach gestrickte Losungen.

G Was die Angst betrifft: Für uns Ostdeutsche war auch der Ton einschüchternd, mit dem wir zum Beispiel als Bundestagsgruppe in Bonn behandelt wurden. Unsere ostdeutschen Abgeordneten waren dieses Böse, dieses Abstempelnde, dieses Demütigende nicht gewohnt. Wir kamen aus bestimmten SED-Strukturen, plötzlich wurden wir aus der gewohnten Sicherheit und Fassung gestoßen, die westdeutschen Parlamentarier behandelten uns wie Schmuddelkinder, die nicht hineingehörten in diesen Bundestag. Man merkte den Unterschied zu den PDS-Mitgliedern aus dem Westen. Sie kamen aus einem Leben, in dem sie sich bewusst, meist als Kommunisten und linke Gewerkschafter, gegen das System entschieden hatten, sie waren immer die Außenseiter, die Beschimpften, die Paria gewesen. Sie erwarteten nichts anderes.

S Kommunist im Westen? Ich glaube, das war auch nicht ganz einfach, wir hatten Berufsverbote für sie. Die lustige Zeit des »Radikalenerlasses«. Könnten wir eigentlich wieder einführen, ich möchte keine AfD-Mitglieder, die Richter, Lehrer oder Müllmänner sind. Oder Schiffschaukelbremser auf dem Jahrmarkt.

G Es ging auch nicht fein zu, wo Mitglieder meiner Partei auftraten.

S Hass?

G Ja. Auch Hass. Aber Euphorie gleichermaßen! Wenn ich in eine Gaststätte kam, in der Endzeit der DDR, wusste ich sofort, woran ich war: Entweder, ich würde nicht bedient werden oder aber Schwierigkeiten bekommen, selber zu bezahlen. Totale Ablehnung oder totales Einverständnis. Alles nur im Extrem. Ich saß 1990 mal in einer kleineren Stadt im Westen in einem Café, als der Polizeichef des Ortes kam und mir eine schusssichere Weste anbot. Ich lehnte das ab, die Weste hatte ein gefühltes Gewicht, da wäre ich womöglich durch die dünnen Bretter der Rednertribüne gebrochen. Ich redete, der Blick in die Menge war ernüchternd: Die Zahl der Teilnehmer hielt sich sehr in Grenzen. Zwischen den Leuten fiel mir ein Mann auf, der ununterbrochen auf die SED schimpfte. Ein Polizist forderte ihn auf, zu verschwinden. Der Mann fragte zurück, ob er nicht mal mehr auf die SED schimpfen dürfe. Der Polizist erwiderte: »Doch, aber nicht heute und nicht hier.« Als ich wieder wegfuhr, wies der erwähnte Polizeichef meinen Fahrer an, dem Funkstreifenwagen zu folgen – irgendwann werde der wenden, dann seien wir außerhalb der Stadt und könnten weiterfahren. Angesichts der ruppigen Zeitumstände fühlte ich so etwas wie Dankbarkeit, da drehte sich der Polizeichef zu mir um und meinte trocken: »Übrigens, Herr Gysi, damit wir uns nicht missverstehen: Meinetwegen können Sie erschossen werden, aber nicht in meiner Stadt.«

S Der hat nur an sich gedacht, aber es diente dem allgemeinen Frieden.

G Du weißt ja, vom Egoismus heißt es bekanntlich: Wenn alle nur an sich denken, ist auch an alle gedacht! Zu meinem Fahrer sagte ich: »Es beruhigte mich schon sehr, wenn die Polizeichefs aller Städte so dächten.«

Einmal im Jahr fuhr ich ins thüringische Eichsfeld. Ausgerechnet dorthin! Es war schon zu DDR-Zeiten eine ausgeprägt katholische Gegend.

S Das Eichsfeld war der Stier, du das rote Tuch.

G Von aufgebrachten Leuten wurde ich als Mörder tituliert und mit entsprechenden Plakaten konfrontiert. Ich weiß auch nicht, warum mich in solchen Situationen ein seltsamer Trotz überfällt. Einer hob so ein Transparent hoch: »Diebe, Betrüger, Mörder, Totschläger!« Das richtete sich gegen die gesamte Partei. Ich ging hin zu ihm und machte ihn darauf aufmerksam, dass die Steigerungsform nicht stimme. Totschläger seien schlimm, aber Mörder noch schlimmer. Wenn er also das nächste Mal mit dem Plakat komme, müsse es vorher geändert werden: »Diebe, Betrüger, Totschläger, Mörder!« Nach so einer Bemerkung stehst du selber kurz vor dem Erleben eines Totschlags.

S Hahaha, aber du hast recht. Bist du eigentlich Masochist? Warum dorthin, in dieses Eichsfeld?

G Genau das fragte ich meinen Fahrer auch. Und das jedes Jahr. Eigentlich fragte ich mich, nicht ihn. Man stellt sich schließlich nicht freiwillig unters Fenster, aus dem der Dreckkübel ausgeschüttet wird. Mein Fahrer verwies auf die kleine PDS-Gruppe, die das das ganze Jahr aushalten muss. Na schön, sagte ich mir, das ist ein Argument. Mir ist es peinlich, mich aus einer Konfrontation tatenlos herauszudrehen. Außerdem will ich anders reagieren, als es mein Gegenüber erwartet, nicht aggressiv, sondern mit einer gewissen Logik. Im thüringischen Worbis trat ich in einem Kino auf, im Rang des Saales standen Kalikumpel, deren Jobs damals noch nicht gefährdet waren. Etwa zwanzig Kuhglocken wurden gegen mich geläutet. Was zu sagen, hätte keinen Sinn gehabt, ich hatte auch kein Mikrophon. Mir blieb nur übrig, minutenlang auf und ab zu gehen und mir anzuhören: »Stasi, Stasi, Stasi!« Kuhglocken und unablässig diese Rufe, mit denen die Partei gemeint war. Vorn in der ersten Reihe saß die örtliche PDS-Gruppe, Durchschnittsalter 76,3 Jahre. Irgendwann schaute ich nach oben zur Empore, und in einen Moment der Ruhe hinein sagte ich zu den Männern, so, sie hätten sich jetzt lang genug vorgestellt. Diese Frechheit verschlug ihnen die Sprache – ich konnte reden. Einer dieser Männer, die da rumort hatten, kam zum Ende der Veranstaltung ziemlich forsch auf mich zu, ich sah seine muskulösen Oberarme und dachte: Wenn der jetzt zuschlägt, werde ich das Krankenhaus lange nicht verlassen können. Er schlug nicht zu. Er bat um ein Autogramm, mit der Begründung, er teile zwar meine Auffassungen nicht, aber ich sei »rotzfrech«.

Und als ich zu jener Zeit »Komitees für Gerechtigkeit für den Osten« vorschlug …

S Das misslang total, soviel ich weiß. Die Leute haben sicher gedacht, das sei Satire.

G Nein, sie dachten glatt an uns vorbei … Na, jedenfalls saß ich wegen der Komitee-Idee auf dem »Heißen Stuhl« bei RTL. Werde ich nicht vergessen. Vier Leute standen da, um mich zu beschimpfen. Der Moderator sollte moderieren, er entschied sich dann aber auch, mich zu beschimpfen. Also fünf. Ich fühlte mich umzingelt. Aber plötzlich hatte ich eine Idee, auf die ich bis heute ein bisschen stolz bin. Der Staatssekretär aus dem Bundesinnenministerium, Mitglied der CSU, rief ständig dazwischen: »Herr Gysi, wirklich, was Sie hier erzählen! Sie haben doch keine Ahnung! Sie haben wirklich keine Ahnung!« Nach einer Weile sagte ich: »Herr Staatssekretär, das stimmt schon, Sie haben mehr Ahnungen, aber hier geht es ja um Kenntnisse.« Das Studio tobte. Der Mann war für zwei Minuten ausgeknockt. Das ist ganz selten in der deutschen Sprache, dass Singular und Plural so absolut unterschiedliche Bedeutungen haben: Ahnung und Ahnungen … Am nächsten Tag war ich wieder im Eichsfeld und dachte, jetzt fängt das Elend von vorne an. Aber auf der Straße klopften mir die Leute auf die Schulter: »Das hast du gut gemacht.« Ich wusste nicht, wie mir geschah, und da ist mir aufgegangen, ich saß auf dem »Heißen Stuhl« nicht für die PDS, ich saß dort auch nicht für mich, ich saß dort für alle Ostdeutschen. Als Ostdeutscher war ich angegriffen worden, und meine Gegenwehr tat gut. Für mich ein Augenblick der Ermutigung, den ich dringend nötig hatte. Seitdem wurde ich von vielen im Osten neu und anders gesehen, als ihr glaubwürdiger Vertreter.

S Jetzt wird mir klar, warum du so sehr für eine rot-rot-grüne Koalition eintrittst.

G Ich geb's zu: Nach all den Angriffen über die vielen Jahre wäre es eine gewisse Genugtuung, demnächst an Sondierungs- und Koalitionsgesprächen für eine mögliche Bundesregierung teilzunehmen. Wenn ich das übrigens 1990 prognostiziert hätte – ausgerechnet für mich! –, hätten mir wohl alle geraten, in die geschlossene Psychiatrie zu gehen. Den Rat hätte ich auch angenommen.

S Du hast vorhin vom Durchschnittsalter der Parteigruppe da in Thüringen gesprochen. Das erinnert mich an die Zeit, als wir in einigen Medien im Verdacht standen, deine Partei schlucken zu wollen. Ich habe das stets dementiert. Es wäre nämlich schwierig gewesen, mit euren Mitgliedern zu verhandeln, eine Zeit lang gab es bei euch zu wenige Leute, die ohne Hörgeräte in Verhandlungen hätten gehen können. Aus dem Osten Leute mit extrem laut gestellten Hörgeräten und aus dem Westen renitente Gewerkschafter, das ist keine gute Mischung.

G Ihr habt gesagt, auch Oskar Lafontaine könne bei der PARTEI mitmachen.

S Ja, ich habe mal gesagt, jeder Schwachkopf dürfe bei uns mitmachen. Lafontaine meinte ich damit übrigens nicht.

G He! Mal betont ihr die Klugheit eurer Wähler, mal die Schwachköpfigkeit.

S Manchmal reicht populistisch nicht, dann muss es eben auch noch schmierig sein.

G Was heißt schmierig?

S Vorgeblich volksnah. Wendig. Mit einer Prise FDP. Nur einen Nanometer vom Dümmsten entfernt.

G Schwierig.

S Das auch.

G Du sagtest eben: »populistisch.« Bei dem Wort zuckt man natürlich zusammen.

S In seiner ursprünglichen Bedeutung steht der Begriff wohl für nichts anderes als das Vorhaben, die genuinen Interessen der Bevölkerungsmehrheit zu vertreten. Der letzte Wahlkampf der britischen Labour Party stand unter dem grandiosen Motto »For the many, not the few«. Das ist ein Anspruch, den die traditionellen Volksparteien durch ihre freiwillige Unterordnung unter die Interessen der Industrie längst aufgegeben haben. Sie machen Politik eben nicht mehr für die 99 Prozent, sondern nur für das letzte eine Prozent. Wenn das Gegenteil davon populistisch ist, dann bin ich das gern. Empörend ist natürlich, dass wir das Prinzip des seriösen Populismus in Deutschland politikfähig gemacht haben – und dann von den unseriösen Populisten der (verfickten) AfD praktisch überrundet werden.

G Die anderen Parteien wollen Protestwähler von der AfD abziehen.

S Ihr wollt das ja auch.

G Sofern deren Köpfe noch offen sind für Erkenntnis und Einsicht.

150

S Ich setze eher auf die Zweiteilung der Gesellschaft, ich setze auf die tiefstmögliche, nicht zu beseitigende Spaltung: Die Dummen wählen die AfD, die Intelligenteren Die PARTEI.

G Apropos volksnah, auch so ein Wort eben: Dich hat es ja oft nach Ostdeutschland gezogen.

S Immer dem Ruf nach: »Wirr ist das Volk!« Es ist schon eine Weile her: Guido Westerwelle wollte seinerzeit auf seine ganz eigene unbeholfene Weise so eine Art sympathische Lachnummer aus der FDP machen. Die Betonung liegt auf sympathisch. Er fuhr im Wahlkampf mit einem Guidomobil durch die Lande, einem großen gelben FDP-Bus. Das können wir besser, dachten wir. Im Internet annoncierten wir, wir bräuchten ein gelbes Auto. Ein Leser stellte uns seinen gelben Golf zur Verfügung, den haben wir links mit »Guido-Mobil«, und rechts mit »Mölle-Mobil« beschriftet, wir kauften uns gelbe Hemden, blaue Krawatten, alles in billigstem Standard, bewaffneten uns mit Eierlikör und: Wir fuhren nach Eisenach, in die Zone.

G Siehst du: Zone. Klingt nicht gerade anheimelnd.

S War der Osten ja auch nicht. Ich kenne viele Leute, die sagen rückblickend: zu Ostzeiten.

G Ich kenne viele Leute, die sagen rückblickend: zu DDR-Zeiten.

S Jedenfalls: Wir wählten uns für die FDP-Aktion diese Gegend in Thüringen, weil die Leute dort bereitwilliger waren, uns zu glauben. Eisenach und »dein« Eichsfeld, beides gar nicht so weit voneinander entfernt.

G Was heißt, die Leute seien bereitwilliger gewesen?

S Sie waren anfangs bereit, alles zu glauben, was sie aus dem Westen sahen oder hörten. Ich hörte von Westdeutschen, die ihre alten Autos, Medikamente, Schuhe, Bananen, Versicherungsverträge etc. im Osten versilberten. Denk an den Magnetismus, den ein Helmut Kohl ausübte. Außer in Halle, wo die Eier flogen, Smiley. Ich würde sagen, die Leute im Osten waren alle anderen Arten von Betrug noch nicht gewohnt, sie kannten nur eine. Und alle Arten von Ent-Täuschung kannten sie auch noch nicht. Sie waren – offener. Gegenüber jedem Unsinn.

G Klingt nicht nur besser.

S Na jedenfalls bauten wir uns in der Fußgängerzone in Eisenach auf, spielten FDP und betrieben für sie einen antisemitischen, porno-orientieren Wahlkampf. Antisemitisch, weil Möllemann damals offensiv am rechten Rand Stimmen fischte, und porno-orientiert, weil Peter Bond öffentlichkeitswirksam zum Spitzenkandidaten der FDP avanciert war. Bond war Pornodarsteller, bevor er den Auf- oder Abstieg zum Glücksrad schaffte, je nachdem, wie man es nimmt. Wir hatten Sex-Plakate, die ihn unter seiner Generalsekretärin zeigten, garniert mit antisemitischen Claims: »FDP – Judenfrei und SpaSS dabei!«, Spaß mit SS-Runen geschrieben. So zogen wir, in unseren gelben Hemden, vors Rathaus, schenkten Eierlikör aus und sprachen mit potenziellen FDP-Wählern. Der Höhepunkt war ein Anruf beim FDP-Kreisvorsitzenden von Eisenach, dem ich signalisierte, dass das Guidomobil in seiner Stadt sei. Er kam umgehend und ließ sich mit unserem gelben Eierlikör-Team vor den Plakaten fotografieren.

G Der hat das nicht gemerkt?

S Nein, der hat das nicht gemerkt. Einige Passanten empörten sich, bezeichneten uns alle als »Rattenfänger«. Der echte FDP-Mann versuchte zu beschwichtigen: Es sei halt Wahlkampf, und man müsse polarisieren. Wir hatten eine Journalistin mit, und alles stand hinterher in der »Süddeutschen Zeitung«. Dann glühten die Telefondrähte zwischen Eisenach und der Parteizentrale im Thomas-Dehler-Haus in Berlin. Und der Kreisvorsitzende behauptete, nie dabei gewesen zu sein.

G Der vorweggenommene Trump: Fake News.

S Stimmt, die FDP ist auch daran schuld! Interessanterweise wollte sie uns damals anwaltlich eine Veröffentlichung untersagen, bevor wir dazu kamen, die Geschichte fürs nächste »Titanic«-Heft überhaupt aufzuschreiben. Die Zensur im Vorfeld – ein interessanter presserechtlicher Ansatz, den ich so noch nicht kannte. Darüber haben wir uns natürlich erneut lustig gemacht.

G Ich sage dir: Bei der Herstellung der deutschen Einheit wurden mehrere Fehler begangen. Der erste Fehler bestand darin, dass an der Symbolik eures Landes nicht auch nur ein Deut verändert wurde. Das gilt für den Namen, für die Fahne, für das Emblem, für die Nationalhymne und für bundesdeutsche Einrichtungen. Selbstverständlich waren die Bürgerinnen und Bürger der DDR auch Deutsche, trotzdem eine andere Bevölkerung.

S Yep. Und das, obwohl ihr die bessere Hymne hattet. Und ihr hattet verdient, sie endlich auch mal singen zu dürfen.

G Der nächste Fehler bestand darin, dass die Bundesregierung nicht aufhören konnte zu siegen. Vieles aus der DDR musste weg, aber es gab auch Dinge, die erhaltenswert waren.

S Ampelmännchen.

G Gähn, gähn … Martin! … Wären ein paar wirklich bedenkenswerte Dinge für ganz Deutschland übernommen worden …

S Ach ja, entschuldige, das Sandmännchen habe ich vergessen. Außerdem den »Palast der Republik«. Wie konnte man derart interessante Ostblock-Architektur einfach abreißen – und dafür diesen gefakten Schloss-Schrott aufbauen? Wie kleingeistig, revanchistisch, geschichtsvernichtend! Wir haben eine Bürgerinitiative gestartet: »Für die Sprengung des Stadtschlosses direkt nach dem Wiederaufbau«. Aber die Gegenseite hat deutlich mehr Geld in die Sache investiert. Die Trümmer der Mauer wurden zerkleinert und in den Autobahnen nach Berlin verbaut – ausgenommen natürlich die bunten Trümmer der Berliner Mauer, da wurde ja mindestens die fünffache Menge an Touristen verkauft, Smiley! Der Stahl aus dem Palast floss in Golf-Motoren. Du kannst heute mit dem Palast der Republik über die Mauer brettern …

G Nun pack auch noch den grünen Abbiegepfeil aus. Nein. Die Übernahme einiger sozialer Dinge hätte das Selbstbewusstsein der Ostdeutschen gestärkt, sie hätten sagen können: Trotz der Diktatur haben wir einige Dinge so gut gemacht, dass sie es wert sind, in ganz Deutschland eingeführt zu werden. Und die Westdeutschen wiederum hätten erlebt, dass durch das Hinzukommen des Ostens ihre Lebensqualität gesteigert worden wäre. Die Bundesrepublik hat sich 1989 für die Stärken des Ostens nicht interessiert. Zum Beispiel waren wir in der Gleichstellung der Frauen weiter, wir hatten Polikliniken und Kindertagesstätten, Berufsausbildung mit Abitur. Längst besinnen sich Politiker darauf, aber es wird nicht mehr mit dem Osten in Verbindung gebracht. Ich hätte den Westdeutschen, auch einem Menschen wie dir, der aus Göttingen kommt, dieses Erlebnis gegönnt: dass sich mit einigen Momenten aus der DDR auch deine Lebensqualität erhöht hätte.

S Du wirst lachen, mit meinem Freund Helmut habe ich mich geärgert, dass wir nicht in den 80er Jahren nach Ostberlin übergesiedelt sind. Im Sommer wäre es am Prenzlauer Berg super gewesen. Im Winter weniger. Ich bin ja direkt nach der Wende in den Osten gegangen, und in meiner ersten Wohnung im Scheunenviertel war das Wasser in der Toilette gefroren, wenn ich nach Reisen zurückkam. Dann ging ich raus auf die Mulackstraße, holte mir Brennholz. Überall lagen schöne alte Holzmöbel, die die Leute weggeschmissen hatten, um sich bei IKEA und im Bauhaus in zeitgemäßem Plastik und Holzfurnier einzurichten. Ich hab den Ofen vollgepackt und bin im Café Ici in der Auguststraße drei oder vier Stunden trinken gegangen. Um hinterher mit zwei Wärmflaschen im Schlafsack unter einer Decke zu schlafen, die Füße am Ofen. Im Winter: wenig Lebensqualität. Und sonst? Sächsisch, Handgelenktäschchen, Vokuhila, Pegida-Parolen? Das alles, was ihr über uns gebracht habt? Das soll Lebensqualität sein?

G Genau so argumentiert die allegorische Oma aus Passau, die ich seit Jahrzehnten als Kronzeugin benenne: Was hat sie von der Herstellung der deutschen Einheit? Diese Ostdeutschen! Verschlingen viel Geld, ein Fass ohne Boden, nörgeln nur rum und wählen komisch. Diese Haltung ist Kohls Erbe.

S Die Oma aus Passau. Das Image kriegt ihr nie los: eine Partei fürs Pflegeheim zu sein.

G Oder nimm nur mal die Willkür der Treuhandanstalt!

S Das hast du jetzt aber sehr höflich ausgedrückt: Willkür. Ich würde es eher als kriminelle Energie bezeichnen. Was Stalin nicht gelungen war, die Deindustrialisierung Ostdeutschlands, vollendeten 50 Jahre später so zwielichtige Sympathieträger wie Thilo Sarrazin. Mit den SED-Funktionären wollte der Westen nichts zu tun haben, das Geld und die Werte des Systems nahm man freilich gern und gierig an.

G Die SPD hat sich ja nicht mal getraut, ehemalige SED-Mitglieder wie Wolfgang Berghofer aufzunehmen. Weil sie Vorwürfe der Union fürchtete.

S Typisch SPD. Und typisch Union.

G Unsere Partei vertrat die Interessen der Ostdeutschen, musste aber gleichzeitig auf einer kritischen Aufarbeitung der Geschichte bestehen. Das war auch keine leichte Übung.

S Inzwischen allerdings gehört auch ihr zum Establishment.

G Ein bisschen.

S Ein bisschen zu viel?

G Ja, über die AfD regen sich – zum Glück! – noch viele auf, über die Linkspartei nicht mehr so. Sie gehört inzwischen dazu.

S Es ist nicht zu hoffen, dass ihr stolz darauf seid.

G Doch. Es zeigt, wie sich der Zeitgeist verändert hat. Andererseits, ja, es ist auch ein Problem. Denn ein bisschen sollten sich die Konservativen schon noch aufregen über die Linke. Wir sollten ein Störfaktor bleiben. Stachel sein.

S Stachelschwein?

G Stachel! Gegen die Schläfrigkeit. Gegen die reaktionäre Unlust an Veränderung. Gegen das gesellschaftliche Klima der Kälte. Man sieht ja, wie sich derzeit eine rebellische Jugend zu Wort meldet, sie ist bedient von dieser behäbigen politischen Klasse.

S Bedient ist Jugend auch von diesen TV-Shows mit Will und Maischberger und Illner und all den anderen Versuchen, Politik in leicht konsumierbaren Fernsehmüll zu verwandeln.

G Was tust du dagegen?

S Ich gehe nicht in Talkshows. Jedenfalls nicht, wenn sie nicht live sind. Zum Start der »heute-show« hat mich Oliver Welke mal gebeten, mit zu Markus Lanz zu kommen. Fast alles, was ich sagte, wurde rausgeschnitten, außer Begrüßung und Abschied. Lanz fragte, wenn ich mich recht erinnere, wie die SPD die nächste Wahl gewinnen könne. Ich antwortete, da müssten sie sich schon an Ahmadinedschad orientieren. Lanz stand der Mund offen, und er fragte, ob ich meinen würde, die SPD sollte auf die Bürger einprügeln … Ich sah aber keine andere Möglichkeit.

G Das Prügeln ist in Demokratien nicht so verbreitet. Man würde sich da schnell unbeliebt machen.

S Nix gegen Unbeliebtheit, ich habe mal die Abstimmung zum unbeliebtesten Politiker im Netz gewonnen – indem ich selber dazu aufgefordert habe, mich dort zu wählen.

G Klingt wie Selbstanzeige.

S Wenn man Spitzenpositionen besetzen kann, dann sollte man dies grundsätzlich tun. Dir selbst vorangehen! Das gehört zu moderner Turbopolitik. Wenn du irgendwo die Nummer eins sein kannst, erobere die Hitlisten! Aber wem sag ich das.

G Als ich das erste Mal ins Hofbräuhaus in München kam, bat mich die Chefin um eine Eintragung ins Gästebuch. Sie schlug eine Seite auf, ich sah, wer sich da vor mir verewigt hatte: Schönhuber. Ich sagte: »Das ist doch nicht Ihr Ernst? Sie glauben doch nicht, dass ich mich hier nach Schönhuber eintrage?« Sie antwortete: »Wieso? Den kennt man doch auch aus dem Fernsehen.« Prominenz an sich gilt im Westen als ein Wert. Im Osten ist das anders, da wird Prominenz nach Sympathie oder Antipathie abgewogen. Interessanter Unterschied, oder? Du zum Beispiel bist sympathisch, zumindest für mich.

S Sympathie ist nicht nötig in Westdeutschland.

G Hm. Darauf muss ich nicht antworten. Noch mal zur Treuhand … Es gab einen vernünftigen Vorschlag, nämlich allen Unternehmen der DDR per 1. Juli 1990 die Lohnkosten ein Jahr lang in vollem Umfang zu erstatten. Ein Jahr später davon 90 Prozent, wieder ein Jahr später 80 Prozent usw., bis die Subvention nach zehn Jahren ausgelaufen wäre. Die Unternehmen hätten Chancen bekommen, ihre Produkte bekannt zu machen, die Qualität zu steigern, neue Produkte herzustellen. Die Investoren wären an den Subventionen interessiert gewesen und hätten Konkurrenz nicht einfach durch Insolvenz beseitigt.

S Ich fürchte, das war nicht im Sinne der westdeutschen Wirtschaft.

G Natürlich nicht, aber die Massenarbeitslosigkeit und die Abwanderung der Jugend wären nicht so groß gewesen.

S Ich erinnere mich an eins unserer ersten Plakate in Berlin: »Arbeitslose halbieren!« War die Wende nicht auch eine Befreiung für alle Gammler und Asozialen, die nicht brav und bienenfleißig produziert hatten?

G Ja, das hat die Welt um Langsamkeitsphilosophen, um Lebenskünstler bereichert. Das ist überhaupt der Unterschied zwischen Erziehungsstaat und Demokratie: Ordnung gegen Vielfalt. Man kann nicht die offene Gesellschaft wollen, aber das, was einem daran hässlich erscheint, ausschließen. Das heißt: Demokratie ist zunächst nicht daran erkennbar, dass die besseren Gedanken obsiegen, sondern erst mal daran, dass jeder Unsinn gesagt, gedruckt werden darf. Im komplizierten Koordinationssystem von individueller Sehnsucht und sozialer Möglichkeit sind so viele Lebensentwürfe möglich, wie es Menschen gibt. Wunderbar, wenn ausgerechnet bei uns nicht nur die Tüchtigen recht haben.

S Meist aber doch, und deutsche Wertarbeit ist leider oft auch etwas, das man fürchten muss.

G Ja, möge nach Kräften faul sein, wer will und kann!

S Warum soll dieses Menschenrecht beschränkt bleiben auf jene, die ihr Geld arbeiten lassen! Die besten Ideen entstehen doch in der Muße, in der Ruhe einer Osnabrücker Hängematte.

G Noch mal zu dir und den Ostdeutschen: Du hast dich als Wanderer auf den Weg gemacht, bist 250 Kilometer lang um Berlin herumgegangen, hast mit Leuten gesprochen.

S Ja, mit Leuten, die von der Käfighaltung zur Freilandhaltung aufgestiegen waren. Was mich dabei irritiert hat: Es war die ganze Zeit ein Kamerateam dabei, aber nur sehr wenige Leute haben gefragt: »Wofür ist die Kamera? Wo wird das ausgestrahlt?« Durch den Konsum von Unterschichtenfernsehen scheint es vollkommen normal geworden zu sein: Wenn sich zwei Menschen unterhalten, muss ein dritter mit einer Kamera danebenstehen.

G Weißt du was, mein Lieber: Die alten Ostdeutschen sind viel klüger als die jungen Ostdeutschen und alle Westdeutschen zusammen. Wir haben nämlich zwei Systeme kennengelernt, du nur eins. Diesen Vorsprung holst du nie auf.

S Stimmt, nach unserem nächsten Systemwechsel liegst du immer noch eins vorn. Andererseits habe ich den Westen VOR dem sogenannten »Ende der Geschichte« gekannt, das so um 1990 stattgefunden haben soll, und das DANACH kenne ich auch. Das eine war von einer tief verankerten gesellschaftlichen Übereinkunft getragen und nannte sich »Soziale Marktwirtschaft«. Die Experten streiten noch, wie das andere politisch korrekt zu bezeichnen wäre. Meine Europapolitische Beraterin tendiert zur »neoliberalen Globalisierungshölle«. Von wegen blühende Landschaften!

G Blühende Landschaften? Kohl wurde missverstanden, er hat den Menschen aus dem Osten doch nur sagen wollen, was ihnen blüht. Was blühte in den Reden der Politiker, war der Flachs.

S Als wir die Eintreibung der noch fälligen GEZ-Gebühren für ehemalige DDR-Bürger forderten – weißt du, was da bezeichnend war? Wir riefen Leute an, und die stritten ab, früher überhaupt je Westfernsehen angeschaltet zu haben.

G Nein! Ist nicht wahr.

S Doch. Ich schwör's!

G In Dresden und Umgebung konnten die Leute tatsächlich kein Westfernsehen empfangen.

S Wenn sie gekonnt hätten, hätten sie geschaut. Also müssen sie zahlen. Das ist der gute alte Kapitalismus, such nicht weiter nach Entschuldigungen.

G Die Dresdner konnten nur den Deutschlandfunk empfangen.

S Hm, klüger hat es die Gegend offensichtlich nicht gemacht. Schon interessant, wie unterschiedlich wir sind, in West und Ost.

G Nicht dieses Lächeln aufsetzen dabei!

S Was meinst du?

G Dieses Wessi-Lächeln.

S Ich muss gerade an eine andere Telefonaktion denken. Als die Telekom anfing, ihr Geld mit Sex-Hotlines zu verdienen, haben wir Anzeigen in ostdeutschen Zeitungen geschaltet. Wir haben Jobs angeboten bei einer Ossi-Jammer-Hotline. Wir fanden tatsächlich Leute, die für Geld den Leuten im Westen vorjammern wollten, wie furchtbar ihr Dasein sei.

G Ossi-Jammer-Hotline!

S Bestürzenderweise hat dann die Telekom nicht mitgezogen. Wir haben eine 0190-Nummer beantragt, die uns dann 1,21 Euro pro Minute einbringen sollte. 21 Cent wollten wir an die Leute weitergeben, die gejammert haben. Der Telekom war das zu unseriös. Sex-Hotlines gern, aber Ossi-Jammer-Hotline, nein. Da fällt mir ein: Sollte man den Ostdeutschen nicht endlich auch mal sagen: Es gibt ein paar Dinge, mit denen man sich – nach dreißig Jahren! – anfreunden sollte?

G Seltsame Frage für einen, der Kritik als Beruf und Berufung betreibt.

S Ich mach eben grad mal Pause.

G Die DDR war eine geschlossene Gesellschaft, was erst mal negativ ist. Aber …

S Erst mal – aber … Das ist gut. Schön relativieren. Immer das Positive sehen. Vor Guantanamo soll die Meeresverschmutzung gering sein: kein Tourismus. Jedes Tankerunglück steigert – rein rechnerisch – das Bruttosozialprodukt. Immer alles schön schönreden.

G Nicht alles. Aber alles daraufhin prüfen. Das Gute an Trump war, dass er abgewählt werden konnte.

S Das unterscheidet ihn von uns beiden.

G Es gibt von allen Dingen auch eine positive Seite. Es gibt bei allen festgeschriebenen Dingen eine Ausnahme. Das ist meine tiefe Überzeugung, und ich denke sofort an ein Beispiel aus meiner Familiengeschichte. Erna Potolowski, die Frau meines Großvaters Hermann und mithin meine Großmutter, hatte bemerkenswerte Eltern: Da ihnen mit jüdischer Familienstrenge die Eheschließung verboten worden war, gingen beide nach Gretna Green zur berühmten schottischen Hochzeitsschmiede, wo man ohne Einwilligung der Eltern und trotzdem amtlich anerkannt heiraten darf. Mit einem gewissen Vergnügen las ich in einem Gesetzbuch der DDR, dass Eheschließungen vor diesem Schmied auch in der DDR anerkannt werden. Diese Sonderregelung in Schottland hatte ein englischer König geschaffen. Durch Gretna Green wurde mir klar, dass es in jedem gesetzlichen Regelwerk untilgbare und kluge Ausnahmen von der Regel gibt. Womit wir auch wieder bei der DDR sind. Ja, wir waren eine geschlossene Gesellschaft, das ist nicht zu beschönigen.

S Geschlossene Anstalt? Das hatte doch sicher auch Vorteile. Verlässliche Plaste- und Elaste-Preise zum Beispiel.

G Na ja, das Positive daran: Wir waren dadurch mehr aufeinander angewiesen. In der Bundesrepublik fehlt mir Nähe. Die Gesten der Gemeinsamkeit fehlen. Viele vereinsamen.

S Fraktionslosigkeit ist auch Einsamkeit. Stimmt es eigentlich, dass es in der DDR viele Ehescheidungen gab?

G Ja. Das war eine wichtige Abwechslung. Du warst in den Strukturen eingeklemmt. Konntest ja nicht mal so ohne Weiteres in eine andere Stadt ziehen. Scheidung, neue Beziehung, das änderte dein Leben. Abwechslung eben.

S Ich sag doch: Der Sozialismus gab euch den Rest.

G Ja, aber der Kapitalismus nimmt ihn uns. Wie sagt man über den Osten? Ex oriente lux!

S Ach, hör auf. Ex oriente niente!

G Wie hast du eigentlich den Mauerfall erlebt?

S Betrunken, staunend, an einem Billardtisch in Österreich. Am nächsten Tag auf der Westautobahn, hunderte dieser niedlichen kleinen stinkenden Autos, die über Ungarn gekommen waren. Ich habe allen zurückgewunken.

G Ich habe in der Stunde der Maueröffnung zu Hause gesessen, ich dachte: Das ist das Ende der DDR. Aber auf dem Außerordentlichen Parteitag ein paar Wochen später habe ich in meiner Rede noch immer von einer DDR mit Zukunft gesprochen. Das war meine Zerrissenheit.

S Das war die Spaltung in Mensch und Politiker.

G Selbst, wenn ich vom baldigen Ende der DDR schon vollkommen überzeugt gewesen wäre, so musste ich auf dem Parteitag doch trotzdem Vorstellungen von einer demokratisch-sozialistischen Gesellschaft entwerfen. Das war mir damals wichtig.

S Eine so schwere Zerrissenheit kann man heutzutage nur noch in der PARTEI ausleben.

162

G Das war damals eine Extremsituation. Grundsätzlich: Ich sage meine Meinung immer frei, bin relativ schnell mit Antworten, und dieses Tempo kommt daher, dass ich im Grunde wenig Wert auf Erlaubnis lege. Ich überlege mir nicht, ob eine Ansicht im Sinne der Partei richtig oder falsch ist. Vielen sehe ich an, wie in ihren Köpfen die Nervosität greift: Darf ich das jetzt sagen oder nicht, wem nützt das und wem nicht? Das habe ich mir abgewöhnt. Ich sage regelmäßig, was ich denke.

S Lustig, uns verbindet wirklich einiges.

G Wenn man nur sagt, was man vermeintlich sagen darf, denkt man eines Tages auch zensiert – und merkt es irgendwann nicht mehr.

S Ich habe mir das gar nicht erst angewöhnt: zu überlegen, wie die eigene Partei das, was ich so sage, sieht.

G Du selber bist die Partei.

S Nein, aber ich bin der längste und der am längsten amtierende Parteivorsitzende in Deutschland. Ohne Fraktions- und sonstige Rücksicht sagen zu können, was man denkt, das ist ein Privileg.

GYSI
VS.
SCHWARZ-WEISS

Ich muss es ganz klar sagen: Die Demonstrierenden in vielen Städten im Herbst 1989 haben erfolgreich für Freiheit und Demokratie in der DDR gekämpft und die Mauer zu Fall gebracht. Nicht Helmut Kohl und seine Bundesregierung brachten das zustande; es war die Leistung dieser Ostdeutschen. Unerhörtes einfach zu tun, mit Massendemonstrationen, neuen Parteien und Organisationen das Machtsystem der SED infrage zu stellen, ohne es gewaltsam beseitigen zu wollen, folgte einem urdemokratischen Impuls, der auch den heutigen Verhältnissen durchaus guttäte.

Die Runden Tische zum Beispiel waren ein demokratisches Instrument, dessen wir uns aktiv erinnern sollten bei der Lösung aktueller Probleme. Die *Friedlichkeit* hatte zwei Seiten: keine Gewalt durch Demonstrantinnen und Demonstranten und der Verzicht darauf bei den Soldaten, bei der Polizei nicht gleich, aber später auch. Es bleibt eine beachtliche Leistung, dass während des gesamten Umbruchs kein einziger Schuss fiel, weder durch sowjetische Streitkräfte in der DDR noch durch die Angehörigen der sogenannten bewaffneten Organe der DDR, auch und gerade nicht am Abend des Mauerfalls, als an der Grenze keiner so richtig Bescheid wusste und sich Diensthabende entschieden, die Grenze zu öffnen. Beides ist zu würdigen.

Nicht Schwarz-Weiß, sondern das große Dazwischen bestimmt den Lauf der Geschichte.

Deutscher Bundestag, November 2019

SONNEBORN
VS.
EU-KOMMISSION

Herr Präsident, liebe Kolleginnen und Kollegen! Ich habe hier einen offenen Brief, den 10 000 verrückte Wissenschaftler, darunter neunzehn Nobelpreisträger, an Frau von der Leyen geschrieben haben. Leider unfrankiert, deshalb hat er sie vermutlich gar nicht erreicht – also ein zweiter Zustellversuch auf diesem Wege.

Von der Leyens Berater haben versehentlich die Bereiche Wissenschaft und Bildung aus dem Portfolio der EU-Kommission gestrichen. Und sie hat das gar nicht gemerkt, weil sie gerade die Raufasertapete aussucht für das neue Penthouse, das sie sich im Kommissionsgebäude einbauen lässt. Jetzt werden diese Inhalte dem seltsamen Bereich Innovation and Youth zugeordnet. In einer Zeit, in der Schüler jeden Freitag auf die Straße gehen mit der Forderung, die Erkenntnisse der Wissenschaft doch endlich einmal zur Kenntnis zu nehmen. Ich fände es innovativer und jünger, geradezu funky und übrigens auch zukunftsträchtiger, wenn die Alte den krassen Quatsch wieder rückgängig machen würde. Smiley.

Europäisches Parlament, Juli 2019

Wahlkampf

»Martin, dass man Leitplanken braucht, ist so sicher wie deine Humorlosigkeit.«

»Gregor, dass das Scheuklappen sind, ist so bekannt wie deine Schüchternheit.«

Die Ausrufezeichen im Gesprächston nehmen zu: Vorbereitungen auf den *Wahlkampf*! G. phantasiert übers Aufhören, S. will ganz nach oben. Warum haben Linke so verkniffene Gesichter? *Weltrettung* ist anstrengend! S. will die Fähigkeit der Deutschen, Blitzkriege zu gewinnen, in die Gabe umwandeln, Blitzfrieden zu schaffen. G. nickt heftig: Das ist die neue *Rolle Deutschlands*! S. will den Besitz von mehr als 10 Wohneinheiten hierzulande verbieten.

G Die PARTEI ist eine Partei für Wähler, die gerne wählen würden, aber sich von anderen Parteien nicht repräsentiert fühlen.

S Wir nehmen aber auch alle, die nicht gern wählen.

G Zu mir hat man mitunter gesagt, ich sei ja ganz akzeptabel, nur leider in der falschen Partei. Inzwischen frage ich zurück, welche denn die richtige sei. Schweigen.

S Das kenne ich. Wir haben unsere Partei ja auch deshalb gegründet, weil wir nicht mehr wussten, was wir selbst auf dem Wahlzettel ankreuzen sollten. Es erleichtert die Wahlentscheidung erheblich, wenn du deinen eigenen Namen auf dem Wahlzettel siehst.

G Bist du ein typischer Wahlkämpfer?

S Nein. Wir betreiben unseren Wahlkampf eigentlich mehr übers Netz. Aber vor Wahlen machen wir immer eine zweiwöchige Wahlkampftournee durchs ganze Land. Das ist lustig, in Bielefeld kommen dann 400 Leute auf einen kleinen Marktplatz, in Halle kamen vor der EU-Wahl über 300 – für die SPD-Spitzenkandidatin, meine Kollegin Katarina Barley, gab es einen Wahlkampf-Stand, an dem sich lediglich acht Bürger tummelten. Zu Stoßzeiten.

G Wahlkampfveranstaltungen lassen mich an den 3. Oktober 1990 denken. Da häuften sich logischerweise Reden zum Thema deutsche Einheit. Irgendwann aber war alles gesagt, und auch ich hatte das Gefühl, an mir selber zu ermüden. Bei der feierlichen Sitzung des Bundestages trat ich ans Pult und sprach erneut über die Herstellung der deutschen Einheit. Redete, kam zum Schluss und hörte hinter mir die Stimme des amtierenden Bundestagspräsidenten: Mir stünde noch Redezeit zur Verfügung. Ich bedankte mich freundlich und bemerkte, ich hätte leider nichts mehr zu sagen. Das war das erste und letzte Mal, dass ich Redezeit im Bundestag ungenutzt verstreichen ließ. Ich hatte damals die naive Vorstellung, sämtliche Fernsehzuschauer hätten mich gewiss schon dreimal gehört, und ich wäre also verpflichtet, Wiederholungen zu vermeiden. Das ist als Ziel richtig, aber unerfüllbar. Wir Politiker sind in gewisser Weise Handlungsreisende in immer gleicher Sache.

S Wir sind Sprechmaschinen. Textautomaten. Meine Sätze entstammen alle einer halbautomatisierten postindustriellen Serienproduktion. Dieser auch. Krrrrks.

G Mach dich nicht kleiner, als du bist.

S Mach ich auf keinen Fall, ich schau gern auf dich hinab.

G Jedenfalls können wir uns, gerade beim Wahlkampf, nicht jeden Tag für jedes Podium neu erfinden.

S Um Die PARTEI zu wählen, braucht man ein Mindestmaß an Geist und Humor – und das haben allerhöchstens diese ein bis zwei Millionen Menschen im Land. Bei denen gehe ich eigentlich davon aus, dass sie wissen, was ich sagen würde.

G Ein eigenes Kapitel sind ja auch die Wahlplakate. Unser Wahlkampfleiter André Brie bat mich vor der Volkskammerwahl 1990 um einen Fototermin für ein Plakat, das lehnte ich aber entschieden ab. Zu sehr waren mir die Porträts von Erich Honecker in jedem Strumpf- und Gemüseladen in Erinnerung. Eines Tages fuhr ich durch Berlin und sah, dass die Stadt vollgeklebt war mit Plakaten des CDU-Kandidaten Lothar de Maizière. Bemalt, zerrissen und zerstückelt. Ich konnte mich nicht beherrschen, rief ihn an, erklärte mein Mitgefühl und resümierte, tja, so was käme eben davon, wenn man sich auf Fotoplakate einließe. Am Tag danach fuhr ich wieder durch Berlin und stellte entsetzt fest, dass überall Plakate mit meinem Foto hingen.

S Lass mich raten: Die waren doch bestimmt noch stärker beschmiert und zerstört als die von dem CDU-Typ.

G Kannst du aber annehmen! André Brie hatte sich schlichtweg über mein Veto hinweggesetzt und irgendein Foto verwendet. Da hing ich nun, ebenfalls geschändet und besudelt. Kaum war ich in meinem Büro eingetroffen, klingelte schon das Telefon, Lothar de Maizière war dran. Ich musste nur zuhören und konnte mir bei jedem Wort sein Lächeln der Genugtuung vorstellen.

S Da fällt mir ein: An euren Wahlplakaten haben wir bislang wenig Verbesserungen angebracht. Sonst arbeiten wir ja viel mit sogenannten Wahlplakatergänzungsaufklebern. Die können aus einem inhaltsfreien und im Straßenbild störenden Plakat einen Quell der Freude machen. Vor der Bundestagswahl habe ich sechs plakatbreite Ergänzungsaufkleber auf unsere Homepage gestellt, mit der Bitte, sie auf keinen Fall herunterzuladen, nicht im nächsten Copy-Shop auszudrucken und auf keinen Fall quer über Plakate anderer Parteien zu kleben. Das wurde dann auch befolgt, allerdings nicht von allen, die das lasen. Auf dem Aufkleber für SPD-Plakate stand »Jetzt SPD wählen – und 1 Kugelschreiber gewinnen!«, für Plakate mit Köpfen der Grünen hatten wir »Demnächst CDU« – das war, nachdem in Niedersachsen eine Landtagsabgeordnete der Grünen zur CDU übergetreten war und Rot-Grün seine Einstimmenmehrheit verloren hatte – und ein Aufkleber war zur freien Verfügung. Aber ich habe mich sehr gefreut, dass der in fast allen Fällen auf Plakaten von FDP-Lindner gelandet ist: »Hurensohn!« Wir bieten aber vor Wahlen auch einen guten Service an. Wenn jemand in seinem Dorf ein dämliches AfD-Plakat vor dem Haus hängen hat, schicken wir ihm kostenfrei ein Plakat zum Drüberkleben. Notfalls eins mit »WER DAS LIEST IST DORF.« So ist allen geholfen.

G Wie siehst du die Zukunft der PARTEI?

S Die hat schon begonnen.

G So?

S Wir sind die größte APO in Deutschland, die größte Außerparlamentarische Opposition. Und das werden wir auch bleiben. Aus Gründen. Und du selber? Du trittst in diesem Jahr noch mal an, für den Bundestag.

G Na, aber ganz bestimmt …

S Aha, Jugend voran!

G Nein, nein, die Bestimmtheit eben sollte auch ein bisschen Ironie sein.

S Habe ich jetzt gar nicht bemerkt.

G Ein Bundestagsmandat ist ja noch etwas anderes als der Partei- oder Fraktionsvorsitz.

S Oder gar Bundesminister.

G Ersteres und Letzteres war ich, also: Bedarf gedeckt. Und das Dritte will ich gar nicht.

S Pardon, Kanzler habe ich vergessen.

G Will ich auch nicht.

S Wozu reden wir hier dann eigentlich? Die Macht, Gregor, die Macht!

G Das Bundestagsmandat kann ich mir, in bestimmten Konstellationen, noch einmal gut vorstellen, aber damit ist es dann auch gut. Ich weiß, wann ich aus dem Betrieb ausscheide.

S Man wird älter.

G Bescheidener wird man. Fürs Alter muss man nichts tun.

S Im Gegensatz zur Bescheidenheit. Die ist Arbeit. Wie das richtige Maß.

G Klar, man kann auch mit über 90 noch im Bundestag herumdödeln, man selber merkt ja nicht, dass man viel Unsinn redet.

S Das machen manche schon, und die sind nicht mal fünfzig.

G Ich bin jetzt 73 Jahre alt. Alles hat Grenzen. Zum Beispiel: kein FKK mehr.

S Denkst du eigentlich, dass du zu viel verdienst?

G Es ist ein Irrtum zu meinen, dass ein Linker arm sein müsse. Er ist gegen die Armut. Er kämpft für die Chancengleichheit aller beim Zugang zu Bildung, Kunst und Kultur. Vor einiger Zeit fand in meinem Wahlkreis Treptow-Köpenick eine Jugendveranstaltung mit mehreren Parteien statt, mit dabei war auch eine Vertreterin der PARTEI. Alle sollten sagen, warum sie in den Bundestag wollen. Union, SPD, FDP, ich – und auch die Dame aus deiner Partei. Wie redet ihr euch eigentlich an?

S Alles ist möglich, nur um Himmelswillen nicht Genossin oder Genosse. Parteifreundin.

G Mann, was man so alles klären muss, auch an Kleinigkeiten, wenn man gemeinsam die Macht ergreifen will … Na, jedenfalls führten alle in der Gesprächsrunde ihre ehrenwerten Gründe an, warum sie in den Bundestag wollen.

S Ehrenwert? Jetzt bin ich gespannt.

G Ich sehe schon, du kennst dich aus. Die Vertreterin der PARTEI sagte, sie wolle nur ins Parlament, weil es da ordentlich

Knete gibt. Sie habe gehört, die Diäten seien beachtlich hoch, also nichts wie hin! Sofort geriet die Runde in helle Aufregung, der von der FDP kriegte sich gar nicht mehr ein. Ich staunte über den Mut der Frau. Die zog das durch, sie ließ sich nicht erweichen, so heftig die Angriffe auch wurden. Die jugendlichen Zuhörer amüsierten sich, man bekam einen kleinen Einblick in die Amoral der anderen. Ein Aufstand der ach, so Edlen gegen eine scheinbar unverblümte Materialistin. Sie hat uns vorgeführt. Und die Runde bewies nicht nur ihre absolute Humorlosigkeit, sondern verstand nicht einmal die beabsichtigte Provokation.

S Womit du andeutest: Auch Linke sind relativ humorlos.

G Nö. Aber jeden Tag die Welt retten zu müssen, ist auch anstrengend. Dabei bekommt das Gesicht schnell einen militanten, zumindest herben Zug.

S Deins nicht.

G Nee. In Gesprächen mit Leuten …

S Draußen im Lande, sagte Kohl immer.

G Wenn du im Fernsehen oder im Radio Interviews gibst, grüßt du immer die Leute »draußen an den Geräten«.

S Reine Höflichkeit. Ein Gruß an die Freunde von Brechts Radio-Theorie. Eine Phrase. Es heißt ja auch immer, man müsse die Leute mitnehmen.

G Oder dort abholen, wo sie sind.

S Die Leute abholen, so weit ist es schon wieder in Deutschland.

G Was ich sagen wollte: Man spürt überall die Dringlichkeit der Fragen. Wird sich die neoliberale Entwicklung des Kapitalismus fortsetzen? Bleibt es bei der Deregulierung für die großen Konzerne und Banken? Kann die Klimakatastrophe noch verhindert werden? Wie sieht es mit der Bekämpfung von millionenfachem Hungertod, Leid und Not weltweit aus, wie erfolgreich können wir Armut in Deutschland, Europa und weltweit überwinden? Wann werden bei uns in Deutschland die Löhne wieder an die Produktivität und die Renten an die Löhne gekoppelt? Wann endet die Benachteiligung von Ostdeutschen?

S Das Schöne ist, dass man all diese Fragen so beantworten kann, dass man erfolgversprechend depressiv wird.

G Martin, das ist doch nicht unsere Lebenseinstellung. Nie gewesen. Ich gehe davon aus, dass sich der Kampf um einen anderen Zeitgeist lohnt, um gefährliche oder unliebsame Entwicklungen zu stoppen und umzukehren.

S Kein Vormarsch ist so schwer, wie der zurück zur Vernunft. Würde Brecht jetzt sagen, säße er hier.

G Man hat das Gefühl, bei bestimmten Problemen kommt die Kompromissfähigkeit aller Beteiligten an Grenzen. Es gibt politische Fragen, die nur lokal, andere Fragen, die nur national, und wieder andere, die nur internationalistisch zu beantworten sind. Balancen zu suchen und zu finden, das ist in Demokratien aber selbstverständlich. Wir haben auf allen gesellschaftlichen, politischen Ebenen Institutionen, und die Linke muss da überall wirkungsvoll sein wollen. Sie muss wollen – und es muss ihr auch praktisch gelingen. Sie muss offen sein für das Gesamtfeld der Demokratie. Wenn man bestimmte Ebenen innerlich ablehnt, verliert man Wirksamkeit in und auch gegenüber den Gremien, und zwar auch dort, wo man meint, Kernkompetenz zu besitzen. Etwa im Sozialen.

S Das klingt wie ein Vorwurf.

G Kein Vorwurf, nur eine Feststellung. Es muss ja nicht aus der Mode kommen, an Rosa Luxemburg zu erinnern: »Es ist und bleibt die revolutionärste Tat, immer das laut zu sagen, was ist.« Also: was ist? Wir haben eine Weltwirtschaft, wir haben europäische Konzerne, wir haben eine ökologische Krise und andere Fragen, die überhaupt nur noch international und nicht mehr national zu lösen sind. Welche Rolle sollte denn etwa Luxemburg als einzelner Staat im Nahost-Konflikt spielen? Die Konzerne und großen Banken haben auf allen fünf Kontinenten Arbeitskräfte, Dienstleistungs- und Produktionsstätten. Sie haben dafür gesorgt, dass die soziale Frage sichtbar zu einer Menschheitsfrage geworden ist. Weil sie etwas organisiert haben, das ihnen nicht wirklich bewusst war: den weltweiten Lebensstandardvergleich. Früher wussten viele in Afrika nicht, wie wir in Europa leben.

S Jetzt haben sie ein Handy. Und Internet.

G Eben. Und nun sehen sie, wie wir leben, und sie stellen traurige, wütende Fragen, auf die wir kaum Antwort wissen. Die einzige Antwort der Regierenden lautet Abschottung. Wenn die Linke einen Wert haben will, muss sie eine andere Antwort auf die soziale Frage als Menschheitsfrage suchen und finden. Der Globalisierung darf man sich nicht unterwerfen, man muss sich ihr stellen.

S Mich verstört dein zuversichtlicher Unterton.

G Es gibt Leute, die ihre Hoffnung begraben und dann in die Gleichgültigkeit flüchten – weil sie sonst schlecht schlafen und träumen. Das ist nicht mein Ding

S Optimismus ist nur ein Mangel an Information, sagt Heiner Müller. Und außerdem blamieren sich Pessimisten mit ihren Vorhersagen seltener.

G Den Kopf oben behalten, auch Rückschläge ertragen. Aus diesem Impuls heraus sollte man leben.

S Wir werden dich für ein Bundesverdienstkreuz vorschlagen.

G Eine Gemeinsamkeit beider deutscher Staaten: Ich erhielt in der DDR keine staatliche Auszeichnung, und das darf auch in der Bundesrepublik so bleiben. Halt! In der DDR bekam ich doch etwas! Eine einzige Ehrung, das war eine Urkunde, die mir die Teilnahme an einem Waldlauf bestätigte. Die Teilnahme, nicht etwa eine Platzierung!

S Du hast geschrieben: »Ich bin wild entschlossen, das Alter zu genießen.«

G Ja, aber ich weiß noch nicht, wann es beginnt, das Alter.

S Vorher schnell noch ein Karrieresprung: Du bist in deiner Partei außenpolitischer Sprecher der Bundestagsfraktion.

G Karriere ist wohl nicht das richtige Wort. Aber wieder eine klare Aufgabe für mich im Parlament, ja. Ich habe lange überlegt und dann zugesagt. Ich gestehe, dass mich diese Aufgabe reizte.

S Du bist für deine Schüchternheit bekannt.

G Wie du für deine Humorlosigkeit.

S Außenpolitik ist ein schwieriges Pflaster. Man ist unweigerlich intelligenter als der Fachminister.

G Die große Koalition bietet genug Angriffsflächen. Aber mitunter kann man auf diplomatischem Wege mehr erreichen. Ich setze mich vor allem für eines ein: Politische und völkerrechtliche Maßstäbe müssen in der Welt für alle und alles gelten, sonst wird es beliebig. Die Verwendung von Argumenten, wie es gerade passt, kennen wir zur Genüge von der Bundesregierung. Die Linke muss nicht auch noch mitmachen, was andere betreiben: einen fortwährenden Überzeugungswechsel – je nach aktueller Interessenlage – schon für einen Politikwechsel zu halten.

S Dir wird aus den eigenen Reihen eine weiche Haltung zur NATO vorgeworfen.

G In meiner Partei gibt es Genossen und Pappkameraden. Letztere werden besonders gern in Stellung gebracht. Zur NATO hat die Partei nie beschlossen, dass Deutschland aus ihr austreten soll. Weil die NATO dann bliebe, wie sie ist, eben nur ohne Deutschland. Was brächte das? Wir streben eine Auflösung der NATO an – um ein neues Bündnis für Sicherheit und Zusammenarbeit in Europa zu schaffen, unter Einschluss von Russland.

S Ich wähle euch. Zumal die NATO, ihrer eigentlichen Ausrichtung gegen die »Orange-Pakt-Staaten« beraubt, sich gerade neue Aufgaben und Feindbilder sucht. Der Soziologe Dirk Baecker weist darauf hin, dass Organisationen nicht zur Selbstauflösung neigen. Sondern sich immer neue Bestehensbegründungen erobern. Das verursacht mir Unbehagen, all die Aggressionen gegen Russland und China. Die Grünen erklären inzwischen, ohne rot zu werden …

G Die wollen ja nicht rot werden!

S Lieber schwarz … Die Grünen erklären also inzwischen, ohne sich zu schämen, dass sie nie eine pazifistische Partei gewesen seien – und fordern die Einführung neuer, atomwaffenfähiger Kampfflugzeuge. Zum Glück haben wir im letzten Wahlkampf die Entwicklung einer deutschen Atombombe gefordert. Auch das wird nämlich irgendwann kommen, und dann können wir zumindest sagen, dass wir sie als Erste gefordert haben.

G Viel gewonnen wäre schon, wenn sich Deutschland nicht an Konflikten beteiligte. Das bedeutete faktisch, dass Deutschland aus den militärischen Strukturen ausschiede – was unsere Partei will. Es wäre doch ein gewaltiger Fortschritt gegenüber der derzeitigen Politik, wenn Verantwortung nicht länger als Chiffre für militärischen Einsatz gelte und man die ehrenwerteste

Rolle, die Vermittlerrolle, zum politischen Ziel einer deutschen Regierungskoalition machte.

S Ich finde es gut, wenn Linke-Wähler keinen Unterschied mehr zur SPD erkennen ...

G Spotte nur.

S ... indem die Linke es sich zur Aufgabe macht, die NATO von innen zu reformieren. Deutschland wird dann Vermittler in Konflikten, in die es ohne NATO gar nicht geraten wäre. Oder welche Konflikte meinst du?

G Ich meine sämtliche Konflikte, auch jene zwischen NATO-Staaten, wenn ich etwa an die Türkei und Griechenland denke. Aber klar, alternativ kann man auch am Rand stehen, ein Fähnchen schwenken, sich wohl und rein fühlen und auf jede Veränderung der Realität verzichten.

S Wir liefern gerade wieder vier modernste, nicht zu ortende U-Boote an Griechenland und vorsichtshalber anderthalbmal so viele an den Irren vom Bosporus, in die Türkei. Die sie gegen Mitgliedsstaaten der EU einsetzen wird. Aber ich sehe schon, bei einer rot-rot-grünen Koalition wäre die Linkspartei der erhobene Zeigefinger.

G Dir ist ja in Richtung des Systems nur der ausgestreckte Mittelfinger lieber.

S Noch besser: die Faust – in der Tasche.

G Ein Diplomat bist du nicht. Wir sollten als Linke jedenfalls nicht immer nur denken, wir würden uns in so einer Koalition, wie du es angedeutet hast, die Finger verbrennen. Ich weiß gar nicht, woher dieser seltsame Minderwertigkeitskomplex kommt, dass die Linke nicht in der Lage wäre, für ihre Politik auch in etwaigen komplizierten Koalitionsverhandlungen zu streiten und sich, so weit wie möglich, auch im politischen Alltag zu behaupten. Natürlich würden wir auch Lehrgeld bezahlen, natürlich gäbe es Fehler. Aber wer meint, man solle es lieber gar nicht erst versuchen, wenn es denn möglich wäre, der wird am Ende die meisten Hoffnungen enttäuschen. Nehmen wir den Kriegseinsatz von Soldaten im Ausland. Keiner dieser Einsätze ist gerechtfertigt und hat seine vorgeblichen Ziele erreicht. Deshalb sind wir strikt dagegen. Aber die Soldaten abziehen von heute auf morgen? Die Taliban haben angedroht, alle einheimischen Helfer der Bundeswehr in Afghanistan hinzurichten. Wir müssen einen Weg finden, das Leben dieser Helfer zu schützen. Natürlich kann ich alle diese gefährdeten Menschen nach Deutschland holen, na, da würde ich hier bestimmt vor Begeisterung auf den Schultern getragen. Das heißt, es geht immer um Lösungen, die den Charakter des Zwischenschritts haben. Hier Ideal, da Wirklichkeit, beide verbindet der Zwischenschritt ...

S ... der beide auch trennt.

G Ein Mann wie Westerwelle hat in der deutschen Außenpolitik immerhin das Prinzip der Zurückhaltung eingeführt. Was damals zur Stimmenthaltung Deutschlands im Sicherheitsrat beim Libyenkrieg führte. Er ist zu Merkel gegangen und hat gesagt, er möchte dem nicht zustimmen. Aus den und den Gründen. Da hat die gesagt: »Einverstanden.« Das Prinzip ist später wieder aufgegeben worden. Ich sag's mal arrogant: Es geht darum, dass die Außenpolitik vernunftbegabt ist – was sie auch bei uns in der Linkspartei nicht immer ist. Und du musst lernen, eine Auffassung durchzustehen. Das heißt, du kannst zum Beispiel nicht sagen, bei dem einen Land interessieren mich die Menschenrechte und deren Verletzung, bei dem anderen interessieren mich nur die Menschenrechte, aber nicht deren Verletzung. Undemokratische Akte werden in allen Parteien gern nach den Prinzipien des Lagerdenkens bewertet. Und dagegen stelle ich mich. Der Glaubwürdigkeit wegen. So ein fortwährendes Beispiel ist Kuba.

S Kuba – nur einmal möchte ich so viel Redezeit haben wie Fidel Castro seinerzeit. Und keiner darf ja die Insel verlassen!

G Eine Insel, isoliert von den USA. Da bist du befangen, fühlst mit. Wenn ich mit den Kubanern spreche, würdige ich stets ihre Errungenschaften, ihre Kraft, ihr Bildungs- und Gesundheitswesen ganz besonders. Aber dann komme ich auch zu Kritikpunkten.

S Als Chefredakteur habe ich mit einer »Titanic«-Reisegruppe Granma International besucht, das Zentralorgan des Zentralkomitees der Kommunistischen Partei Kubas. Staatsbesuch. Ich habe nur die positiven Dinge erwähnt und ansonsten die Klappe gehalten. Wir hatten danach ein Austausch-Abo und immer gute Presse auf der Insel ...
Sag mal, Gregor, immer wieder tauchen in unserem Gespräch SPD und Grüne auf. Klar: euer Koalitionstraum.

G Von Traum war nie die Rede.

S Ist ja auch eher ein Alptraum.

G Das sagst du wegen dem bösen Erwachen.

S Wie steht es überhaupt bei deiner Partei mit der Stimmung, was die Bereitschaft betrifft, auf Bundesebene zu regieren?

G Die Mehrheit der Partei will das.

S Du bist sicher? Vor allem die Alten wollen es: endlich die gleiche Rente!

G Ist das anrüchig? Das Volk vergleicht die Käsepreise, sagte Brecht.

S Die Leute sollten lieber den Käse vergleichen, den alle Parteien machen.

G Also das mit der Rente müssten wir, wenn wir in der Regierung sind, möglichst schnell durchsetzen, klar. Es gäbe da kaum Widerstand, glaube ich, das wird also nicht das Problem sein.

S Und der Rest der Partei? Bist du nicht doch etwas unsicher?

G Bin ich schon ein bisschen, das stimmt. Weil die antikapitalistische Grundhaltung natürlich auch geistige Leitplanken mit sich bringt.

S Du meinst: Verpflichtungen. Die Menschen wählen euch doch wohl nicht dafür, dass ihr mit demselben Eifer in eure eigene Selbstnivellierung stolpert wie die europäische Sozialdemokratie.

G Aber es hilft nichts, es gibt keinen anderen Weg: Öffnung ist unabdingbar. Ob es real ist, ist etwas anderes, aber man muss es wollen. Sonst müssen wir klipp und klar sagen: Leute, wir wollen ja gar nicht wirklich verändern, wir wollen nur unsere Anträge stellen. Und dass sie dann im Mülleimer landen, entlarvt das System und gibt uns also recht. Ermüdende Logik!

S Aber verändert ihr nicht genau dadurch? Ihr stellt Bewusstsein her, wo es sonst gar nicht entstehen würde. Man sollte die Wirkmächtigkeit dialektischer Prozesse nicht unterschätzen, wir setzen doch auch darauf. Immerhin gebt ihr der Antithese noch ein Gesicht. Wenn auch ein ziemlich langes, Smiley!

G Opposition und Oppositionspose, das geht ganz schnell und gefährlich zusammen, da darf man sich nichts vormachen, und da darf man sich nicht einmauern. Alle misstrauen mehr und mehr der Politik und den Politikern. Noch größere Sorgen macht mir, dass sich Politiker und Politik darüber keine Sorgen machen. Meiner Partei sag ich: Das gilt auch für uns; denkt bloß nicht, das müsse uns nichts angehen, weil wir auf Bundesebene in der Opposition sind. Aber die Aufgabe der Opposition – und da gebe ich dir recht – ist die Veränderung des Zeitgeistes.

S Muss man Angst davor haben, dass sich SPD und Linke eines Tages sogar vereinigen könnten, um Wahlen zu gewinnen?

G Nein. Es muss auch weiterhin eine Partei links von der Sozialdemokratie geben, die konsequenter ist und dadurch Druck auch auf die SPD ausübt. Die SPD verkündet ja jetzt eine andere Politik, also zum Beispiel höhere Grundrente oder Bürgergeld – im Wissen, dass sie das mit der Union so nicht wird durchsetzen können. Mal sehen, ob das Schaumschlägerei ist oder ob sie letztlich doch ein ernstes Interesse daran hat, das mit den Grünen und uns in einer Regierung durchzusetzen.

S Am liebsten wäre es der SPD wahrscheinlich, sie könnte es heimlich machen. Und den Grünen auch.

G So sind diese Parteien. So, wie ihr heimlich nach der Macht greift.

S Nicht heimlich. Ganz offen, der Anspruch auf die Machtübernahme wurde noch am Tag der Parteigründung formuliert. Zögerlichkeit beim Zugriff kennen wir nicht.

G Ihr gewinnt nicht …

S Noch nicht.

G Noch nicht, gut, aber was ihr jetzt schon schafft: Ihr stärkt das Bewusstsein, dass Kämpfen sich lohnt.

S Ganz unter uns, wir können auch mit ein oder zwei Prozent eine große Klappe haben. Je weniger Prozent, desto lustiger. Und wenn du ehrlich bist: Das hat bisher auch euch bei Laune und Energie und Kraft gehalten. Diese Außenseiterrolle! Vor allem brachte das ja Eines: Unabhängigkeit. Mit anderen Worten: Ich schätze die Linke für ihre absolute Erfolglosigkeit bei Bundestagswahlen. Und du willst nun, dass das vorbei ist?

G Ja, will ich. Besser: Auch ich will das. Aber sag du doch noch mal klipp und klar, woran man bei euch ist.

S Kein Problem. Zur letzten Europawahl haben wir Forderungen ins Programm genommen, die gelten nach wie vor. Alle anderen Parteien fordern ein Existenzminimum, wir das viel sinnvollere Existenzmaximum. Dazu einmal bitte das Bedingungslose Grundeinkommen. Wir wollen eine Obergrenze für Fürchtlinge. Und Klimawandel-Leugnung unter Strafe stellen. Die Klimakatastrophe ist eine Tatsache, wer sie leugnet, wird mit der Höchststrafe sanktioniert: Führerscheinentzug. Wir fordern auch etwas für euch: eine Ossi-Quote für Führungspositionen in Politik, Medien, Wissenschaft, Verwaltung – und zwar eine Erhöhung auf mindestens 2,5 Prozent bis 2030. Und für uns alle: Wir wollen in der EU die Demokratie einführen – notfalls mit diktatorischen Mitteln und gegen den Willen der Mitgliedsstaaten – und Austrittsverhandlungen beginnen mit Österreich-Ungarn und Polen. Mit Bulgarien und Rumänien. Und Irland. Und Sachsen. Und Bayern. Das Wohnen soll dem Bereich des spekulativen Immobilienmarktes entzogen werden: Wir verankern das Recht auf Wohnen zu DDR-Miete (etwa 47,90 €), Besitz von mehr als 10 Wohneinheiten werden verboten. Facebook und Konsorten fairstaatlichen und fairsteuern! Artenschutz für die Sozialdemokraten in der SPD! Tierversuche werden verboten, Bierversuche bleiben erlau …

G Stopp, stopp, hör auf! Das reicht! Wenn ihr an die Macht kommt …

S Im Grunde sind wir schon an der Macht. Im Unterbewusstsein vieler Menschen, die langsam erwachsen werden.

G Was geschieht mit den Rechtsextremen in der Bundeswehr?

S Die können dort bleiben. Und werden nach Afghanistan geschickt – aber ohne Waffen. Obwohl: ausgerüstet mit den Waffensystemen der Kramp-Karrenbauer-Armee sind sie noch weit unschädlicher.

G Du lobst die Linke für ihre Erfolglosigkeit auf Bundesebene. Ich interpretiere das so: Es spricht für die Linke, dass sie noch nie regiert hat im Bund. Das ist doch gut – um nun mitzuregieren. Denn: Sie ist unverbraucht. Die Leute haben noch keine Erfahrungen mit ihr gemacht.

S Erfahrungen haben sie nicht. Aber einige haben Angst. Im Westen sehen die alten Leute, und von denen gibt es viele, euch als Kommunisten.

G Angst? Die haben Leute auch vor euch.

S Das haben wir uns hart erarbeitet. Obwohl wir nicht von den Dingen ablenken wollen, vor denen man wirklich Angst haben sollte: vor der zunehmenden sozialen Spaltung, der Klimakatastrophe. Und davor, dass uns der Himmel auf den Kopf fällt. Angesichts unserer Klimapolitik fällt er aus allen Wolken.

G Verbindet uns die Machtlosigkeit?

S Nein, eher das Machtstreben, die Machtgier.

G Nein, uns verbindet die Machtlosigkeit. Die anderen Parteien leiden darunter, wir aber benötigten sie. Um uns zu sammeln. Sie ist unser Elixier. Die PARTEI und die Linke an der Macht: Da wäre was los in Deutschland.

S Punk! Es wäre Punk. Purer Punk!

G Uns verbindet die soziale Frage!

S Weißt du doch: Die steht bei uns ganz vorn auf der Agenda. Vielen Menschen steht das Wasser bis zum Hals. Wenn wir an der Macht sind, bauen wir den Leuten zumindest tolle Spaßbäder in ihre hässlichen Kommunen.

G Ja, die soziale Frage wäre ein Motiv für eine Koalition mit euch. In einem Interview hast du mal den Wunsch geäußert, der sehr marginalen Freiheitsbewegung in den USA beizuspringen.

S Ja, das war zu Trumps Zeiten. Obwohl den US-Amerikanern nicht wirklich beizuspringen ist – befrei mal eine Bevölkerung, die fast zur Hälfte Typen wie Trump wählt.

G Eine Friedenstruppe würde sie vielleicht aufrichten.

S Friedenstruppe? Nein. Nicht effektiv genug. Um die Demokratie zu schützen, schlug ich das vor, was die Amerikaner in einem solchen Falle auch einsetzen: Marschflugkörper, gezielte Tötungen per Drohne, Bodentruppen nur im äußersten Notfall. Zuallererst aber Waffenlieferungen an Trumps demokratische Gegner, denn die Polizei in den USA erhält gerade Restbestände der US-Army aus dem Afghanistan-Krieg: Bajonette, gepanzerte Fahrzeuge, Granatwerfer.

G Du hast vorhin euer Programm aufgelistet. Demnach steht auch die Änderung des Wahlalters an.

S Ja, gewählt werden soll ab 16. Während die Parteien der GroKo Haram vorwiegend von den Stimmen der Letztwähler profitieren, sind wir die drittstärkste Partei bei Erstwählern, hinter CDU und Grünen. Das heißt, dass wir bei der Machtübernahme auf eine biologische Lösung setzen. Jedenfalls, wenn die CDU nicht zu viele Erstwähler abknallt – in Köln hat gerade ein 72-jähriger CDU-Kommunalpolitiker einen 20-Jährigen angeschossen.

G Das ist heute die entscheidende Frage für Eltern: Bekommt unser Kind erst mit fünf oder schon mit vier Jahren ein Handy? Aber warum nicht Wahlrecht ab Geburt? Eine Familie mit sieben Kindern, das ergibt neun Stimmen. Das würde die Politik völlig verändern.

S Interessant, Gregor, so hält Orbán sich in Ungarn an der Macht, mithilfe der kinderreichen, katholischen Familien. Dein Vorschlag geht bei uns sofort in die innerparteiliche Prüfung. Obwohl wir Einwürfe von Fremden sehr misstrauisch betrachten. Wegen Unterwanderungsgefahr.

G Unterwanderung! Jetzt nicht schon wieder die Körperlänge! Stimmt das, bei der Bundestagswahl sollen 24 Klimaforscher auf den vorderen Listenplätzen der PARTEI antreten?

S Wir arbeiten dran, wir wollen Sachverstand in den Bundestag bringen. Gäbe es bereits genug davon, wäre das sogenannte »Klimapaket« der Bundesregierung so nicht zustande gekommen. Allerdings wollen wir den Kreis erweitern, wir brauchen auch Armuts- und Friedensforscher. Und Soziologen, die verstehen, wie sich die Gesellschaftsstruktur verändert. Und Ökonomen, am besten Postwachstums-Ökonomen, die mal Alternativen zum irren Wachstumsgedanken formulieren. Und Glücks-Ökonomen, die aufzeigen, dass in progressiveren Gesellschaften Wirtschaftskraft nicht mehr der Maßstab aller Dinge ist. Und Historiker. Und Politikwissenschaftler, Philosophen – wir brauchen Leute, die ethische Grundgedanken formulieren können. Und mindestens einen Germanisten, der alle mit ausreichend Kommata versorgt und die schlimmsten Phrasen mit dem Rotstift herausstreicht. Ich würde mich über ein paar emeritierte Professoren freuen, denen ein Agieren für Die PARTEI nicht mehr die Karriere verhageln kann.

G Sonneborns bunte Truppe. Wie vor Jahren mal bei der PDS.

S Wir haben derzeit eine politische Klasse mit einem ungesunden Übergewicht an Juristen, aalglatten Karrieristen, Verwaltungsfachleuten und Saarländern. Vor allem zeitgenössische Juristen scheinen einen stark unterentwickelten Möglichkeitssinn zu haben, zumindest keinen, der für die Umsetzung politischer Utopien geeignet ist. Experten müssen ins Parlament! Auch medizinische Pflegekräfte. Sehr interessant, dass viele Angesprochene aus diesen Bereichen gerade ein Angebot von uns ausgeschlagen haben. Wir wollten sie auf unsere Bundestagslisten nehmen, weil Kandidaten ein Monat Sonderurlaub zusteht. Viele Schwestern und Pfleger lehnten ab, weil die Personalsituation seit Jahren viel zu angespannt ist und in der Zeit andere ihre Pflegearbeit mit übernehmen müssten. Das nennt man Ethos. Das sind die Leute, die keine Lobby haben und für die wir etwas tun sollten.

G Du sagst: Wer bei der Bundestagswahl eine Partei wählen will, die garantiert Opposition ist, der muss Die PARTEI wählen. Wie steht es denn bei euch mit dem, was man staatspolitische Verantwortung nennt?

S Darauf antworte ich, wenn es so weit ist. Wahrscheinlich mit Ja. Gibt es.

G Das mit den Wissenschaftlern ist ein Fernziel.

S Nicht soooo fern. Es ist der Plan für die Bundestagswahl 2021, aber da werden wir die Fünf-Prozent-Hürde noch nicht schaffen. Trotzdem sage ich: allzu lange darf es nicht dauern mit wirklichen Experten, denn der Bundestag droht in einer Raumkapsel von der Bevölkerung abzuheben wie der Finanzmarkt von der Realwirtschaft. Da hat dann das eine mit dem anderen nicht mehr das Geringste zu tun. Und ja, es bedarf einer Expertise, die weit über alles hinausgeht, was Juristen und Verwaltungswissenschaftler sich überhaupt vorstellen können.

G Na ja, ein Experte bin ich auch nicht gerade.

S Bedauerst du das?

G Nein, das löst bei mir keine Bedrückung aus. Experten erklären die Dinge oft zu kompliziert, zu detailliert, zu verzweigt. Ich bin Generalist. Als bei Günther Jauch in der ARD-Talkrunde am Sonntagabend mal das Thema kurzfristig geändert werden musste, wurden logischerweise auch die Teilnehmer des TV-Streits ausgewechselt. Jauch entschuldigte sich beim Publikum vor Beginn der Sendung für den kurzfristigen Wechsel aller Gesprächspartner. Einer der Zuschauer warf ein, ich sei aber doch schon bei der ursprünglichen Zusammensetzung dabei gewesen. Was Jauch bestätigte, er fügte hinzu: »Bei Gysi ist das egal, bei dem spielt das Thema keine Rolle.«

S Der Bundestagsabgeordnete Marco Bülow, Ex-SPD, hat mir mal versichert, dass 30 Leute, die in den Bundestag einziehen und sich keiner Fraktionsdisziplin unterwerfen müssen, schon für Einiges an Verwirrung sorgen können. Und dass die vielleicht auch dafür sorgen können, dass sich die etablierten Parteien ein bisschen aufgeschreckter, wacher, geistvoller als in ihrer öden Fraktionsdisziplin bewegen. Die Verbindung vieler Abgeordneter zur Wirtschaft tötet wirklichen Geist. Ein gutes Konzept kommt übrigens aus Bergkarabach, die haben ja eine Verfassung, die vor einem Vierteljahrhundert von einem deutschen Juristen geschrieben wurde. Sie ähnelt stark unserem Grundgesetz, besitzt aber eine interessante Besonderheit: Die Abgeordneten dürfen keine dotierten Nebentätigkeiten ausüben, außer in Kunst und Wissenschaft.

G Ob das wirklich gut ist für die Kunst und die Wissenschaft? Politik und Kunst sind nicht vereinbar, in welcher Weise auch immer. Es gibt ja diesen Satz, dass es das Ende der Bösartigkeit wäre, wenn Kunst und Politik zueinanderkämen. Das Ende der Bösartigkeit in der Politik, aber auch das Ende der Welt ... Du sagst ja gar nichts.

S Ich denke nach.

G Das ist unfair – in einem Gespräch über Politik.

S Politik und Kunst ... Was Die PARTEI betreibt, ist ja auch Kunst. Satire ist Kunst. Wenn wir auch jünger und anspruchsvoller sind als die unfreiwilligen Komiker des üblichen Politikbetriebes. Eine Unvereinbarkeit würde ich also nicht sehen. Im Gegenteil, in Abwandlung einer Idee von Joseph Beuys haben wir T-Shirts produziert mit dem Slogan »Jeder Mensch ist ein Politiker«. Was natürlich, wie alles, mindestens eine dreifache Bedeutung in sich birgt. Jeder ist auch selbst, was er auf der politischen Bühne vor sich sieht, aber jeder hat auch die Fähigkeit, das alles zu verändern. Und das Bindeglied zwischen dem einen und dem anderen ist eben im besten Falle die Kunst.

G Junge Leute wären wichtig. Junge Leute im Parlament. Aber mit der Chance von Auszeiten. Sonst sehen sie zur Rente aus wie Bundestagsdrucksachen.

S Eingreifen und verändern wollen sie ja. Extinction Rebellion, Fridays for Future zum Beispiel, die Klimalisten. Sie alle versuchen, sich zu vernetzen und gemeinsame Kraft zu entwickeln. Es sind diejenigen, die bei politischen Umfragen oder anderen Wähler-Statistiken als »Sonstige« auftauchen. Sie wissen, dass die Zeit drängt, und wollen zu einer Bündelung finden, die den Weg in den Bundestag öffnet. Auch uns haben sie gefragt, ob Die PARTEI nicht als »Container« für fünf oder sechs Kleinparteien fungieren könnte. Ich musste sie enttäuschen. Ich habe im ersten Semester an der Uni Münster meine erste Sitzung des Studentenparlaments nach 60 Minuten desillusioniert verlassen, in der unumstößlichen Überzeugung, dass es nicht möglich ist, verschiedene Parteien friedlich unter einem Dach zu vereinen. Jedenfalls nicht ein Dreivierteljahr vor der Bundestagswahl.

G Was ist eigentlich, wenn das mit den Wissenschaftlern nicht klappt?

S Dann stellen wir bei der nächsten Wahl unsere Mütter auf. Und zwar die resoluteren unter ihnen. Da weht dann garantiert ein anderes Lüftchen im Bundestag! Denen könnte Lindner gern mal zu erklären versuchen, aus welchen Gründen er die Ausbeutung von prekär Beschäftigten für angemessen hält. Mal sehen, wie weit der Lümmel damit kommt, ohne Prügel zu beziehen.

G Ich fände Mütter hochspannend.

S Klar, Mütter sind super! Jeder hatte eine, jeder kennt eine. Alles kommt von den Müttern. Die Literatur ist von ihren Anfängen an hoch des Mütterlobes. Mütter gegen den Krieg! Das ist eine Naturlogik. Dreißig resolute Mütter im Bundestag! Mütter, die mit beiden Beinen im Leben stehen und sich überhaupt nicht einschüchtern lassen von Scholz und all den anderen Typen. Mein Traum wäre gewesen, etwa die Mutter von Gauland – sie lebt bestimmt nicht mehr – im Bundestag zu haben, die ihren liederlichen Sohn da erlebt und ihn anschließend am Ohr durchs Plenum zieht: »Mensch, Junge, kommst du wohl her, was hast du denn da wieder gemacht?« Und er sich schuldbewusst und reuevoll davontrollt, weil er weiß, dass es abends keinen Nachtisch für ihn gibt. Söhne unter direkter ständiger Beobachtung der Mütter, da kann die Welt nur friedlicher werden.

G Man kann jedes System erschüttern, indem man es plötzlich mit etwas Fremdem bestückt. Das Fremde stört.

S Heiner Müller sagt: Die Demokratie ist ein Allesfresser. Sie frisst sogar Punks.

G Das ist das Schicksal jeder Opposition. Die Grünen, einst die bunten Vögel, sind immer disziplinierter geworden. Das ist wahrscheinlich der schlimmste Schicksalsschlag. Es bleibt nicht aus, weil das System dich vereinnahmt.

S Hat das System dich auch vereinnahmt?

G Ja. In gewisser Weise bestimmt. Dieses Ja, das ist meine Antwort – aus deiner Zukunft.

S Sag mir das in 15 Jahren noch mal. Seit 1990 bist du im Bundestag.

G Zwischendurch war ich drei Jahre draußen. Alle dachten, das hält der Kerl nicht aus. Ich habe es sehr wohl ausgehalten – und genossen. Andererseits brauche ich die Bewegung, den Kontakt. Ich bin da immer hin- und hergerissen. Du hast von den Wissenschaftlern gesprochen, von den Müttern. In der Geschichte der Linkspartei gab es das ja auch: Seiteneinsteiger, Politiker, die aus ganz anderen, aus betriebsfremden Sparten kamen und Frische hineinbrachten. Erstaunlich ist doch aber, dass in den letzten Jahren die Komiker, die Komödianten so hereindrängten.

S Ronald Reagan und Arnold Schwarzenegger.

G Keine Angst, ich frag dich nicht, wer von beiden dein Vorbild ist.

S Der Überdruss an schlechten Politdarstellern wächst. Da wählt man lieber die ehrlichen Komödianten. Jón Gnarr zum Beispiel, in Reykjavík – den finde ich hervorragend. Er kam aus der Punkszene und arbeitete mit satirischen Mitteln. Und ist dann Bürgermeister von Reykjavík geworden. Er betrieb eine ganz solide Politik für seine Bürger, die den Banken und den etablierten Parteien überhaupt nicht gefiel. Beppe Grillo habe ich natürlich auch als großes Vorbild: eine Partei aufbauen und sie dann komplett runterwirtschaften, schließlich mit Rechtsradikalen Regierungen bilden. Das ist eine absurde, erschreckende, zutiefst wahrhaftige und lehrreiche Geschichte.

G Wenn das deine Leute lesen …

S Offenheit ist die beste Tarnung – um politische Gegner in die Irre zu führen.

G Künstler in der Politik gab es zwar früher auch schon. Aber wenn man einige Namen nennt, zum Beispiel Johannes R. Becher, die Mercouri, Mikis Theodorakis, Neruda – das waren seriöse Leute. Ja, und nun auch Sonneborn. Warum?

S Wir haben immer gesagt, wenn die Politik immer satirischer wird, dann muss die Satire eben politischer werden. Die Entwicklung sieht man ja auch im Fernsehbereich, politische Information und Einordnung findet am Wirksamsten und Seriösesten in »Satire«-Sendungen statt: »Die Anstalt«, Böhmermann, mit Abstrichen »extra3« und »heute-show«.

G In Reykjavík hat Jón Gnarr das Wahlversprechen abgegeben, dass das Parlament in acht Jahren drogenfrei sein würde. Menschen aus dem komischen Bereich sind nicht die schlechteren Staatsmänner, oder?

S Er hat den Leuten auch die kostenfreie Benutzung von Saunahandtüchern versprochen und »transparente Korruption«. Politikwissenschaftler bescheinigen ihm, die vier Jahre, in denen er Reykjavík regiert hat, seien ein Glücksfall für die Stadt gewesen. Kann eigentlich auch der Zufall Geschichte machen, vielleicht im Zusammenspiel mit einem guten Witz? Die Wege des Weltgeistes sind unergründlich. Können Zufall und Witz das, was gestern galt, heute über den Haufen werfen?

G Vor 1989 hätte ich eher Nein gesagt. Jetzt sage ich: Ja! Weil ich gesehen habe, wie mit dem Staatssozialismus ein ganzes System untergegangen ist. Aber auch im ungesteuerten Kapitalismus kann der Punkt kommen, an dem einfach nichts mehr geht. Der Zufall ist oft nur der Auslöser für etwas, das sich längst, auch gesetzmäßig angestaut hat.

S Und gut ausgeht?

G Denke ich, ja.

S Der Optimist!

G Ich bin nicht Optimist, sondern nur Zweckoptimist. Das aber mit ganzem Herzen. Wer die Welt liebt, muss sich um sie sorgen, na klar. Aber man darf sich nicht von der Sorge niederdrücken und zerfressen lassen. Gerade weil ich gar nicht weiß, wie lange meine Lebensstrecke noch sein wird, kann ich jeden Morgen sagen: Schön, mein Gleichgewichtsorgan funktioniert! Meine Augen zeigen mir die Farben! Ich höre, wie die Vögel mich wecken. Also: Nichts für selbstverständlich nehmen.

S Du glaubt ja wohl an jedes biologische Wunder.

G An Wunder glaube ich nicht … oder doch? Am Morgen meines 70. Geburtstages sah ich aus dem Fenster – und mein Garten war plötzlich verschneit. Nicht sehr lange und nur an diesem Tag im Winter 2018. Es war wie ein Gruß von einem weit oben, an den ich nicht glaube. Es sah aus, als wollte mich der Tag angenehm in Watte packen. Sah aber wirklich nur so aus und ging schnell vorbei. Aber die Erinnerung daran bleibt.

S Glaubst du dann auch, dass der Neoliberalismus durch die Corona-Krise einen Rückschlag erleidet?

G Nein, natürlich nicht. Aber etwas bröckelt. Neoliberalismus bedeutet: Nur Effizienz und Flexibilität zählen. Aber es wird immer deutlicher: Der Rückzug des Staates aus vielen Bereichen kann zu einer Katastrophe führen. Dass die FDP nun sogar den Föderalismus infrage stellt, finde ich mehr als bedenklich. Entscheidend ist: Wenn wir einem großen Unternehmen helfen, dann sollten wir es immer nur unter der Bedingung tun, dass wir am Gewinn beteiligt werden. Der frühere EU-Kommissionspräsident Jean-Claude Juncker, bekanntlich kein Linker, hat mir einmal gesagt: »Ich verstehe Ihre Regierung nicht. Immer, wenn ich den Banken als Ministerpräsident von Luxemburg geholfen habe, war mein Land jahrelang am Gewinn beteiligt.« Aber Union und SPD denken, das wäre Staatssozialismus. Die Commerzbank etwa hat sehr viel Geld in der Finanzkrise vom Bund bekommen – und dann auch noch Wege zur Steuervermeidung gesucht und gefunden! Das ist der Gipfel der Frechheit und darf nicht passieren. Es ist doch irre in Krisen: Diejenigen, die immer weniger Staat wollen, werden vom Staat gerettet.

S Irgendwo habe ich gelesen, dass Mathias Döpfner die Milliarden-Unsumme, die er von Ziege Springer geschenkt bekam, nicht versteuern muss, denn die Steuerpflicht würde sein Vermögen übersteigen.

G Satire pur?

S Nein, das hat mit Satire überhaupt nichts zu tun. Satire hat noch nie große Gelder umgesetzt. Schade eigentlich, in Bayern habe ich gesehen, was die Strauß-Familie dort an Wohnblöcken herumstehen hat. Ich will dir nicht zu nahe treten, aber angesichts dessen entwickle ich sofort kommunistische Ideen, die mit Häusersturm beginnen.

G Die Frage nach der Wirkung dessen, was du als Satiriker tust, pardon wegen meiner Hartnäckigkeit, die stellt sich also immer wieder. Die peinigt dich, zunehmend.

S Wirkung? Das fragst du mich? Du kritzelst doch auch nur mit dem Stock Bildchen in den Meeresstrand, und am Horizont zieht schon der nächste Tsunami auf und kommt näher. Ich habe in Brüssel ein paar kurze Reden gehalten und Elmar Brocken damit ein bisschen geärgert. Mehr Anspruch auf Wirkung habe ich gar nicht.

G Kurze Reden, sehr kurze sogar.

S Ach, ihr im Bundestag mit euren stundenlangen Statements! Die Eine-Minute-Rede verhält sich zur langen Rede wie der Aphorismus zum Roman: Im Roman mag man alles ausführlicher erfahren, im Aphorismus erfährt man etwas genauer. Übrigens entwickelt sich auch in den Künsten ein Hang zu Extremismen: Die Welt zerfällt in Extreme. Nicht enden wollende Netflix-Serie mit 723 Staffeln auf der einen, der Minutenfilm auf der anderen Seite. Ein Film mit einer Ein-Minuten-Rede, das ist, wo der Film herkommt. Die Brüder Lumière.

G Mit Redezeiten habe ich auch so meine Erfahrungen. Einmal versprach ich dem Bundestagspräsidenten Norbert Lammert, ihm zum Geburtstag eine neue Uhr zu schenken. Denn schon oft hatte er mich ermahnt, am Rednerpult zum Schluss zu kommen, irgendwann drehte ich mich um und sagte mit etwas gespielter Empörung, es sei doch seltsam: Bei mir vergehe die Zeit wie im Fluge, während sie mir bei anderen Rednern sehr viel länger vorkäme. Lammert tat in dem Moment etwas, das ihm seine Pflicht zur Überparteilichkeit gar nicht gestattete, er sagte nämlich: »Das stimmt.«

S Hast du ihm eine Uhr geschenkt?

G Ja, und zwar eine, auf der die Zeiger nach links wandern.

S Im Rückwärtsgang kennt ihr euch ja aus. »Vorwärts!«, heißt bei deiner Partei auch: »Zurück zu Marx!« Ist ja nicht verkehrt heutzutage.

G Zum einen müssen wir Marx von seinem Missbrauch im Staatssozialismus befreien – er war ein Befreiungsideologe! Und zweitens konnte er seine Arbeit nur in London leisten, weil Deutschland viel zu intolerant war. Er wurde verbannt. Ich möchte, dass wir endlich ein gutes Verhältnis zu einem großen Sohn unseres Volkes entwickeln. Er war ein Weltdenker. Wir haben nun nicht mal selber ein Denkmal für ihn gebaut, in seiner Geburtsstadt Trier, wir haben es uns von China schenken lassen.

S Marx hat das Kommunistische Manifest in einer Brasserie in Brüssel geschrieben, was kaum jemand weiß, weil es ja später in London veröffentlicht wurde. Heute kann man dort Kaviar-Häppchen für knapp 50 Euro bestellen, und die Angestellten der Brüsseler Stadttourismus-Behörde werben lieber mit dem Männeken Pis. Ich sehe mich übrigens in anderer Tradition. Napoleon, Karl der Große und Hitler sind die großen historischen Vertreter der europäischen Einigungsidee. Das wurde von Kohl und seinen Nachfolgern lediglich aufgegriffen. Also stehe ich in der Reihenfolge: Napoleon, Hitler, Kohl, Sonneborn.

G Martin, das sind Momente unseres Gesprächs, da wird mir unwohl.

S Warum?

G Ich zitiere Sonneborn: »aus Gründen« ... Lassen wir das ...
Was meinen Zukunftsblick betrifft, da halte ich es mit Albert
Schweitzer: Nach meiner Erkenntnis bin ich manchmal pessi-
mistisch, in meinem Wollen optimistisch. Aber du siehst, das
mit dem Optimismus relativiere ich immer wieder ein bisschen.
Aber man sollte die Zukunft nie denen überlassen, die nur ab-
winken.

S Wenn du auf Veranstaltungen angekündigt wirst, wird oft
aufgelistet, was du so alles bist: ehrgeizig, schlagfertig, eloquent,
eigenwillig, pfiffig, eitel, authentisch, galant, witzig, wendig, raf-
finiert, selbstironisch, listig, gewandt, kosmopolitisch, undog-
matisch, zynisch ... Welches dieser Attribute trifft dich am besten?

G Na, das trifft alles irgendwie zu. Außer: zynisch. Das war
und bin ich nie.
Hättest du eigentlich gern in einer anderen Zeit gelebt?

S Ich weiß nicht ... Am liebsten in einer Zeit, in der die Dys-
topie noch nicht Wirklichkeit war. Andererseits gab es im Mittelalter zwar den Narren, aber es froren auch viele in den Burg-
verliesen. Wahrscheinlich hätte man hart körperlich arbeiten
müssen. Insofern ... Bleiben wir fürs Erste im Hier und Heute.

G Geht mir genauso. Den ganz alten Genossen, die sich über
die Bundesrepublik aufregen und hier nicht heimisch werden
wollen, denen sag ich: Ihr habt die Weimarer Republik erlebt,
dann die Nazi-Diktatur, dann die sowjetische Besatzungszeit,
dann die DDR. Jetzt seid ihr Bundesbürger. Das alles in einem
einzigen Leben! Darüber kann man doch auch mal verwundert
sein, sich sogar freuen.

SONNEBORN
VS.
MERKEL

Als wir uns das letzte Mal gesehen haben, Frau Merkel, hatte ich Sie ja höflich in den Ruhestand verabschiedet, und jetzt sitzen Sie wieder hier. Offenbar geht es Ihnen wie vielen alten Menschen in Europa: Die Rente reicht nicht aus. Das Modell der Arbeitszeitverlängerung hat aber Grenzen, biologische; ich zitiere aus der Tagespresse: »Frontal-Crash auf A11! Geisterfahrer (82) prallt in Autos – tot.« Das ist selbstverständlich rein symbolisch aufzufassen. Ich weiß ja gar nicht, ob Sie überhaupt selber Auto fahren können oder wollen oder müssen …

Mahlzeit, Frau Bundeskanzlerin Merkel! Wer, wenn nicht SIE könnte die Europäische Union aus der Krise führen? Das fragen Millionen von Leitartiklern, denen in aller Regel niemand anderes einfällt. Anscheinend verspürt Europa eine unbändige Sehnsucht, sich deutscher Führung zu unterwerfen. Warum erst jetzt und nicht schon vor 80 Jahren? Dem Kontinent wäre einiges erspart geblieben, Zwinkersmiley!

Wenn ich richtig las, planen Sie, das Corona-Virus mit viel Geld zu ersticken; übrigens etwas, das der EU mit dem nicht minder schäbigen Viktator Orbán leider nicht geglückt ist.

Sie werden den Klimawandel verbieten und die Chinesen bewegen, uns künftig etwas leiser auszulachen.

Sie werden die Migration bewältigen, indem Sie sicherstellen, dass die Gemeinheiten dort geschehen, wo sie nicht so auffallen.

Ihre Macht kennt nur eine Grenze: Selbst Sie und Ihre 750 Milliarden können nicht dafür sorgen, dass der Hamburger SV jemals wieder in die Bundesliga aufsteigt.

Europäisches Parlament, Juli 2020

GYSI
VS.
ANNEXION

Selbstverständlich müssen wir in Deutschland besonders sensibel sein in Bezug auf die Sicherheit und das Existenzrecht Israels. Die Ermordung von sechs Millionen Jüdinnen und Juden durch deutsche Nazis bleibt das größte Menschheitsverbrechen. Es gibt immer noch Menschen, Organisationen, Regierungen und andere, die Israel vernichten wollen. Dagegen werden wir uns immer mit aller Entschiedenheit wenden.

Doch das Existenzrecht Israels ist in seiner völkerrechtlichen Geburtsurkunde an das Existenzrecht Palästinas gebunden; von der ersten UN-Resolution bis zur Sicherheitsratsresolution 2334 vom Dezember 2016 wird das immer wieder betont und festgehalten. Und nun haben die Koalitionsparteien Israels eine Annexion großer Teile von Palästina vereinbart. Es ist auch für viele Jüdinnen und Juden mehr als beschämend, wenn gerade Israel mit Völkerrechtsbruch, mit Besatzung, mit Demütigung der Palästinenserinnen und Palästinenser in Verbindung gebracht werden muss. Der Ruf von Israel wird bei Realisierung der Annexionspläne weltweit noch deutlich negativer. Das trifft ebenfalls weltweit alle jüdischen Menschen. Weder sie noch Israel werden dadurch sicherer – im Gegenteil. Meine Fraktion war schon immer für die Anerkennung auch des Staates Palästina, die Vereinbarung von Botschaften zwischen Palästina und Deutschland und die Vollmitgliedschaft Palästinas in der UNO.

Deutscher Bundestag, Juli 2020

Machtübernahme

»Martin, wir müssen die Mitte für uns gewinnen.«
»Gregor, Mitte ist Sumpf, da steigen die Blasen auf.«

G. philosophiert über den flachen Atem in der Politik, S. lieber über die Unsterblichkeit. Dazwischen irgendwo liegt *Rot-Rot-Grün*. S. meint, die eigene Machtübernahme rücke näher (was sind ein paar Jahrzehnte Geduld!), G. fragt nach einer *Zukunft ohne Kapitalismus*, der Weg gehe ab durch die *Mitte*! Schwere Gewichte ziehen das Gespräch nach unten: *Konzerne und Banken*. Endlich erzählt S. wieder was Lustiges, denn er stellt sich G. in gelber Weste vor.

G Haben Parteien eine Zukunft?

S Solange wir leben – ja. Danach vielleicht eher als Bewegung, das gilt in Frankreich und England bereits als schick.

G Auch danach muss es doch eine Organisationsstruktur geben, um einen politischen Willen zu artikulieren und ihn auch durchzusetzen. Ob sich das dann noch Partei nennt oder nicht … Wer weiß, was die Zukunft bringt.

S Bleiben wir in der Zukunft: Du willst in Deutschland Rot-Rot-Grün.

G Du hast doch auch zugegeben, du würdest in ernsthaften Momenten in Brüssel Schüler auffordern, links, grün, sozialdemokratisch zu wählen. Das ist doch für einen Satiriker ein ziemlich heftiger Einbruch an Empathie. Ist das überhaupt statthaft?

S Ich versuche, Orientierung zu geben in diesen unübersichtlichen Zeiten. Und ich bevorzuge die eindeutige Lagerbildung. Gib mir mal ein paar ganz naheliegende, praktische, weniger abgehobene politische Ziele.

G Kannst du haben. Wir müssten zum Beispiel einführen, dass alle mit Erwerbseinkommen in die gesetzliche Rentenversicherung einzahlen. Also auch Rechtsanwälte, auch Bundestagsabgeordnete, alle. Die Einkommensgrenze für solche Einzahlungen müsste wegfallen. Wenn einer eine Million verdient, muss er seinen Beitrag für eine Million zahlen. Das ist sehr praktische Politik.

S Sofort dafür. Ein Verrat an vielen Bürgern, dass keine große Partei das vertritt. Immer scheitert es am Geld. In Europa wie in Deutschland. Da wird gesagt, das Rentenniveau muss sinken, weil es sonst nicht mehr bezahlbar ist.

G Aber warum wird nicht gesagt, dass es auch die Möglichkeit gäbe, alle mit Erwerbseinkommen, wirklich alle!, in die Rentenversicherung einzahlen zu lassen – dass man das aber aus bestimmten Gründen ablehnt? Politiker müssen deutlich machen: Es gibt klare Alternativen, man muss sich nur zur radikalen Änderung bekennen – und alles in einer verständlichen Sprache erklären.

S Die einen haben das Geld, und die anderen haben nichts dagegen – das ist eine jämmerliche Logik. Aber klare Sprache – gern. Als Erstes werden wir Euphemismen verbieten, niemand wird jemals wieder die größte Aufrüstung seit dem Krieg mit »Trendwende Finanzen« benennen, huhu, Frau von der Leyen! Und klare Forderungen auch gern. Wir fordern zum Beispiel als einzige Partei geschlossen ein echtes Grundeinkommen. Ich habe bereits mehrfach öffentlich bekundet, dass ich als Abgeordneter in Brüssel seit über sechs Jahren das bedingungslose Grundeinkommen in erheblicher Höhe teste – und ich kann versichern: Bisher konnte ich noch keinen einzigen Nachteil feststellen. Meine Partei hat wirklich ein klares und extrem humanistisches Programm. Das Existenzmaximum von einer Million Euro, das wir fordern, würde ich zur Not auch noch testen. Ich bin überzeugt, auch das brächte keine Nachteile. Wenn in unseren Gesellschaften über Geld geredet wird, wird das Entscheidende immer verschwiegen: nämlich, dass es der Gesetzmäßigkeit des abnehmenden Grenznutzens unterliegt. Den aufstiegsbereiten FDP-Wählern wird verschwiegen, dass es keinen Spaß mehr macht, den 17. SUV auszusuchen oder die fünfte Yacht. Wenn nur genügend Menschen die Gelegenheit bekämen, das am eigenen Leib zu erfahren, wäre unser System am Ende.

G Und weißt du was? Wir in Deutschland haben auch ein sehr seltsames Verhältnis zu Boni. Den Bonus kennen wir nur für die Vorstände der Konzerne. Aber ansonsten wird immer nur in Form von Strafen gedacht.

S Wer Anordnungen im Bereich der Sozialstaatlichkeit nicht einhält, wird bestraft. Davon können Hartz-IV-Empfänger ein Lied singen. Ein Scheißlied. Bundespräsident Steinmeier übrigens auch, man darf nicht vergessen, dass er der Architekt von Hartz IV war.

G Warum wird nicht belohnt, wer wirklich krank ist, oder wer Initiative ergreift, sich einsetzt und versucht, seine Lage zu verbessern? Du musst als Bürger dem Staat ständig hinterherrennen, aber zur Regel müsste werden, dass du als Einzelner gewissermaßen das Vorrecht an Rechten hast, und der Staat muss dir argumentativ widersprechen, wenn ihm etwas nicht passt. Immer musst du dich als Einzelner anstrengen und bewegen, nicht der Staat. Das muss geändert werden. Du stellst einen Antrag. Innerhalb einer bestimmten Frist. Wenn kein schriftlich begründeter ablehnender Bescheid kommt, gilt dein Antrag als genehmigt.

S Oder nimm die Bildung! Wenn ich sehe, wie ein Land, das außer Kartoffeln keine Bodenschätze hat, so desinteressiert, so destruktiv in die Zukunft der Bildung investiert – das ist nicht zu fassen. Wir wollten eigentlich fordern, Flüchtlinge aus den griechischen Elendslagern zu retten und in den Schulen unterzubringen – aber dort sind die sanitären Anlagen zu schlecht. Das ist unzumutbar. Das habe ich bei Merkel nie verstanden: Warum hatte sie im Bildungsbereich kein Verantwortungsbewusstsein?

G Kann ich dir sagen: weil du in der Politik immer darüber nachdenken musst, wie du in vier Jahren wiedergewählt wirst. Der Atem wird da automatisch flach. Einem Diktator wird er nicht flach.

S Das genau ist ja unsere Chance, um Politik langfristiger anzulegen. Wir müssen von Nordkorea lernen. Oder von Russland und China. Allein, dass China das politische Ziel formuliert, vordringlich die Armut zu bekämpfen – und bis 2060 klimaneutral zu werden, und man weiß, dass solche Pläne keineswegs reine Lippenbekenntnisse sind wie bei uns – ist doch revolutionär. Hast du so eine Forderung in Deutschland oder der EU schon mal gehört? Oder die Ansage beider Staaten, nicht die Wirtschaft, sondern den Menschen in den Mittelpunkt politischen Handelns zu stellen. Ich will sofort eine Diktatur!

G Der Diktator geht ja immer davon aus, selber unsterblich zu sein und ist tatsächlich nicht abwählbar.

S Putin geht in dieser Hinsicht interessante Schritte. Das müssen wir unbedingt studieren.

G Du lässt dich ja sogar als »GröVaZ« titulieren. Größter Vorsitzender aller Zeiten.

S Für Die PARTEI stimmt das bis jetzt. Wohlgemerkt: Vorsitzender, nicht Führer.

G Bei der Bildung ist das Problem, dass sie Ländersache ist. Und dass im Grundgesetz sogar ein Kooperations*verbot* aufgenommen wurde, um die Länder zu stärken. Die SPD habe ich gefragt, warum sie dieser Änderung des Grundgesetzes zugestimmt hat. Die Antwort: Das sei ein Kompromiss gewesen.

S Und was hat die SPD dafür bekommen?

G Habe ich auch gefragt. Das haben sie vergessen.

S Passt auf, dass euch das in den Verhandlungen zu RRG nicht auch so geht! Damit sind wir zurück beim Thema Koalition. Du kannst deine möglichen Koalitionspartner durchgehen – es sieht nicht gut aus. Da kannst du jedes Stichwort hernehmen. Stichwort Umwelt.

G Da geht es zum Beispiel nicht um ökologische Nachhaltigkeit schlechthin, es geht um ökologische Nachhaltigkeit in sozialer Verantwortung. Das gehört untrennbar zusammen. Aber das von der sozialen Verantwortung höre ich bei den Grünen nicht im gleichen Atemzug mit der Beschwörung der Nachhaltigkeit. Ich kann jedoch kein Braunkohlerevier schließen, ohne dem Braunkohlekumpel zu sagen, dass er am nächsten Tag für ein gleiches Gehalt einen anderen Arbeitsplatz hat. Ich kann nicht Ökologie um den Preis betreiben, Menschen einfach in die Arbeitslosigkeit zu schicken. Das würden die Grünen aber so machen. Mit uns darf es so etwas nicht geben.

S Die wollen antiökologisches Verhalten teuer machen, damit es seltener wird. Damit wird es zum Privileg für diejenigen, die es sich leisten können, denen es nichts ausmacht, wie viel es kostet.

G Das kann für die Linke nie die Lösung sein! Zum Beispiel müssen wir bei der Mobilität andere Wege gehen, müssen die Mobilität aber für alle sichern. Wenn vom Dorf zur Kreisstadt heute nur noch einmal am Tag ein Bus fährt, dann gibt es keine Mobilität. Und dann noch gegen das Auto zu argumentieren, das geht so nicht. Also: ökologische Nachhaltigkeit immer in sozialer Verantwortung.

S Du hast in Richtung anderer Parteien gesagt: »Wer nicht kompromissfähig ist, ist nicht demokratiefähig, und wer zu viele Kompromisse macht, gibt seine Identität auf.« Wie kann man das beherrschen? Das ist Spagat. Oder, wie wir sagen: »JA zum Kompromiss, NEIN zum Kompromiss!«

G Wenn man Schritten in die falsche Richtung zustimmt, gibt man seine Identität auf. Alle Schritte müssen in die richtige Richtung gehen, aber: Sie dürfen kürzer sein, als man es sich vorgestellt hat.

S Kürzer ... So kurz also, wie man sie halt gehen kann. Nicht nur Lügen haben kurze Beine, auch die Linken.

G An dieser Stelle kannst du an mir studieren, wie man Anspielungen überhört ...

S Kompromisse, schön und gut … Wir sind uns doch einig: Das Verbot etwa von Waffenexporten kann man bei der SPD und den Grünen niemals durchsetzen. Die wenigsten SPD-Wähler wissen wohl, dass der so harmlos aussehende Generalsekretär Lars Klingbeil seit Jahren in den unappetitlichsten Lobbyverbänden der Rüstungsindustrie sitzt: Förderkreis Deutsches Heer, Deutsche Gesellschaft für Wehrtechnik. Gesellschaft für Sicherheitspolitik.

G Doch wenn wir durchsetzten, nicht mehr an Diktaturen wie Saudi-Arabien, nicht mehr in Spannungsgebiete wie den Nahen Osten zu liefern, wäre das schon ein gewaltiger Fortschritt. Wir hätten zwar unser Ziel nicht erreicht, aber wir könnten sagen …

S Absolut wichtig wäre ein Lieferstopp in Richtung Türkei. Der Irre vom Bosporus dirigiert gerade den Irren aus Baku, Diktator Aliyev, Präsident des korrupten Failed State Aserbaidschan – stärkste Opposition im Lande ist übrigens seine Frau – bei seinem Angriffskrieg auf die kleine armenische Demokratie Bergkarabach. Das kostet täglich das Leben vieler junger Menschen, und genau wie Israel sind wir mit Waffentechnik beteiligt. Aserbaidschan setzt Massenvernichtungswaffen gegen Städte ein und Phosphorbomben gegen die in die Wälder geflohene Bevölkerung. Ich möchte nicht zu viel Blut an den Händen haben. Die Schritte sollten bald in die richtige Richtung gehen, und wenn sie klein sind, müsst ihr eben viele schnelle machen …

G Genau. Die PARTEI stimmt mir zu? Habe ich etwas Falsches gesagt?

S Eigentlich könnt ihr euch doch auch gleich mit der CDU zusammentun.

G Soll ich dir etwas sagen? Für mich gäbe es einen einzigen Grund, mit der CDU zu koalieren: wenn es zur Verhinderung eines neuen Faschismus erforderlich wäre. So weit ist es zum Glück noch nicht und wird es hoffentlich auch nicht kommen.

S Was wird aus dem linken Projekt, wenn die Grünen mit der CDU …

G Sag ich doch: Wenn das passiert, wird die ökologische Nachhaltigkeit weiter und wieder mit konservativer Politik gepaart. Das heißt, es wird dann in erster Linie, wie gehabt, um Investitionen in die Wirtschaft gehen.

S Grün und Baden-Württemberg zum Beispiel, das ist derzeit eine kuriose Kombination. In diesem Bundesland werden die teuersten deutschen Autos produziert, da kannst du halt nicht mehr mit Turnschuhen und auf dem Fahrrad regieren. Und so sieht alles Grüne dort auch aus. Im Europaparlament ist zu spüren, wie die Grünen konservativer werden, sie entkommen ihrem ursprünglichen Ansatz, dem Ausgangspunkt ihres eigenen Denkens auf der Überholspur. Mit ziemlich hoher Geschwindigkeit rasen sie den Konservativen hinterher. Bei der Schweinemast zum Beispiel verteidigen sie Kompromisse, die vielleicht in acht oder zehn Jahren mal zu einer Verbesserung der Tierhaltung führen. Tierschutz heute bedeutet, dass man, um für Schweine zu sein, was gegen Schweine tun sollte und sehr genau die einen von den anderen unterscheiden muss. Die Grünen mit den Schwarzen? Dann gibt es links eine sehr entspannte und lustige Opposition. Und es bleibt uns die schönste Drohung: wenn wir erst an der Macht sind …

G Martin, das dauert.

S Die Machtübernahme rückt näher. Unsere fähigsten Mathematiker haben errechnet, dass es bei der ständigen Verdoppelung unserer Wahlergebnisse, die wir seit 2004 haben, höchstens noch 64 weitere Bundestagswahlen braucht. Dann wird sich dieses System wundern …

G Bis dahin?

S Durchhalten! Wir ärgern konservative Parteien – und da zähle ich die SPD dazu. Die Konservativen im Brüsseler Parlament stimmten in der Vergangenheit beispielsweise gegen die

Gleichstellung von Frauen, gegen die Gleichstellung von Behinderten, gegen die Gleichstellung von behinderten Frauen. Oder für die Militarisierung der EU. Dagegen kann ich nichts machen. Aber wenn wir die Abstimmungsergebnisse anschließend ins Netz stellen und erklären, dann entsteht damit öffentliches Interesse – genau dort, wo es nötig ist. Weil es großenteils fehlt in einer Öffentlichkeit, die auf eine bestimmte Art der selektiven Weltwahrnehmung trainiert ist.

G Du sagst, das System wundert sich. In über dreißig Jahren? Wer weiß, ob das dann noch Kapitalismus ist?

S Soziale Gerechtigkeit und Kapitalismus gehen jedenfalls nicht zusammen.

G Aber ist ja auch egal, wie das dann heißt. Kapitalismus und Moral – das kommt ebenfalls nicht zusammen. Denn der Kapitalismus kommt um das Prinzip der Konkurrenz nicht herum. Wenn der Bäckermeister A pleitegeht, geht es dem Bäckermeister B besser. Das ist moralisch schwer zu erklären.

S Unmoral war bislang nie und nirgends das Todesurteil für dieses System, leider. Der Kapitalismus sagt: Bäckermeister A backt schlechte Brötchen, die er zu teuer verkauft. B macht ihm Konkurrenz und Beine, durch ihn werden die Brötchen besser und billiger. Wenn sie – lauter oder unlauter – um Marktanteile kämpfen, dient das also dem Gemeinwohl. Der Teufelskreis.

G Warum hat der Kapitalismus so ein zähes Leben? Dahinter steckt ja die Frage, was der Kapitalismus kann und was nicht. Er kann einiges. Er kurbelt eine sehr effiziente Wirtschaft an, auch, aber eben nicht nur durch Ausbeutung der sogenannten Dritten Welt. Er vollbringt Höchstleistungen in Wissenschaft und Forschung, auch in Kunst und Kultur. Häufig setzen sich Kunst und Kultur kritisch mit dem Kapitalismus auseinander, aber: Er bringt diese widerständige Kraft hervor und erneuert stets die Bedingungen, unter denen sie sich entfalten kann.

S Wie gesagt, der Kapitalismus ist ein Allesfresser. Er kann selbst seine radikalste Antithese zu sich nehmen und in seinem Verdauungstrakt zersetzen. Das ist das Problem. Schau dir nur an, was aus allen systemkritischen Bewegungen seit dem britischen Punk und der deutschen Friedensbewegung geworden ist. Und der Kapitalismus ist nicht in der Lage, die unteren 20, 25 Prozent zu schützen. Oder in umfassendem Sinne Frieden zu wahren. Interessenkonflikte werden immer wieder militärisch ausgetragen, auch weil am Krieg zu viel verdient wird.

G Ja, und der Kapitalismus ist absolut unfähig, wirkliche soziale Gerechtigkeit und Chancengleichheit herzustellen. Die acht reichsten Menschen der Erde besitzen genau so viel wie die aus finanzieller Sicht untere Hälfte der Menschheit zusammen, das heißt: wie 3,6 Milliarden Menschen. Mehr ist dazu nicht zu sagen. Enorme Schwierigkeiten hat dieses System eben auch mit der erwähnten ökologischen Nachhaltigkeit, häufig stehen ökonomische Interessen gegen Vernunft und Besinnung.

S Einer von ihnen heißt Jeff Bezos. Wir bekämpfen ihn, indem ich ab und zu bei Twitter und Facebook auf den Hashtag #amazonfreiermittwoch hinweise. Im schlechtesten Falle machen sich fünf Leute Gedanken darüber, was hinter der Idee steckt, mittwochs nichts bei Amazon zu bestellen und setzen sich mit dem System auseinander, mit der Marktmacht Amazons, mit unseren hässlichen Fußgängerzonen voll pleitegegangener Geschäfte, mit dem kapitalistischen Geldsystem, dem 250 Milliarden Dollar entzogen werden, die sowohl im Geldkreislauf fehlen als auch irgendwo wieder angelegt werden müssen und somit Immobilienpreise und Mieten verteuern etc. Im besten Falle verstehen alle und kaufen nie wieder mittwochs bei Amazon. Dann wird Amazon allerdings einfach seine beschissenen Arbeitsverträge anpassen und die Leute sonntags mehr arbeiten lassen, Smiley. Es ist schon ziemlich vertrackt: Der Kapitalismus könnte theoretisch, aber er muss nicht demokratisch, freiheitlich und rechtsstaatlich organisiert sein.

G Deshalb streite ich für einen demokratischen Sozialismus. Ich glaube an eine Transformation. Einer Diktatur jedenfalls, egal wie sie sich nennt, werde ich mich immer widersetzen.

S Keine Diktatur? Gregor, jetzt verlangst du mir aber sehr viel Toleranz ab. Ich will zumindest eine kapitalistische Planwirtschaft. Das Beste aus DDR und BRD zusammengemixt, eine Regierung, die in Krisenzeiten anordnet, dass FFP-Masken produziert werden, auch für die Obdachlosen unter der Brücke, und die Patentrechte von Medikamenten aussetzt. Letzteres ist wohl eine der perversesten Formen der Generierung von Profit, weil es ganz unmittelbar auf dem Rücken des Weltgemeinwohls passiert. Mir wäre es lieber, die Regierung würde die Gesundheit der Bürger schützen, nicht das »geistige Eigentum« der Pharmafirmen und dessen ökonomische Verwertung.

G Ich weiß ja, dass du auf diese Weise nur ausdrückst, dass du der gleichen Meinung bist wie ich. Meine Lebenserfahrung besagt, dass niemand das Recht hat, andere zu ihrem Glück zu zwingen. Man darf lediglich versuchen, einen Weg zu mehr sozialer, kultureller Gerechtigkeit aufzuzeigen. Darunter verstehe ich eine Gesellschaft, die das effiziente Wirtschaften aus dem Kapitalismus heraus sichert, aber die Macht der großen privaten Konzerne und Banken bricht. Die privaten mittleren und kleinen Unternehmen in marktwirtschaftlichen Verhältnissen müssen unbedingt erhalten und Genossenschaften, wo sie angebracht sind, gefördert werden.

S Was ist das für eine Welt geworden, in der ein Linker die orthodoxe Lesart der sozialen Marktwirtschaft verteidigen muss, weil kein anderer es mehr macht? Der Machtkonzentration in privaten Investorenhänden haben staatliche Instanzen im Augenblick wenig entgegenzusetzen. Am ehesten noch die Spielverderber in den großen Wettbewerbsbehörden.

G Deshalb müssen sie entweder deutlich verkleinert oder in Gemeineigentum überführt werden. Das muss nicht Staatseigentum sein. Es ginge auch mit Anteilen der Belegschaft. Und die öffentliche Daseinsvorsorge gehört nicht in Privateigentum. Und wenn schon Privateigentum, dann muss die Politik für die Bedingungen zuständig sein. Ein Krankenhaus muss in erster Linie für die Gesundheit zuständig sein. Auch für ein Krankenhaus und für eine Oper sollten ökonomische Kriterien gelten, sicher, aber Gesundheit und Kunstgenuss dürfen nicht gezwungen sein, sich zu rechnen.

S Bin ich dabei. Zur öffentlichen Daseinsvorsorge gehören Wohnen, Bildung, Energieversorgung, öffentlicher Nahverkehr – PARTEI-Forderung: Schwarzfahren muss bezahlbar bleiben! –, freier Zugang zum Internet, Theater, »Titanic«-Abo, die Möglichkeit, mit Bargeld zu bezahlen – an der kompletten Abschaffung des Bargeldes wird ja hinter den Kulissen heftigst gearbeitet – und Wasserversorgung – auch deren weitere Privatisierung wird vorangetrieben. Heiner Müller sagt, das letzte Kriegsziel sei die Atemluft. Wenn Millionäre Sauerstoffflaschen bunkern für den Fall der Fälle, weil sie in Krankenhäusern knapp werden, sind wir bereits so weit. Und Teile des Sports nicht zu vergessen, wegen Brot und Spiele.

G Bundesliga nicht!

S Der Versagerclub Schalke Null zu Vier wird mit Landesmitteln gestützt, um seine hochbezahlten Sportler jetzt in Krisenzeiten bezahlen zu können. Wir denken gerade über eine Beschwerde in der EU nach … Man sieht es ja dort gerade wieder: Was Frau von der, ähm, Leyen als Green Deal verkauft hat, vor der Corona-Krise, das war und ist nichts weiter als ein gigantisches Wirtschaftsförderungsprogramm mit grünem Anstrich. Die wahre Motivation bestand natürlich darin, neue Märkte zu erfinden und neue Wege zur Gewinnerzielung. Was für ein größen-wahnsinniges Investitionsprogramm, Betonung auf »wahnsinnig«, mit der Absicht, jedes Produkt, das wir überflüssigerweise besitzen, von der Waschmaschine bis zum SUV durch ein neues mit grünem Etikett zu ersetzen. Was für eine Aufrüstung, Energieverschwendung, Ressourcenverbrennung! Du sagst, die Spielregeln der Politik dürfen nicht mehr von der Industrie bestimmt werden. Wir müssen unsere Gesellschaft komplett verändern, und zwar nicht nur in Bezug auf einen kostenfreien öffentlichen Nah- und Fernverkehr, auf autofreie Innenstädte etc. Wir brauchen grundsätzlich eine andere Einstellung zur Produktion, Haltbarkeit, Energiebilanz und Statussymbolik von Geräten. Ich würde auch jedes sinnlose Herumgereise mit schwerölgetriebenen TUI-Pötten verbieten und zum Beispiel Venedig-Besuche nur noch Leuten unter 85 mit Abitur oder guter Begründung erlauben. Können die alles virtuell machen, wenn sie unbedingt wollen.

G Corona hat uns alle runtergeholt. Vielleicht werden wir jetzt wirklich ökologisch nachhaltiger. Nimm die virtuellen Konferenzen, die jetzt überall stattfinden. Geht doch! Das spart sehr viele Reisekosten und vor allem auch Treibstoff. Erstmalig habe ich in den letzten Monaten übrigens die ruhige, entspannte Seite des Rentnerlebens wahrgenommen. Gar nicht so schlecht.

S Und was ist mit der ganz normalen Hausarbeit?

G Auf die war ich plötzlich noch mal ganz anders zurückgeworfen. Seitdem bin ich noch mehr dafür, dass sie bezahlt wird. Nicht einfach nur bezahlt, sondern gut bezahlt …

Weil wir im Zusammenhang mit Zukunft von Rot-Rot-Grün reden: Ich muss da was klarstellen. Es geht bei der Bundestagswahl nicht schlechthin um einen Regierungswechsel. Die Leute müssen in der Mehrzahl eine andere Militärpolitik, eine andere Außenpolitik, eine andere ökologische Nachhaltigkeit, eine höhere soziale Gerechtigkeit, eine höhere Steuergerechtigkeit, eine höhere Rentengerechtigkeit wollen. Das muss sie richtig drängen!

S Guck mal aus dem Fenster: Wie die Massen drängen!

G Ja, ja, ich weiß … Also: Bevor wirklich eine rot-rot-grüne Koalition möglich wird, muss man erst mal sehen, ob ein wirklicher Politikwechsel gewünscht wird. Dafür wird eine gesellschaftliche Mehrheit nötig sein, mindestens die Hälfte der Wählerinnen und Wähler. Menschen, die entschieden sagen: So geht es nicht weiter!

S Deutsche Mehrheiten: eine sehr schwierige Mathematik. Oder eher eine ganz einfache. Natürlich sind zehn Deutsche bekanntlich dümmer als fünf Deutsche. Rechne das mal auf Millionen hoch. Steuergerechtigkeit zum Beispiel, die ist doch mit der SPD nur schwer zu erreichen.

G Muss aber erreicht werden. In Deutschland zahlt der Mittelstand die meisten Steuern, nicht die Konzerne. Das geht so nicht weiter. Wenn die Linke die Gesellschaft verändern will, braucht sie ein ehrliches Bündnis mit der Mitte. Und die Mitte muss begreifen, dass sie auch ein Bündnis mit der Linken braucht, um Gerechtigkeit gegenüber den Konzernen herzustellen. Leider sind wohl beide Seiten noch nicht so weit. Übrigens mussten Spitzenverdiener schon unter Helmut Kohl 53 Prozent Steuern zahlen. Und Kohl war kein Linksextremist.

S Wer weiß, von wem er die CDU final hat finanzieren lassen, ist ja nach wie vor völlig ungeklärt. Aber »die Mitte«, wo angeblich jede Wahl gewonnen wird, ist ein völlig diffuses Konstrukt. Deswegen haben wir sofort bei der Parteigründung proklamiert, wir seien die Partei der extremen Mitte. Wir wollen von allen gewählt werden. Über den Unfug, Links- und Rechtsextreme gleichsetzen zu wollen und die intellektuell dürftige Hufeisentheorie haben wir ja schon gesprochen. Als Bodo Ramelow in Thüringen an die Macht kam, galt er einigen als ein stalinistischer Terror-Kommunist. Dabei ist er nur ein sehr freundlicher, älterer Sozialdemokrat, der sich dafür stark macht, ein paar Flüchtlinge von den griechischen Inseln in Thüringen aufzunehmen und der dabei von Seehofer gebremst wird. Ich hab ihn mal in Erfurt in der Staatskanzlei besucht, weil ich wissen wollte, wie ein von der CDU und FDP so gefürchtetes modernes Terrorregime mitten in Deutschland aussieht. Der Pförtner unten am Tor sagte mir, Ramelow sei der erste Ministerpräsident, der ihn morgens begrüßen und fragen würde, wie es ihm geht. Da war ich etwas beruhigt.

G Ich glaube, jede vernünftige und menschenfreundliche Politik muss heute links von der politischen Mitte positioniert sein. Übrigens auch, wenn er zur Mitte gehört.

S Ein Satz von dir, der mir in dem Zusammenhang gefallen hat, das muss ich zugeben: »Bevor die Flüchtlinge nach Deutschland kamen, gab es kein höheres Hartz IV, und seitdem sie in Deutschland sind, gibt es kein niedrigeres Hartz IV.«

G Ja, die Mehrheit des Bundestages billigt den Ärmsten völlig unabhängig von ihrer Zahl und den Geflüchteten immer nur das Allernotwendigste zu. Das müssen wir bekämpfen, und zwar für alle. Unser Kampf muss sich nicht darauf richten, Niedriglohnkonkurrenz durch Begrenzung von Arbeitsmigration auszuschließen, sondern darauf, die Löhne für alle zu erhöhen. Und unbedingt muss die soziale Mitte entlastet werden. Sie ist eine weitere Leidtragende, weil man bei den Armen nichts herausholen kann, herrschende Politik sich aber an die Konzerne, die großen Banken und die ungerechtfertigt Reichen nicht herantraut oder sie bewusst schonen will. Deshalb muss alles die Mitte bezahlen, die Menschen mit mittlerem Einkommen sowie der Mittelstand in der Wirtschaft.

S Gibt's bald wieder Klassenkampf? Ich würde mich freuen.

G Du gehst aber ran! Es gibt unter Arbeitnehmerinnen und Arbeitnehmern höchst unterschiedliche Bedingungen. Es gibt relativ gut bezahlte, und es gibt grottenschlecht bezahlte. Und die haben zu wenig miteinander zu tun, die kommen nicht überein, dass sie eigentlich ein gemeinsames Interesse verbindet. Das ist das eine Problem. Das zweite Problem: Es gibt immer mehr Dienstleister, immer mehr Solo-Selbstständige – denen geht es sozial überhaupt nicht gut, aber sie sind nicht organisiert. Die gehören nirgendwo hin. Und bei den Arbeitnehmerinnen und Arbeitnehmern ist es so, dass sich immer weniger gewerkschaftlich organisieren. Es fehlt ein Gesetz, das Tarifabschlüsse bindend für die meisten festlegt. Derzeit herrscht noch immer Willkür. Die meisten Menschen im Osten werden zum Beispiel nicht nach Tarifverträgen bezahlt. Kurzum: Klassen lassen sich heute schwerer definieren und organisieren, als das früher möglich war.

S Ich bin schon dafür, eine neue Runde im Klassenkampf auszurufen. Der fehlt offensichtlich wirklich. Kampf gegen dieses eine Prozent, das diese wahnsinnigen Geldmengen okkupiert hat, sie parkt und nicht mehr in das System der wertschöpfenden Realwirtschaft einspeist.

G Richtig! Klassenkampf ... Es ist egal, wie man das nennt. Ich muss noch mal etwas zur Mitte sagen. Da hast du ja eben schwer geschnauft. Mittelständler leiden darunter, dass sie für ihre Verhältnisse relativ ehrlich Steuern bezahlen müssen. An die großen Konzerne traut sich der Staat nicht ran, die Armen können nicht zahlen. Also wird die Mitte steuerlich geknechtet.

S Und das willst du als Koalitionär von Olaf Scholz, angeblich Sozialdemokrat, ändern?

G Die SPD weiß längst, dass die nochmalige große Koalition ein Fehler war.

S Die große Mehrheit der einst angestammten Wählerschaft hat in der SPD längst das erkannt, was sie geworden ist. Und Verrat gehört nicht zu den Sünden, die man durch ein kurzes Gebet ungeschehen machen kann.

G Man darf das nicht an eine Person wie Scholz binden. Personen können wechseln. Abwarten. Aber am Problem müssen wir dranbleiben. Ich sage den Linken immer: Wenn ihr das Bündnis mit der Mitte nicht als natürliches Bündnis begreift, dann bleibt nur euer, unser Gequatsche über Konzerne, das ist Gesinnungstrommelei, die guttut, aber nichts ändert. Erst, wenn das Bündnis mit der Mitte gelingt, kämen wir wieder zu einem spannenden Klassenkampf, zu einer neuen Definition des Begriffes, es käme zu einer größeren Front gegen die ganz Reichen, die großen Konzerne und Banken.

S Na, hoffentlich begreift's die Mitte auch.

G Genau! Vor allem muss die Mitte begreifen, dass sie das Bündnis mit den Linken braucht. Sonst hat sie auch keine Chance. Was nottut, wird beiden Seiten schwerfallen. Aber darunter geht nichts.

S Klassenkampf! Lass uns all diese Theorien über Bord werfen und einen Kampf gegen diese winzige Menge von Superreichen starten. Gegen dieses eine Prozent stehen die Interessen der restlichen 99 Prozent – die muss man doch irgendwie motivieren können, für ihre Interessen einzutreten.

G Warum ist es so schwer, eine Bewegung zu organisieren?

S Es gehen ja Leute auf die Straße, nur eben zu oft für andere, weniger existenzielle Dinge. Der Gedanke des GEMEINSAMEN in der Gesellschaft ist dem Druck der Ausbildung von Partikularinteressen gewichen. Das ist der heißeste Scheiß derzeit, das angesagteste Distinktionskriterium: die möglichst kreative, möglichst individualistische, möglichst partikulare Aufspaltung der Gesellschaft in atomisierte Einzelteile. Die Gegenbewegung dazu ist eigentlich nötig. Denn mit zersplitterten und isolierten linken und liberalen Gruppen, die sich bestenfalls noch gegenseitig befehden, lässt sich keine Veränderung der politischen Grundstrukturen herbeiführen. Mit anderen Worten: Mit dem Slogan »Reichtum für Aale« kriegst du heute mehr Leute zusammen als mit der Forderung »Reichtum für alle«.

G Es gibt zu wenig wirklich Linke in der Politik. Bei den Grünen gibt es wenig Linke, bei der Sozialdemokratie gibt es wenig Linke. Bei den konservativen Parteien gibt es wenig Linke. Und bei den Linken …

S … gibt es auch zu wenig Linke.

G Es gibt eine ganze Menge Linke in Deutschland, nur ist das Linke sehr aufgefächert und vielgestaltig. Im Osten links zu sein, war und ist vielleicht noch immer etwas anderes als Links-sein im Westen. Im Osten war es schon einmal gesellschaftsbildend, im Westen immer Widerstand, ja sogar mal regelrecht illegal. Deshalb ist die Demokratie so wertvoll. In der Demokratie hat man nun mal die Pflicht, Mehrheiten zu erreichen. Wenn ich das nicht akzeptiere, lande ich wieder bei der Anmaßung, Menschen zu ihrem Glück zu zwingen. Mit dieser Kollektivmaßnahme bin ich aufgewachsen, das will ich nicht wieder erleben. Überzeugungsarbeit ist anstrengend, aber es führt kein Weg daran vorbei. So ist Demokratie aufgebaut. In einer Diktatur allerdings muss man ganz anders denken, da gibt es noch immer eine berechtigte Nähe zum Begriff der Revolution. Da gibt es möglicherweise, um Zustände zu ändern, keinen anderen Weg als den der Gewalt.

S Wenn es heutzutage in osteuropäischen Ländern Aufruhr gegen die korrupten Eliten gibt, wird in Medien hierzulande sehr ausgewählt berichtet. Dann nämlich, wenn es der politischen oder ideologischen Agenda entspricht.

G Stimmt. Wenn immer stärkere Demonstrationen gegen die korrupte Regierung in Bulgarien stattfinden, interessiert das die Medien wenig.

S Mal eine kleine Notiz, mehr nicht. Und selbst bei anhaltenden Demonstrationen in Katalonien oder in Frankreich gibt es nur sehr reduzierte, tendenziöse Berichterstattung.

G Wenn es aber um Demonstrationen gegen Lukaschenko geht, vergeht keine Nachrichtensendung ohne Bilder der Proteste. Warum ist der Widerstand der Bevölkerung in Sofia nicht so interessant wie der in Minsk? Warum sind die Medien so einseitig in der Wahrnehmung?

S Die Medien und auch die meisten Parteien. Es ist erschütternd, das sagen zu müssen, aber wäre Weißrussland schon in der EU, würde die politische Klasse mit Lukaschenko nicht weniger gut kooperieren als mit den anderen Diktatoren des europäischen Ostens auch. Das Skandalisierungspotenzial ergibt sich in diesem Falle lediglich aus der Tatsache, dass man ihn noch nicht eingemeindet hat.

G Du hast mal von Außensteuerung gesprochen. Nimm die Rebellenbewegung in Syrien: absolut von außen finanziert. Nur hat man sich leider geirrt. Es gab übrigens nur drei Länder, die einen Widerspruch zu den USA bildeten und kultivierten: Irak, Iran und Syrien. Zwei dieser Länder sind kaputt, gegen den Iran kämpfen die USA mit allen Mitteln und Methoden. Weißt du, was so zur Verzweiflung treibt? Dass man manchmal weich wird und Politiker in Schutz nehmen möchte.

S Was?! Das ist wirklich ein Grund zum Verzweifeln.

G Die Welt ist derart kompliziert und unübersichtlich. Wie willst du alles erläutern? Wie soll man das alles verstehen? Allein, wenn man an Syrien denkt, dieses Interessenwirrwarr zwischen Syrien und Russland und der Türkei und den USA und den anderen Anrainerstaaten. Stell dir eine alleinerziehende Mutter mit zwei Kindern vor, sie arbeitet neun Stunden, die Kinder brauchen Spielzeug, Kleidung, Essen, haben Schulaufgaben, sie muss sich um alles kümmern – und dann soll sie noch die ganze Welt verstehen?

S Umso wichtiger ist es, ein paar grundsätzliche Orientierungspflöcke in die Wirklichkeit zu rammen. Das ist die entscheidende politische Serviceleistung in einer immer unübersichtlicher werdenden Spätmoderne. Aber ihr seid ja noch grausamer, ihr wollt doch, dass jeder Mensch einen Beitrag leistet, um sie zu verändern.

G Das ist ein bisschen viel verlangt.

S Du sprachst von den Segnungen der Demokratie. Reden wir bitte auch über Polizeigewalt. Das ist ein Thema, das viel zu wenig Gewicht erhält. Man sehe sich nur die Brutalität französischer Polizisten an oder die Prügeleien der spanischen Guardia

Civil in Barcelona. Bei Demonstrationen, etwa bei G 20 in Hamburg, haben sehr viele junge Leute demütigende Erfahrungen gemacht. Ein Bus mit Kindern und Jugendlichen wurde in eine Gefangenensammelstelle umgeleitet, fast fünf Stunden lang festgehalten. Die jungen Menschen wurden in Zellen gesperrt, viele mussten sich entkleiden, wurden akribisch durchsucht. Demonstranten wurden einfach zusammengeschlagen, Journalisten bezogen Prügel. In Deutschland! Und es ist bezeichnend, dass der politisch Verantwortliche, Olaf Scholz, dadurch durchkam, dass er die Schlagworte »Ordnung« und »innere Sicherheit« bediente. Ich glaube, da müssen wir vor der Wahl noch ein bisschen nachlegen in der Erinnerungsarbeit. Ich sympathisiere auf jeden Fall mit Protestlern. In Frankreich, wo ganz normale Bürger mit ganz normalen bürgerlichen Berufen wie Lehrer oder Maler oder Erzieher in gelben Westen demonstrieren gehen, ganz einfach, weil sie mit ihren Löhnen in der letzten Woche des Monats ihren Kindern keine Schulbrote mehr mitgeben können, weil der Kühlschrank leer ist. Dort hat inzwischen eine dreistellige Anzahl von Demonstranten durch Schläge oder Schüsse ein Auge oder Gliedmaßen verloren. Darunter junge Studenten, die für ihr Leben gezeichnet sind. Dazu gibt es neue Gesetze, die das Filmen von Polizeibrutalität unter Strafe stellen. Mitten in der EU! Wir denken darüber nach, im Parlament einen Antrag einzubringen, der die europäischen Polizeien verpflichtet, kein Kriegsgerät mehr einzusetzen. Polizisten sollen nur noch pflaumenweiche Gummigeschosse einsetzen dürfen. Klingt lächerlich, kindisch.

G Sagen wir besser: kindlich.

S Ist ja auch nur wieder eine kleine Möglichkeit, solche Dinge in die Öffentlichkeit zu bringen. Leute, die ihr Recht auf Demonstration wahrnehmen, und schwer verletzt wurden, werden in den Medien nur als Chaoten dargestellt. Es sind aber genau die Menschen, die auf die Straße gehen, weil die Regierungen in ihren Ländern durch Charakterlosigkeit und Gier das Land und den Kontinent verraten.

G Na jedenfalls, was die Mehrheit für den Wechsel betrifft: Wenn die nicht da ist, kannst du alles vergessen. Man darf die Bevölkerung nicht unterschätzen, nicht in die eine, nicht in die andere Richtung.

S Vor allem nicht in die andere. Den wirklichen Wechsel müssen übrigens auch die Mehrheiten in den drei betreffenden Parteien wollen.

G In der SPD wollen sie's. Was denkst du?

S Ich bin skeptisch. Ich sehe, wie sehr etablierte Parteien und Abgeordnete an ihren Privilegien hängen, an der Möglichkeit, Ministerien zu besetzen, Büros zu führen, Leute anzustellen, den Fahrdienst zu nutzen, 24 Stunden am Tag, 364 Tage im Jahr. Ich sehe den Gegenwind in den Medien. Ich sehe die Konservativen in fast allen Parteien. Wenn die SPD mitmachen sollte, dann nicht aus politischer Überzeugung, sondern weil's mit der CDU nicht geht. Zudem dürfte Olaf Scholz das Wahlergebnis relativ egal sein, solange er Vizekanzler bleibt. Der Mann, der buchstäblich Menschen auf dem Gewissen hat, weil er in Hamburg den Brechmitteleinsatz gegen – überwiegend Schwarze – des Drogenhandels Verdächtige einführte. Die SPD war eigentlich dagegen, natürlich, aber als sie in Wahlprognosen sah, dass der irre Richter Schill Stimmen zog, schaltete sie um auf Law and Order. Eine Gruppe von Hamburger Ärzten hat das Vorgehen, Brechmittel über Magensonde zu geben, als Folter bezeichnet und gefordert, dass die beteiligten Ärzte ihre Approbation verlieren. Der Europäische Gerichtshof für Menschenrechte hat die »inhumane und erniedrigende Behandlung« als Verstoß gegen die Europäische Menschenrechtskonvention bezeichnet. Ein Schwarzer starb später daran. Daran muss ich immer denken, wenn SPDler nach irgendeinem unserer Plakate »Rassismus!« schreien.

G Da hast du völlig recht. Kanzlerkandidat Olaf Scholz steht für den Krieg gegen Jugoslawien, er steht für den Afghanistan-Krieg, er steht für die gesamte Agenda 2010.

S Jetzt mal ganz ehrlich: Wenn du zwei ausgewachsene Weltkriege versemmelst, da denkst du doch automatisch, mein Gott, wenigstens so einen kleinen Regionalkrieg in Jugoslawien zu gewinnen, das muss doch drin sein. Man hat doch einen Ruf zu verlieren. Ich musste damals mit einem Fax aus der Redaktion heraus über die schwedische Botschaft Jugoslawien noch eine förmliche Kriegserklärung schicken, weil sich unser Herr Bundespräsident zu fein dafür war.

G Das alles war SPD-Politik, nun hat sich die Stimmung aber geändert. Inzwischen wissen alle, dass der Afghanistan-Krieg ein Fehler war. Ich habe mir damals den Mund fusselig geredet, einmal mehr war das sinnlos. Allein schon die Vorstellung, die Kultur eines Landes mit Militär ändern zu können, ist absurd. Nimmst du denn an, dass sich die SPD erholen wird?

S Nein. Nicht wirklich. Ich habe in Interviews vor Monaten gesagt, dass wir zur Bundestagswahl mit der SPD an der Fünfprozenthürde verabredet sind. Wir sind fast da. Die haben nicht exakt und nachvollziehbar diagnostiziert, für wen sie Politik machten und für wen sie Politik machen müssten. Ich persönlich hoffe allerdings aus beruflichem Interesse, dass Scholz durchhält.

G Die Sozialdemokratie hat sich sonstwohin verirrt. Den ehrenwerten Höhepunkt ihrer Karriere hatte sie, als sie vor Jahrzehnten den Geschäftsführern des konservativen Kapitalismus gehörige Zugeständnisse bei der Umverteilung des Reichtums und beim Ausbau sozialer Netze abrang. Was immerhin mehreren Generationen das bundesdeutsche Wohlleben bescherte. Deren Kinder aber, nun hineingestoßen in die Zeit, in der alle Kosten gnadenlos neu berechnet werden, sollen dafür büßen.

S Was mich mächtig ärgert, ist dieser sich steigernde abfällige Ton gegen den Sozialstaat. Das ist eine so arrogante Wohlstandsklugheit, deren Kritik sich gewiss auch hier und dort mal gegen allzu gierige Gewinner richtet, nie aber gegen die Spielregeln. Und man ist in der politischen Klasse natürlich nicht der Ansicht, dass man selber überbezahlt sei – man möchte ja unberührt bleiben von Einbußen.

G So weit zur SPD. Die Grünen sind gerade – wir haben darüber gesprochen – auf dem Trip Richtung Union. Sie sind konservativ geworden und also dadurch anders regierungsfähig.

S Die PARTEI fordert eine Reduzierung des Bruttoinlandsprodukts auf sozial- und umweltverträgliche 50 Prozent – die Grünen dagegen setzen auf ungebremstes Wachstum mit grüner Etikettierung. Die sind zu einer allzu gut gelaunten Partei der Besserverdienenden geworden.

G Bei der Ökologie geht es inzwischen wirklich um die Gattungsfrage. Das beschäftigt mich wirklich sehr. Wenn nicht entschieden und rasch umgesteuert wird, vernichten wir uns selbst.

S Der Hurra-Patriotismus des naiven Fortschrittsglaubens der Moderne müsste umgewidmet werden. Die Ausbeutung des Planeten hat 150 Jahre gut geklappt, aber jetzt schlägt der Planet zurück. Das ist die Dialektik der Industrialisierung.

G Wir maximieren einige wenige Optionen bis zur Pervertierung. Die Natur aber versucht bei ihrer Evolution, mit jedem Schritt die Zahl der Optionen zu vergrößern.

S Es ist fürs Überleben wichtiger, flexibel zu sein, statt eine ganz bestimmte Sache sehr gut zu können. So gesehen sind Politiker sehr naturverhafte Wesen: Sie können nichts, um das Wort Flexibilität mal auf seinen Kern zu bringen.

G Na ja ... Ich stelle mir das Ganze manchmal wie das Bergsteigen vor. Der geübte Kletterer bewältigt die Felswand durch Klugheit, Bedachtsamkeit und eine wohlüberlegte Auswahl seiner Schritte. Gegen die Schwerkraft, die ihn ständig nach unten zieht. Die Felswand lehrt den Bergsteiger aber nicht das Klettern. Er hat die Freiheit abzustürzen oder zu trainieren. Manchmal denke ich, wir sind schon abgestürzt, aber da wir noch nicht unten aufgeschlagen sind, meinen wir, es sei noch nichts passiert.

S Man kann sich ja auch an der hohen Geschwindigkeit des freien Falls freuen.

G Der Natur ist es doch völlig egal, mit welchem Eifer wir auf ihr rumtrampeln. Die lässt uns glatt ins Messer laufen. Der Mensch kann die Natur nicht zerstören. Das schafft er nie. Aber sich und seine eigenen Lebensbedingungen, die kann er vernichten. Kürzlich sah ich einen Dokumentarfilm von dem Atoll, an dem Frankreich früher seine Atomwaffenversuche durchführte. Die Forscher trugen zig Schutzhüllen, tief unter Wasser gab es tatsächlich eine Vielzahl neuer Pflanzen und Tiere. Alle schwer kontaminiert, aber existent. Viele Wesen sind anpassungsfähig, wir nur in sehr begrenztem Maße.

S In den Ruinen von Tschernobyl haben sich 200 verschiedene Arten schwarzer Pilze entwickelt, denen die lebensbedrohliche Strahlung nichts ausmacht, und die die radioaktive Strahlung in Energie umsetzen. Ich würde nicht auf uns wetten.

G Bei diesem Dokumentarfilm kam mir zu Bewusstsein: Wir haben zum Beispiel Dioxin in die Atmosphäre entweichen lassen. Wahrscheinlich gibt es bereits Bakterien, für die das sozusagen ein Nachtisch geworden ist. Nun haben diese Bakterien kurze Lebenszyklen. Die Generationen folgen so schnell aufeinander, dass sie sich sehr schnell an geänderte Bedingungen gewöhnen. Bei uns Menschen ist das langwieriger. Nach hunderttausend Generationen gewöhnen wir uns vielleicht auch an Dioxin. Aber eben nicht eher. Also gehen wir wahrscheinlich daran kaputt. Wir ändern dauernd unsere Lebensbedingungen, lassen aber außer Acht, dass unsere Anpassungsfähigkeit sehr, sehr langsam ist. Wie soll ich heute jemanden überzeugen, dass schon in drei Jahrzehnten etwas Schreckliches geschieht?

S Es ist die Aufgabe von Gewerkschaften, Bewegungen, Initiativen und anderen politischen Kräften, den Veränderungswillen in der Gesellschaft aufzuzeigen, zu verstärken und mehrheitsfähig zu machen. Der Mietendeckel in Berlin zum Beispiel hat gezeigt, was in einer solchen Konstellation möglich ist.

G Fazit: Die Zeit ist reif für ein Mitte-Links-Bündnis auf Bundesebene.

S Die »Zeit« aus Hamburg setzt aber auf Schwarz-Grün, noch lieber wäre ihr Grün-Schwarz. Darauf schreiben viele Redakteure hin. Wenn Kritik an der PARTEI zu üben ist, kommt das gern gleich auf allen »Zeit«-Plattformen. Wahrscheinlich befürchtet man auch dort, dass wir den Grünen die entscheidenden zwei Prozent wegnehmen. Im Wahljahr werden wir im Medienbereich alle gegen uns haben: die, die auf Rot-Rot-Grün setzen, die, die auf Grün-Schwarz setzen – und alle Konservativen sowieso. Das wird gute Presse geben … Smiley!

Also, lieber Gregor: Hoffentlich sind auch die Wähler reif für Mitte-Links.

G Es ist immer wieder das alte Problem: Wenn nur die Leute nicht wären … Es wird uns da tatsächlich viel abverlangt, aber leichter wird man die dringend notwendigen Veränderungen nicht erreichen. Am Zeitgeist finde ich beruhigend, dass er veränderbar ist.

S Du bist ein Ausdauermensch, oder? Ein Marathon-Mann. Heee, der wurde, wenn ich mich recht erinnere, im Film von Dustin Hoffman gespielt. Ich spare mir weitere Spitzen.

G Achtung, Körpergröße! Habe verstanden! Wie jeder Mensch bin übrigens auch ich manchmal ungeduldig, manchmal sehr geduldig. Trotzdem kann ich Vorgänge und Prozesse lange aushalten. Sehr lange sogar. Das galt zum Beispiel für mein Streben um die Akzeptanz meiner Partei und meiner eigenen Person – ab dem Zeitpunkt, da ich Vorsitzender der Partei wurde. Manchmal staune ich selbst, wie ausdauernd ich bei bestimmten Auseinandersetzungen sein kann. Ich habe mir und anderen gesagt: Wer die deutsche Einheit haben will, muss sich auch mit mir abfinden. Billiger ist sie nicht zu haben. Und zur Ausdauer zählte die Zuversicht: Wenn wir in einen westdeutschen Landtag einziehen, verändern wir Deutschland.

S Und Bayern?

G Sind wir dort im Landtag, haben wir die Welt verändert.
Es fiel schon das Wort Bewegung. Was hältst du eigentlich von der Bewegung »Aufstehen«?

S Hm, nicht unsympathisch, aber von außen etwas schwer einzuschätzen. Erfolgreicher waren leider die Gegenbewegungen von unserer Seite. Also: »Wieder hinlegen« oder »Sitzen bleiben«. Ich fürchte, nach allem, was ich gehört habe, gab es zwar unglaublich viel Zulauf aus komplett parteifernen Kreisen – aber die Führung wollte dann doch nicht komplett demokratisch agieren. Ich kann das andererseits auch ein bisschen nachvollziehen. Wenn wir alles demokratisch ausdiskutieren würden, dann wäre Die PARTEI handlungsunfähig. Deshalb: stalinistisches Führerprinzip!

G Man kann eine Bewegung nicht von oben beschließen. Sie entsteht entweder von unten oder gar nicht. Und eine Bewegung funktioniert immer auch nur für ein einziges Thema – etwa gegen die Abholzung eines alten Waldes in Nordrhein-Westfalen oder gegen das Polizeigesetz in Bayern oder für den Erhalt der Bienen in Bayern.

S Bienen. Sehr stichhaltig. Wir haben ein Plakat dagegengesetzt: »Tötet die Bienen!«, das kam auf den Straßen gut an.

G Für ein ausgewähltes Thema kriegst du Zehntausende auf die Straße.

S Aber zum Beispiel nicht für Steuergerechtigkeit.

G Leider. Das interessiert nicht ausreichend, weil den Leuten nicht ausreichend klar gemacht wird, welche große Ungerechtigkeit dort herrscht.

S Da sind wir schon wieder bei deiner viel beschworenen Mitte. Die Mitte geht prinzipiell nicht gerne auf die Straße. Wir brauchen wieder eine iDemo!

G Ja. Aber auch die Mitte fängt langsam an, anders zu sein.

S Exakt: immer schön langsam.

G Für ein Angebot von A bis Z funktionieren Bewegungen nicht. Dafür gibt es Parteien. »En Marche« von Macron in Frankreich war eine Ausnahme. Und Deutschland ist nicht Frankreich.

S Ich beobachte das natürlich, hab mir sofort in Deutschland den Bewegungsnamen »Am Arsch« schützen lassen. In Bayern könnte das erfolgversprechend sein, wird dort genauso ausgesprochen wie »En Marche«. Stell ich mir lustig vor: du in Gelbweste, protestierend vor dem Kanzleramt.

G Gelb steht mir nicht. Du lächelst?

S Wegen der Farbe Gelb. Ich habe – offenbar anderthalb Jahrzehnte zu früh! – 2005 in einem Wahlwerbespot der PARTEI im TV einen quietschgelben Anzug getragen. Gelber Anzug, gelbes Hemd, gelbe Krawatte – der Corporate-Identity-Farbton des Billigfliegers HLX. Von denen hatten wir 25 000 Euro kassiert, um in unseren Wahlwerbespots Schleichwerbung für sie zu machen. Ganz öffentlich natürlich, eine Reaktion darauf, dass ARD und ZDF gerade eingestanden hatten, dass sie im Programm nicht nur Wiederholungen, sondern auch Schleichwerbung und Product-Placement hatten. Hinter mir standen zig Leitz Ordner, ebenfalls gelb.

G Euer PARTEI-Start in den öffentlich-rechtlichen Medien. Hatten die nicht Fracksausen?

S Unsere Spots, insgesamt drei, gingen natürlich durch die Prüfungen des Justitiariats bei ARD und ZDF.

G Was hast du denn vor der Kamera gesagt?

S Zum Beispiel: »Wie Ihnen sicher bekannt ist, hat unser Bundespräsident Horst Köhler neulich den deutschen Bundestag nach Rücksprache mit Sabine Christiansen komplett aufgelöst. Wir bedauern das. Andererseits bietet die Abwesenheit einer funktionsfähigen Exekutive uns die historische Chance, Deutschland zu modernisieren und unseren Bedürfnissen anzupassen.«

G Gilt ja heute noch.

S Lach nicht. Das stimmt. Außer der Tatsache, dass der Bundespräsident nunmehr Frank-Walter Steinmeier heißt. Ich habe dann noch darauf hingewiesen, dass man Die PARTEI wählen solle, denn »die herkömmlichen Altparteien haben sich doch aus der Realität verabschiedet und sollten nicht mehr als Alternative im politischen Wettbewerb gelten.« Und dann fiel hinten, an einem Strick gezogen, die Deutschlandfahne um. Es gab viele empörte Zuschriften.

G Noch mal zum Ausgangspunkt: Die Methoden der Gelbwesten waren zum Teil nicht akzeptabel, ihre Anliegen aber gerechtfertigt. Ich wünsche mir ein Rebellentum ohne Gewalt. Und ich hoffe, dass die Rechtsextremen keinen Erfolg haben werden, diese Bewegung zu übernehmen.

S Rebellentum ohne Gewalt: die Revolution der Zukunft. Wie Backen ohne Mehl. Fahren ohne Auto. Das wird erfolgreich sein. Zwinkersmiley! Politik ohne CDU und FDP wäre ein guter Anfang. SPD ohne Sozialdemokraten funktioniert ja auch schon. Grüne ohne Pazifismus. Schade, dass deren Gründungsmitglieder das nicht mehr erleben dürfen.

G Weißt du, was mich beschäftigt? Die Linken bestehen meist aus negativen Botschaften, weil wir das herrschende System kritisieren. Wir müssen den Leuten aber auch Hoffnung geben – positive Botschaften senden.

S Dann darfst du aber nicht mit mir sprechen.

G Das ist mein Appell: Wir müssen um mehr Demokratie kämpfen und nicht nur immer herunterbeten, was alles undemokratisch ist.

S Dann verklicker mir mal das Positive am Einknicken, an der Kapitulation, also: am Kompromiss?

G In einer Koalition? Du musst den Grundsatz befolgen: Der größte Kompromiss wäre Stillstand. Aber das wäre Rückschritt.

S Du kennst doch die Bemerkung: Wer Parteifreunde hat, braucht keine Feinde. Ist da was dran? Auch bei den Linken?

G Da ist etwas dran, gerade bei den Linken. Denn nur aus den eigenen Reihen entsteht bei uns Konkurrenz. Ein CDU-Abgeordneter konkurriert doch nicht mit mir – und ich nicht mit ihm. Da kann man, im guten Fall, einen ganz sachlichen Umgang miteinander haben. Aber wenn dich die eigenen Leute umarmen, musst du vorsichtig werden.

S Du übertreibst.

G Es färbt eben ab, sich mit dir zu unterhalten.

S Du wirst mehr und mehr von der Wirtschaft zum Gespräch und zu Vorträgen eingeladen. Ist dir das nicht peinlich?

G Nein. Sie streiten sich zwar mit mir und stellen sich auch zum Teil gegen meine Auffassungen, aber ja, sie laden mich ein – was früher weitgehend undenkbar war. Ich hatte bei einer Gruppe von Maklern ein Streitgespräch mit Christian Lindner von der FDP. Es war ihm peinlich, dass er ständig Zwischenbeifall bekam, ich dagegen nie. Macht gar nichts, habe ich zu ihm gesagt, da gehen wir das nächste Mal zum Mieterbund, da ist es dann umgekehrt. Weißt du, auch die Reichen müssen verstehen: Wenn sie jetzt nicht für mehr Gerechtigkeit sorgen, fliegt ihnen alles eines Tages um die Ohren, zum schweren Nachteil ihrer Enkel. Ich will die Macht der großen Konzerne und großen Banken überwinden, weil sie nichts Gutes bringt für die Menschheit.

S Dafür schreckst du ja vor nichts zurück: Du warst sogar beim Papst.

G Und du? Bereitest du nicht schon lange einen Staatsbesuch in Nordkorea vor?

S Ich sitze im EU-Parlament in der Delegation für die Beziehungen zur koreanischen Halbinsel. Seit die Band »Laibach« in Nordkorea aufgetreten ist, setzte ich mich dafür ein, auch die sehr, sehr gute deutsche Sängerin Helene Fischer auf eine sehr, sehr, sehr, sehr ausgedehnte Nordkorea-Tournee zu schicken. Der nordkoreanische Botschafter, dem ich das bei seinem Besuch in der Delegation anbot, war sehr interessiert. Win-Win-Situation.

G Was interessiert dich noch an Kim?

S Sein Friseur natürlich. Und sein Schneider. Und die Möglichkeit, Entscheidungen einfach durchzusetzen.

G Das kann der Papst nicht. Aber ich finde Franziskus ziemlich gut. Die Kardinäle waren geschickt, sie haben ihn gewählt, weil die katholische Kirche in einer Krise war – das moralische Ansehen litt unter den zahllosen Missbrauchsfällen. Und da haben sie gemerkt: So einen Papst brauchen wir jetzt. Also haben sie ihn auf den Thron gehoben, aber seither stellen sie ihm ein Bein, wo sie nur können. Ich habe ein Streitgespräch mit dem Vorsteher eines deutschen Klosters geführt, der griff den Papst ständig an, so sehr, dass ich ihn doch tatsächlich permanent verteidigen musste. Wer hätte geahnt, dass das meine neue Aufgabe würde, den Papst zu verteidigen. Aber es brauchte endlich einen Papst, der an die Ursprünge des Christentums erinnert. Franziskus gelingt diese Rückbindung, auch mit seiner Einstellung gegen Armut und Krieg. Er stellt Menschheitsfragen und versucht, sie zu beantworten. Etwa, dass es um Gerechtigkeit gehe, dass jeder Mensch eine Schöpfung Gottes sei, darum, dass es nicht gerechtfertigt sei, wenn es dem einen viel besser gehe als dem anderen. Natürlich hat es über die Jahrtausende Abwege gegeben, aber er knüpft da wieder an.

S Das entsprechende Erinnerungsvermögen ist bei den meisten europäischen Christdemokraten leider seit Generationen verschüttet. Der Papst hat übrigens im Europäischen Parlament gesprochen und ein lustiges Bild gefunden: Er hat die EU mit einer »unfruchtbaren Großmutter« verglichen.

G Franziskus schrieb: »Wirtschaft tötet.« In dem gerade genannten »Cicero«-Gespräch mit dem römisch-katholischen Sozialethiker und Dominikaner Wolfgang Ockenfels ging es um diesen Satz. Mein Gesprächspartner fragte: »Aber wer soll das Subjekt der Wirtschaft sein, das tötet?« Ich erklärte es ihm. Der Papst meint ja nicht, diese oder jene Person sei schuld, sondern er meint, die Gleichgültigkeit angesichts globaler ökonomischer Ungerechtigkeiten dürfe man nicht hinnehmen. Das sehe ich genauso. Jährlich sterben auf der Erde rund 70 Millionen Menschen, davon 18 Millionen an Hunger, obwohl die weltweite Landwirtschaft die Menschheit zweifach ernähren könnte. Hinzu kommen 12,5 Millionen Tote aufgrund von behebbaren Umweltschäden. Ein Verbot der Genmanipulation wäre ein wichtiger Schritt im Kampf gegen den Hungertod. So tötet Wirtschaft. Und dann muss sich unbedingt die Entwicklungshilfe ändern. Geld, das bei den Regierungen landet, ist oft für die Bedürftigen verloren. Entwicklungshilfe muss Hilfe zur Entwicklung sein, im Geist der Solidarität, konkret vor Ort. So verstehe ich auch den Papst. Ich habe ihm vorgeschlagen, dass er die Initiative ergreift zu einer Armutskonferenz unter dem Dach der UNO.

S Dein Erfolg als Diplomat auf internationalem Parkett ist das eine, das Ergebnis der Linken bei der letzten EU-Parlaments-wahl etwas anderes.

G Das Wahlergebnis war enttäuschend. Es zeigt, wie ungenü-
gend die Europäische Linkspartei bisher wahrgenommen wird.
Das liegt auch daran, dass keine europäischen Wahllisten zugelassen wurden. Die Parteien führen einen rein nationalen Wahlkampf. Es gab keinen wirklichen europäischen Akteur.

S Doch: mich. Und diese komischen FDP-Nachwuchs-Heinis
von Watt oder Volt.

G Keine Partei konnte transeuropäische Listen aufstellen. Aber
den deutschen Linken fällt es auf die Füße, den Grünen nicht.

S Warum?

G Weil die Jugend mit ihren Protesten gegen den Klimawandel der ökologischen Frage einen völlig neuen Stellenwert ver-
schafft hat – davon profitieren die Grünen. Das Zweite ist, wir
haben darüber gesprochen, dass die Grünen auf die Konservativen zugehen. Mit Habeck als Kanzlerkandidaten?

S Ich setze mehr auf Frau Baerbock. Sie hat die kräftigeren
Oberarme und vermutlich den bedingungsloseren Willen zur
Macht.

G Die Grünen sprechen jetzt gezielt auch Bevölkerungskreise
an, die sie früher verschreckt haben. Was mich aber wirklich ärgert: dass diese Partei doch tatsächlich als Gegenüber zu den
Rechtspopulisten wahrgenommen wird. Dabei müssten das die
Linken sein. Da zeigt sich das Problem der Meinungsverschie-
denheiten der Linken, gerade auch zu den Flüchtlingen. Das
muss ich den Grünen lassen: Die kloppen sich genauso wie wir,
aber nichts davon steht in der Zeitung. Bei uns steht ein Streit
schon in der Zeitung, wenn er noch gar nicht stattgefunden hat.
Wie wir das endlich anders hinkriegen, weiß ich nicht.

S Und: Ihr tut immer noch so, als wäret ihr eine Protestpartei.

G Die Protestpartei nimmt uns keiner mehr richtig ab, weil wir gleichzeitig in Bundesländern mitregieren, in Thüringen sogar den Ministerpräsidenten stellen. Aber gerade, weil die etablierte Politik immer unglaubwürdiger wird, müssen wir uns von ihr unterscheiden – indem wir glaubwürdig sind. Glaubwürdig in dem Bestehen darauf, dass es – Gruß an die Gebetsmühle! – wieder das Primat der Politik geben muss. Dieses ist einzig gerechtfertigt durch demokratische Strukturen.

S Es ist eigentlich verstörend, dass man das Primat der Politik überhaupt einfordern muss. Gruß an die Primaten in den anderen Parteien.

G Zum Primat der Politik fällt mir eine Geschichte ein: Es war bei Günther Jauch, in seiner Talkshow Sonntagabend, dabei war auch Anja Kohl, die ARD-Korrespondentin bei der Börse, und sie sagte, ich solle mir mal vorstellen, ich sei Kanzler. Das wies ich schon mal zurück.

S Schade, ich geb's offen zu: keine allzu unangenehme Vorstellung.

G Nee, dafür reicht meine Phantasie wirklich nicht. Das unterscheidet mich von dir.

Na, jedenfalls meinte Frau Kohl, wenn ich Kanzler wäre und die Deutsche Bank stehe vor der Insolvenz und würde mich um Hilfe bitten, dann täte ich dies doch. Weil sonst das gesamte Finanzsystem zusammenbräche. Klar, so ist es. Ich könnte gar nicht anders handeln.

S Die Leute wählen den Linken Gysi – und der rettet die Deutsche Bank. Na toll, da bist du doch bei deinem Wahlvolk erledigt.

G Habe ich im Fernsehen auch gesagt. Und deshalb darf nicht alles von so einer Bank abhängen. Banken dürfen nicht in der Lage sein, die Politik zu erpressen. Deshalb sollten diese gigantischen privaten Banken verkleinert werden. Man sollte sie öffentlich-rechtlich gestalten, wie die Sparkassen. Wenn die Wirtschaft die Politik dirigiert, ist das höchst undemokratisch. Wenn die Lufthansa zu mir gekommen wäre …

S Zu dir als Kanzler.

G Ja, nimm's einfach mal hin, obwohl ich dir da gar nichts wegnehmen will. Also, die Lufthansa wäre gekommen oder vorher Adidas, und sie hätten um finanzielle Krisenhilfe gebeten, dann hätte ich doch auf einem Vertrag bestanden, der dem Staat für eine bestimmte Zeit Gewinnbeteiligung garantiert oder ihn zum Anteils-Eigentümer erklärt. Ich sagte es schon: Juncker, der wirklich kein Linker ist, erzählte mir, die Banken in Luxemburg seien häufig in Schwierigkeiten gewesen. Der Staat habe ihnen stets Geld gegeben – er wurde aber am Gewinn beteiligt, über viele Jahre. Davon, so Juncker, habe er Finanzen für soziale Ausgaben abzweigen können. Und bei uns? Kriegen die Konzerne Geld, und der Staat bekommt nichts dafür. Nichts!

S Und die Konzerne werden noch nicht einmal daran gehindert, Arbeitsplätze abzubauen. Wie TUI zum Beispiel. Geld nehmen, Boni ausschütten, Arbeitsplätze abbauen. Wo bleiben die Mistgabeln dagegen? Zum Glück wird das Reisen ja bald komplett verboten.

G Da müssen wir einen Kompromiss finden.

S Mit dem Fahrrad darf man überall hin.

G Ich will zum Beispiel mal nach Grönland. Wie komme ich da mit dem Fahrrad hin?

S Trainieren, Gregor, immer schön trainieren … Wir müssen, um das noch zu ergänzen, unbedingt einen Gerechtigkeits-Wahlkampf machen. Haben wir von der SPD gelernt, klingt gut und kostet nichts. Wir fordern allumfassende Gerechtigkeit, zumindest aber …

G … doppelt so viel Gerechtigkeit, wie die SPD fordert. Hab ich bei euch gelesen.

S Das bleibt ja praktisch bei Null. Gerechtigkeit und Reiseverbote. Die Leute können ja digital, virtuell nach Mallorca reisen. Wir müssen unsere Gesellschaft schon ein bisschen umformen …

G An dem Punkt merkt man, dass du nicht aus der DDR kommst. Da gab es fast schon so etwas wie ein Reiseverbot. Das will ich nicht wiederhaben.

G Kennst du meinen Friedenstraum?

S Jetzt kommt bestimmt wieder das Traditionelle: Friede den Hütten …

G Das auch, klar. Aber ich meine was anderes. Mein Friedenstraum, er stammt von Woody Allen: Ich komme in eine Stadt, auf deren Hauptplatz das riesengroße steinerne Denkmal einer Taube steht – und auf der sitzen lauter kleine Generäle.

SONNEBORN
VS.
KÄFIGHALTUNG

Ich verlese eine Erklärung im Namen der Betroffenen des Verbots der Käfighaltung von Kaninchen: »Das heute zur Abstimmung stehende Gesetz ist eine Farce. Es bringt den Betroffenen nur scheinbare Verbesserung. Nicht nur die Käfighaltung, jede Unfreiheit muss ein Ende haben. Hunderte Millionen von Kaninchen in ganz Europa sind bereit, für ihre Freiheit zu kämpfen und den Menschen ihre erfahrenen Gräuel mit gleicher Münze heimzuzahlen. Dies ist unsere letzte Warnung. Als Zeichen ihrer Verhandlungsbereitschaft fordern wir, dass ein EU-Parlamentarier, am besten Jo Leinen, öffentlich in einem Käfig ausgestellt und gemästet wird, bis er platzt. Sonst wird unsere Rache maßlos und blutig sein. Wir fangen mit euren Kindern an, die finden uns niedlich. Hochachtungsvoll, die Kaninchen.« Vielen Dank.

Aus dem Ordner »Ungehaltene Reden II«, März 2017

GYSI
VS.
PUTSCHISTEN

Also, es wird ja in Mali ein UN-Mandat verwirklicht, und die EU hat sich entschlossen, bei der Ausbildung von Soldaten und Offizieren in Mali jede Unterstützung zu gewähren, und es ging ja um einen Kampf gegen bestimmte Rebellen. Deutschland entsandte auch Soldaten nach Mali, und es wurden auch welche hier in Deutschland ausgebildet. Die Regierung Malis galt schon immer als korrupt; das hat die Bundesregierung nicht weiter gestört, ist aber schon ein Punkt.

Nun haben wir einen Militärputsch erlebt. Zwei am Putsch beteiligte malische Offiziere wurden in Deutschland ausgebildet, darunter der Vorsitzende des vorübergehenden Putschrates Assimi Goita. Er wurde 2008 an einer Truppenschule der Bundeswehr als Kompaniechef ausgebildet. Ein weiterer Offizier wurde von 1997 bis 2004 an einer Bundeswehruniversität ausgebildet. Beide waren am Putsch beteiligt. Was haben sie mit dem Putsch gemacht? Sie haben die verfassungsmäßige Ordnung zerstört und die Regierung gestürzt, und nun regieren eben Militärputschisten. Glauben Sie wirklich, dass das mit unserem Grundgesetz in Übereinstimmung stehen kann? Dort werden Demokratie und Rechtsstaatlichkeit geschützt. Militärputschisten kennen keine Demokratie, und die kennen auch keine Rechtsstaatlichkeit.

Deshalb ist es meines Erachtens die Pflicht des Bundestages, so schnell wie möglich die Zustimmung zur Entsendung der Soldaten nach Mali zu widerrufen.

Deutscher Bundestag, September 2020

Die Politik der Zukunft

»Martin, eine Politik ohne Visionen, ohne Utopien lehne ich
ab.«
   »Gregor, ja! Eine Position muss mindestens 36 Stunden
haltbar sein.«

S. droht: Nach der Machtübernahme ist Schluss mit lustig! Zur
Politik der Zukunft gehören aber auch Autogramme und Staats-
bankette. »Reiner Wein wird wohl kaum ausgeschenkt.« Über
das Mittel des Tyrannenmordes kann man sich noch nicht einig werden. G. pocht auf die Demokratie. Aber S. ahnt: »Es
wird *soziale Unruhen* geben.« Vielversprechend: Der letzte Satz
des Gesprächs wird gemeinsam gesprochen. Linker *Chor-Geist*.

S Warum bist du eigentlich immer noch links?

G Ich weiß, dass es leider Ausnahmen in der Geschichte der Linken gab, aber im Kern war die Linke immer eine Friedensbewegung – und ist es geblieben. So, wie sie eine Bewegung ist, die für soziale Gerechtigkeit kämpft, inzwischen auch für ökologische Nachhaltigkeit in sozialer Verantwortung. Ziel ist eine Gesellschaft, die Armut ebenso ausschließt wie jenen grenzenlosen Reichtum, der zwingend zur Armut führt. Die Chancengleichheit erfordert Gleichstellung, sie gilt für alle Menschen. Chancengleichheit muss es vor allem beim Zugang zu Bildung, Ausbildung, Kunst und Kultur geben. Und dann gab und gibt es für mich noch einen ganz zentralen Grund, links zu sein. Das ist der Internationalismus. Bekämpfe ich nur die Armut in meiner Gesellschaft oder weltweit? Streite ich für Chancengleichheit nur in unserer Gesellschaft oder weltweit?

S Das scheint im Moment schwer vermittelbar zu sein.

G Dadurch, dass sie nicht sofort und leicht vermittelbar ist, wird eine politische Forderung nicht falsch. Wie die Utopie. Das ist ja gerade der Kern politischer Kommunikation: die eigenen Ideen in die Öffentlichkeit zu tragen, auch zu Menschen, die diesen Ideen zunächst kritisch gegenüberstehen. Ich bin nicht Linker geworden, um es einfach und bequem zu haben. Ich wage in dem Zusammenhang mal ein Fazit, einen Ausblick: Auch Die PARTEI wird früher oder später, vielleicht schon sehr bald, eine ganz seriöse Oppositionspartei.

S Niemals. Du willst mich herunterziehen zu euch. Aber nichts da. Wir machen auch weiterhin unseriöse Oppositionspolitik und werden auf keinen Fall postsatirisch. Wir arbeiten nicht konstruktiv, sondern weiterhin destruktiv. Mit allem, was wir haben: Polemik, Nonsens, korrekte Rechtschreibung. Wir sind und bleiben eine moderne Partei neuen Typs.

G Partei neuen Typs? Kenne ich von Lenin.

S Kannst du vergessen. Solltest du unbedingt vergessen. Neuen Typs heißt: Wir sind weit inhaltsleerer und machtversessener als alle anderen zusammen. Und wir arbeiten mit Methoden, von denen die anderen Parteien noch nicht einmal wissen, dass es sie gibt.

G Bringt, erzieht ihr die Leute dazu, nur noch Klamauk zu erwarten, wenn sie etwas von eurer PARTEI hören oder lesen?

S Erziehen ist schon mal gut. Erziehungsdiktaturen interessieren mich ungemein. Eine Bildungsdiktatur. Nach den Wahlergebnissen in Großbritannien und den Vereinigten Staaten haben wir schon mal die Einführung der Epistokratie angekündigt, auf jedem Wahlzettel müssen drei Fragen der Kategorie »Wie heißt die Hauptstadt von Paris?« korrekt beantwortet werden, sonst ist er ungültig. Dass die Leute nur Klamauk von uns erwarten? Nein, nicht ausschließlich. Die meisten werden eher sehen, was hinter dem Klamauk an ernsthafter Botschaft steckt. Alles ist eine Frage der Dauerhaftigkeit von Einflüssen. Wir gehen davon aus: nur nicht nachlassen in dem, was wir tun und wie wir es tun. Der Sickereffekt wird es bringen: Vor allem jüngere Leute sehen, dass der Klamauk ganz woanders stattfindet. Ich wiederhole meine Drohung: Wir betreiben Satire, aber nach der Machtübernahme wird keiner mehr über uns lachen.

G Aber Politik ohne jede Utopie? Gefällt mir nicht. Utopien sind die Marzipankarotte vor der Nase des mühsam trabenden Esels Geschichte. Wir leben in einer Welt der Überproduktion, vor allem von Problemen. Daher sind Utopien nötiger denn je.

S Natürlich Politik mit Utopie! Machen wir doch. Die Hauptaufgabe der PARTEI ist ja die Konfrontation von SPD, Linken,

Grünen mit Utopien, zur Not mit ihren eigenen. Wenn wir eine Position vertreten, dann muss diese mindestens 36 Stunden haltbar sein. Und dafür steh ich mit einem klassischen deutschen Politiker-Satz: Ich gebe Ihnen mein Ehrenwort.

G Du wirst ja richtig barsch. Barschel. Jetzt fang ich auch noch an mit Namen …

S Die Wahrheit kann an einem anderen Ort gefunden werden als dort, wo sie gebraucht wird. Das ist ein gutes – ich glaube von Jürgen Kuttner erfundenes – Brecht-Zitat aus dem Fatzer-Fragment. Vielleicht gilt das ja auch für Die PARTEI, vielleicht kann sie in guten Momenten dieser andere Ort für den Politikbetrieb in Deutschland sein.

G Um jetzt wenigstens das wichtigste Missverständnis auszuräumen und klarzustellen …

S Immer willst du klarstellen. Zweideutigkeiten, Unschärfen sind euch Linken ein Graus.

G Nein, wirklich, dieser eine Verdacht sollte unbedingt ausgeräumt werden: dass du Demokratie nicht wirklich magst.

S Nun ja, unter dem Druck von selbstgeschaffenen wirtschaftlichen Rahmenbedingungen, deren Ausbau in immer schwindelerregenderem Tempo rotiert, hat die Demokratie so etwas wie Zentrifugalkräfte entfesselt, und Teile von ihrem Wesenskern gegen die nächstgelegene Betonwand geschleudert. Wenn Politikwissenschaftler wie etwa Colin Crouch von einer Postdemokratie sprechen, beschreiben sie das Ergebnis einer Entwicklung, das am Ende nur noch unzureichend von der eigenen Theorie gedeckt ist. Was die Demokratie angeht, würde ich die reine Lehre ihren deformierten Ausprägungsformen vorziehen. Insgesamt ist Die PARTEI eine große Verehrerin der Demokratie. Denn die ermöglicht uns, auf unblutigem Wege an die Macht zu gelangen. Aber das System gehört halt ein wenig, sagen wir, reformiert.

G Ein wenig?

S Wir wollen feinjustieren. Stichwort militärische Einsätze, zum Beispiel, wir sprachen darüber. Das wird von euch als Kampfeinsatz interpretiert und von Regierungsseite als Notwehr gegen eine terroristische Organisation dort und dort. Das ist doch ein Indiz dafür, dass Sachverhalte heute einfach in verschiedene Richtungen interpretiert werden. Wer regiert, legt Gesetze und Situationen aus. Das führt dazu, dass wir in der Demokratie immer seltener eindeutige juristische Standpunkte erleben. Und deshalb wollen wir ja so gern von Kim Jong Un lernen.

G Wenn wir an der Macht sind …

S Geben wir Autogramme.

G Du bringst mich aber auch fortwährend auf abwegige Gedanken. Beim Unterschreiben meiner Bücher denke ich immer: Ein Glück, dass ich so einen kurzen Namen habe und nicht Leutheusser-Schnarrenberger heiße. An einer Autobahn-Raststätte kam der Chef des Restaurants auf mich zu und fragte, ob ich mich ins Gästebuch eintragen könne. Klar, sagte ich, und er: »Hier müssen Sie unterschreiben, Herr Lafontaine.« Als ich das Oskar erzählte, meinte er. »Na, dann kann ich dir ja auch sagen, dass ich am Strand mal als Herr Scharping angesprochen wurde.«

S Es gibt in der SPD eben nichts, was nicht eine noch schlimmere Wendung nehmen kann. Du sprachst vorhin von Ausblick.

G Ich bin kein Prophet!

S Um im diesem Lande als Prophet zu gelten, genügt der Verweis auf die nächste Wachstumsrate. Aber ich fürchte, die wachsende Vermögenskonzentration in der Welt schafft sich ihren Gegenpol: eine Konzentration von Zorn, soziale Unruhen. Außer in Deutschland. Da herrscht immer noch Heinrich Manns

»Untertan«. Der alte Witz von Lenin und der Bahnsteigkarte gilt nach wie vor.

G 2013 habt ihr – nicht sehr charmant – annonciert: »Wenn Sie uns wählen, lassen wir die hundert Reichsten umnieten.«

S »Das ist hart an der Grenze«, analysierte die »Berliner Morgenpost«. Und die »Bild«-Zeitung druckte wenig später eine Liste mit den 400 reichsten Deutschen, fein säuberlich nach Vermögen sortiert. Das ist fast so eine Art von Beihilfe, oder? Ich kaufe das Drecksblatt wirklich nie, aber an dem Tag hab ich es geholt.

G Nichts passierte. Das Wahlvolk hatte keine Lust auf Auftragsmord. Kein schöner Schluss unseres Gesprächs.

S Aber vielleicht ein Anfang.

G Martin, zum Schluss jetzt mal ganz ehrlich: So, wie ihr mit rechten Symbolen spielt – sind Typen wie Götz Kubitschek, Björn Höcke und Xavier Naidoo vielleicht langfristig geplante Satire-Projekte der PARTEI?

S Darüber möchte ich nicht sprechen. Und die Genannten dürfen nicht.

G Wenn wir an der Macht sind, dann …

S Wenn wir an der Macht sind … Da müssen Kernfragen geklärt werden. Eine wäre: Was wird denn überhaupt bei einem Staatsbankett ausgeschenkt? Du hast Erfahrung.

G Meistens deutscher Sekt. Französischen Champagner habe ich noch nie erlebt. Vielleicht, wenn der französische Präsident da ist, das kann sein. Es gibt eine ganze Abteilung, die sich über das Essen und Trinken Gedanken macht. Ich bin zu Empfängen nur gegangen, wenn es mir politisch wichtig war. Ausgelassen habe ich – abgesehen von der niederländischen Königin –

die anderen Königinnen und Könige, weil man dann einen Frack oder zumindest einen Smoking tragen soll. 1988 habe ich mir in der DDR einen Smoking gekauft, damals ein Produkt aus der BRD. Aber ich traue mich gar nicht, ihn anzuziehen, weil ich nicht weiß, ob er nach so langer Zeit im Schrank nicht doch zusammenfällt. Davon abgesehen, finde ich mich im Smoking albern.

S Gibt es so etwas wie einen Weinkeller des Bundestages?

G Es gibt natürlich ein Restaurant mit Weinreserven, aber keinen Weinkeller des Bundestages. Woher soll ich das alles eigentlich wissen? Der Bundestag hat noch nie einen Empfang für mich gegeben, und gäbe es je einen für mich, würde bestimmt der billigste Wein bestellt werden. Was ich gar nicht trinke, ist Schnaps. Vielleicht mal ganz zum Schluss einen Grappa, aber der haut mich dann halb um. Ich bin weder Fan von Cognac, Whiskey noch Wodka ... Wenn wir an der Macht sind ...

S Wir oder ihr.

G Wir.

S Also ihr.

G Nein, wir. Also: Wenn wir an der Macht sind, dann ...

S Vorsicht! Das Betriebsgeheimnis sollten wir noch wahren.

BEIDE: Dann wird das ein ganz linkes Ding.

Hans-Dieter Schütt:

Zorn und Zwinkersmiley

1.

Der Moment des Triumphes ist zugleich jener Moment, der niederschmettert. Niedergeschmettert, das ist er schon – der Triumph. Paradox. Aber solcherart sind die Preise, die die Wahrheit fordert, und just dies ist es, was uns Hamlet erzählt. Der wird nämlich nicht zum tragischen Helden durch Zweifel. Er wird zum tragischen Helden durch bitterste Gewissheit dessen, was er sehen, erkennen, begreifen muss. Nicht er selber ist der Herold jener peinigenden Wahrheit, die noch immer so gegenwärtig wirkt. Nein, es ist die von ihm bestellte aufgekratzte Schauspielertruppe. Diese Komödianten sind die wahren Botschafter, auf die es ankommt. »Die Mausefalle« heißt das Stück, dessen Aufführung dem finsteren Königsmörder Claudius die begangene Missetat vor Augen rückt. Hamlet? Schaut nur zu. Beobachtet ahnungsvoll jene steigende Nervosität des Stiefvaters, der sein böses Unwesen vorgespielt bekommt. Die Kunst ist der Spiegel, der sich dem wutsteigernden Täter anbietet, zu Scherben geschlagen zu werden. Weil der den Blick aufs eigene Bild irgendwann nicht mehr ertragen kann; weil der im Spiel seine Schuld entlarvt sieht.

Martin Sonneborn ist in diesem Sinne Hamlets Komplize: Er ist der Schauspieler, der im Europaparlament in Brüssel (und auch bei Aktionen hierzulande) »Die Mausefalle« gibt, das Stück, in dem eine landläufig schäbige Politik sich entblößt sieht. Aber zugleich ist er auch eine Art spilliger Hamlet selbst, unschuldig oder traurig oder erschöpft oder gezielt teilnahmslos blickend, ein Listiger, der vom Rand der Wirklichkeit aus zusieht und hofft, ein von ihm und seinen Mit-Spielern ertappter Betrieb möge irgendwann in eine tiefe, kathartische Selbsterkennung stürzen. Die womöglich eine Umkehr des Ganzen in Gang setzt.

An dieser Stelle ein »Zwinkersmiley«, Sonneborns oft gebrauchte Signal-Vokabel, wenn er das Illusorische, das frech Überspannte seiner Arbeit anzeigt. Wenn also die Satire der Selbstironie begegnet.

Zum Geschilderten passt, was Tomasz Kurianowicz im August 2020 im Vorspann zu einem Interview in der »Berliner Zeitung« schreibt: »Eine Frau kommt auf Sonneborn zu und stellt ihm eine Frage: ›Ihr Gesicht kommt mir bekannt vor.‹ Sonneborn antwortet: ›Das geht mir jeden Morgen vor dem Spiegel ähnlich.‹ Die Frau wieder: ›Wer sind Sie?‹ Und dann Sonneborn: ›Ich bin Schauspieler. Ich spiele Politiker.‹«

2.

Im Dialog: Gregor Gysi, der Politiker der Linkspartei, und Martin Sonneborn, der Satiriker, der ebenfalls zum Politiker wurde. Im Jahre 2004 hatten er und weitere Mitarbeiter des Satiremagazins »Titanic« Die PARTEI gegründet; 0,2 Prozent Wähler erbrachte die Bundestagswahl 2013, vier Jahre später waren es 1,0 Prozent. Für seine Partei sitzt Sonneborn seit 2014 im Europäischen Parlament – das Bundesverfassungsgericht hatte die 3-Prozent-Sperrklausel für die Europawahl als verfassungswidrig erklärt. Mit 0,6 Prozent der Stimmen kam Sonneborn nach Brüssel.

Der Politikbetrieb, das ist eine Parteienlandschaft, deren einst konstituierende Blöcke längst aufgebrochen sind, die also immer vielfältiger, zerfranster, stimmungsschwankender wird – sie schafft Lichtungen für Interessenzuwachs von allen Seiten. Von rechts schwappt Schmutz. Die Routine der bisherigen unangefochtenen Platzhalter wird da rasch zur Gefahr. Wie jede Leichtfertigkeit überall. Verstörung tut da gut. Wie viele Eulenspiegel braucht eine Institution? Wie viele verkraftet sie?

Worauf sich Sonneborn auf sehr spezielle Weise eingelassen hat, das kennt Gysi aus eigener Biographie und Parteigeschichte: die

Isolation des Linken im bürgerlichen Frost eines eingeschliffenen Parlamentsbetriebes. Gysi ist darin – durch Sturheit und Geist – populär geworden. Wer populär ist, lebt in Resonanzen, aber auch nahezu ohne Chance, einen unvermeidbaren Kern jeder öffentlichen Existenz zu offenbaren: nämlich Einsamkeit. Parteizugehörigkeit schützt davor nicht: »Jeder schlägt seine Schlacht allein.« Schiller. Gysi schillert.

Die Ausdauer dieses Linkspolitikers galt einer konsequent durchgestandenen Haltung: nie einer Verengung anheimzufallen, nie stecken zu bleiben im Kreisverkehr des Innerparteilichen – er ist links und frei; er lebt nicht über den Zinnen, aber doch fern aller Festungsmentalität und allem Lagerdenken. Er ist gleichsam der Bundespräsident seiner Partei geworden. Der geschmeidige Prototyp des Politikers nach den Revolutionen. Er strahlt Wissen aus: Der Mensch will nicht dauernd in Richtung Zukunft gezogen, erzogen werden, sondern er »will ohne Aufschub und Ferne in sein volles Leben« (Ernst Bloch). Und so ermutigt Gysi Menschen dazu, sich in rauen, rüden Zeiten die eigene Existenz mit Lust, List und auch Lässigkeit auf eine Weise herzurichten, dass man möglichst aufrecht so bleiben kann, wie man ist.

Militanz ist Gysi fremd – das ist wahrer linker Mut in einer Ära der ideologischen Verschärfungen. Er nimmt mit vielen Fasern Partei und wirkt doch längst auch, als habe er Partei als Erlebnis schon hinter sich. Just das Linke als neue Mitte: von anderen Seiten Lehren annehmen. Auch Sonneborn spricht mittig – seine PARTEI, sagt er, sei die »Partei der extremen Mitte«: auf allen anderen Seiten vor allem Leere sehen, nicht Lehre, der man folgen könnte.

Gysi ging in vielen Jahren, in Bundestag und Öffentlichkeit, einen langen Weg zur Anerkennung. Sie war das Ziel. Es wurde erreicht, indem ihm Opposition höchste Aufgabe blieb. Für Sonneborn, den Politiker, der dabei Satiriker blieb, wäre wachsende Anerkennung möglicherweise die Selbstaufgabe.

3.

Die PARTEI ist nicht zu denken ohne »Titanic«. Das Satiremagazin ist gewissermaßen Fossil der sogenannten »Neuen Frankfurter Schule«. Autoren und Karikaturisten (F. W. Bernstein, Bernd Eilert, Robert Gernhardt, Eckhard Henscheid, Chlodwig Poth, F. K. Waechter, Hans Traxler) hatten vor Jahrzehnten, in ihrer sehr eigenen Art, auf Adorno und Horkheimer reagiert, sie setzten den Achtundsechzigern in gewisser Weise den Witz der Sinnfreiheit entgegen, und es formte sich ein Paradoxon: Die künstlerische, publizistische Verweigerung des unmittelbaren politischen Engagements wirkte als gesellschaftlicher Einspruch langlebiger als der Furor einer damals so ungemein konjunkturellen erzieherischen Agitation.

Auch Achtundsechzig ging politisch den Weg jedes Lebens, der führte vom Aufbruch ins Bedenken, von der Kühnheit, die Welt zu verändern, hin zum Mut, diese Welt auszuhalten. Der großen Besessenheit, zu revolutionieren, folgte der Gang in die Schwermut. Man war plötzlich zu klug, um sich noch an illusorischem Eingreifen zu beteiligen. Dem Schwung war Ernüchterung gefolgt. Besagte »Neue Frankfurter Schule« – der Begriff wurde erst später erfunden – sah und wandte sich ab von einer linken Kultur, in der Vernunft gern zur Plage gerät: Immer muss ein Sinn her wie ein Strafbescheid; die Gürtellinie ist stacheldrahtbewehrt; der furchige Ernst der Lage steht Wache an den Mundwinkeln; wer unter Niveau lacht, hat keins. Weltretter und Gesellschaftskritiker als bedrängendes Elend, dem man lieber ausweicht. Die westdeutschen Revolutionäre waren in die Betriebe gezogen und staunten, wie uneinsichtig treu die Werktätigen zu ihrer wahren Arbeiterbewegung standen: dem Fließband. Denn das sicherte die Arbeit für angenehmen Lohn: VW und Urlaub in Italien. Sollten andere das ruhig Ausbeutung nennen. Satiriker gaben ihr Lachen nicht auf: Sie wurden so zu Anführern einer Spaßguerilla, mit der die Romantik wiederkehrte, der Eichendorff'sche Taugenichts. Komik und Kalauer, gerichtet gegen die Stressproduktion und diverse politische Widerstandskulturen.

Sonneborns Parteigründung ist bisweilen als spezielle Form von Kabarett bezeichnet worden. Das ist grundfalsch. Kabarett mag aus tiefstem Anstand heraus giftig sein, aber der Kabarettist weiß immer, dass seine Kunst bei aller Angriffsfrechheit eine Veranstaltung der Übereinkunft bleibt. Denn: Der Applaus kommt auch von jenen, die gemeint sind. Mit den Jahren wuchs dieser Applaus sogar in dem Maße, wie von der Bühne herab beleidigt wurde: weil Politiker auffallend gierig nach allem griffen, was sie öffentlich machte.

Die PARTEI lehnt derartige Wirkungen strikt ab. Sie prüft ihren Wert an der Aggressivität, die der Politikbetrieb gegen sie entwickelt. Sie will nicht herumbalancieren auf der Einladungsschmiere eines Unterhaltungsbetriebes, der Kritik als Kitzel meistbietend weiterverkauft.

Mit der PARTEI hat Sonneborn, als ein Erbe der »Neuen Frankfurter Schule«, auch das Terrain des bloßen Nonsens verlassen. Obwohl er den heftiger denn je betreibt. Er ist, was es gar nicht geben kann: ein Partisan des offenen Visiers. Er stört. Er reizt. Er blamiert. Muss er bald, bei entsprechender Ausdauer und der Fähigkeit des Politbetriebes zur Eingemeindung, in dem Original Gysi seine eigene Zukunft sehen: der Opponent als Schmuckstück?

4.

Die Gespräche zwischen Gregor Gysi und Martin Sonneborn für dieses Buch fanden im Spätsommer 2020 in Berlin statt. Deutschland zwischen den beiden Wellen der Corona-Bedrängung. Es ist an diesem Tag warm und ruhig. Alle Betriebsamkeit liegt in einem städtischen Dämmerschlaf, der die Nervositäten seltsamerweise nicht dämpft, sondern steigert: Die Menschen müssen gezwungenermaßen wahrhaben, dass man Zeit hat, viel Zeit. Speziell für Politiker eine Zumutung? Gysi und Sonneborn lassen sich Zeit. Beide haben autobiographische Bücher geschrieben, Sonneborn war vor geraumer Zeit Gast in Gysis Gesprächsreihe »Miss-Verstehen Sie mich richtig!«, veranstaltet vom »tRÄNENpALAST«.

Man könnte also sagen: Sie wissen schon, was sie miteinander reden werden; sie reden, was sie bereits voneinander wissen.

Beide sind Virtuosen der Aufführung, Artisten des Auftritts. Neu an diesem Treffen ist die Lust an der Collage. Man ficht mit plötzlichen Eingebungen, vorbereiteten Gedanken, eingeplanten Zitaten. Man kennt sich aus in den eigenen Reden, Büchern, Geistgebäuden. Ein Zwei-Personen-Stück. Ein Pingpong mit Möglichkeiten. Ein jeder des anderen Sparringspartner. Kein wirklicher Streit, kein wirkliches Gegeneinander. Eher ein Vor-Spiel, das einer dem anderen gibt. Der Oppositionspolitiker, der längst zum Establishment gehört, beweist und bestätigt mit der Nähe zum verstörend unerschrockenen Underdog, dass sein alternativ gestricktes Gemüt noch funktioniert. Und der versierte Clown offenbart im Disput mit dem politischen Routinier, wie (aufhaltsam?) näher er doch heranrückt ans repräsentative Geschäftsgebiet.

5.

Kurze Zeit nach dem Gespräch zwischen Gysi und Sonneborn für dieses Buch kommt Die PARTEI mit zwei Personalien in die Schlagzeilen.

Marco Bülow, fraktionsloser Bundestagsabgeordneter, tritt im November 2020 in Die PARTEI ein und ist damit deren erster Vertreter im Bundestag. Revolutionär Antonio Gramsci lieferte ihm für seinen Parteieintritt das Motiv: »Die Krise besteht gerade in der Tatsache, dass das Alte stirbt und das Neue nicht zur Welt kommen kann: in diesem Interregnum kommt es zu den unterschiedlichsten Krankheitserscheinungen.« Mit aller Kraft bekämpfe er, so der nunmehrige Sonneborn-Kombattant, »diese Verkrustung und den beherrschenden Profitlobbyismus.« Einst war Bülow SPD-Mitglied, die Ortsnamen seines Wahlkreises Dortmund klingen wie Signale aus dem reinen Tolkien-Abenteuerkosmos: Mengede, Huckarde, Innenstadt-Ost, Innenstadt-West, Hombruch, Lütgendortmund.

Mitte Januar dieses Jahres dann der nächste Aufmerksamkeits-schub. Satiriker Nico Semsrott verlässt Die PARTEI, er sitzt mit seinem Vorsitzenden im Brüsseler Parlament. Die Trennung er-folgt wegen einer angeblich rassistischen Äußerung von Sonne-born. Auf Twitter hatte dieser, nach der Stürmung des Kapitols in Washington durch Trump-Anhänger, im Internet einen T-Shirt-Aufdruck präsentiert: »Au Widelsehern Amlerika! Ha-bern Sie guten FrLug runterl! Plinted in China.«

Sturm im Netz! Rassismus! Demütigung! Michael Hanfeld, Me-dienredakteur der FAZ, springt Sonneborn sofort bei: »Das sollte ein Abschiedsgruß an den amerikanischen Horrorpräsi-denten Donald Trump und ein Verweis darauf sein, dass dieser zwar immerzu vor China warnt, die Merchandising-Artikel des Trump-Zirkus aber aus eben jenem Land der Verdammnis stammen.« Sonneborn selbst sieht sich unerwartet zu dem ge-nötigt, was er nicht als »Bestandteil seines Berufsbildes« sieht: zur schwer gestelzten Exegese. Ihm sei es darum gegangen, »die zunehmend gegenstandsloser werdende weltpolitische Überheb-lichkeit der USA zu karikieren, ihre Forcierung einer wirtschaft-lichen Konfrontation mit China, ihre an Widersinnigkeit schwer zu übertreffenden Ideologien & Feindbildkonstruktionen, und vor allem: die wiederholten sinophoben Ausfälle und Polemiken ihres Präsidenten (›China-Virus!‹)«. Erschreckend, was das deut-sche, auch links ansässige Blockwartgemüt schafft, hier sogar das Schlimmste: dass sich ein Satiriker zu Erklärung gezwun-gen sieht! Kein Anlass für ein Zwinkersmiley.

Als das Wasserglas-Brodeln im Netz nicht nachlässt, reagiert der PARTEI-Chef schließlich mit einer Bitte um Entschuldi-gung. Er habe sich »sprachlicher Stereotype bedient und ein bil-liges Klischee aufgenommen«, verlautbart der gesenkte Kopf. Diese Entschuldigung (»Wenn ein Witz zu rassistischer Verlet-zung führt, statt Reflexionsansätze zu geben oder zumindest ein befreiendes Lachen nach sich zu ziehen, dann ist es ein misslun-gener Witz«) ist nun in der Welt – wie ihr Anlass. Man darf bei-des miteinander aufrechnen oder beides gegeneinanderstellen. Man muss sich Sonneborn in seinem obligatorischen Hausmeisterkittel vorstellen, einer Art Auftrittsuniform, dazu das blasse, schmale, stets um Mitgefühl bittende Gesicht – und schon darf man annehmen, dass der erzwungene Rückzug die gleichen billigen Klischees aufbietet wie der missliebige Tweet. Denn: Ist dies nicht immer wieder auch die Praxis derer, die Sonneborn als Satiriker fortwährend angreift? Man verletzt und wird dann reumütig: Diese und jene Wirkung habe man leider nicht erwartet und schon gar nicht gewollt. Sonneborn revidiert also seine Satire, aber dies mittels einer Verhaltenskopie, die ihrerseits doch nur wieder, genau, Satire ist. Er hatte hinter seiner Entschuldigung kein Zwinkersmiley gesetzt, ich sehe es trotzdem.

Das Flehen um Vergebung ist eine listige Reaktion auf notorisch »Betroffene« im Netz und also auf einen Zustand, den Melanie Mühl in der FAZ vom 16. Januar 2021 so kommentiert: Der Opferstatus auf der Minderheiten-Seite berge moralische Vorteile, »und die Gekränkten sind längst in einen heftigen Konkurrenzkampf getreten. Ständig ist irgendjemand über irgendetwas beleidigt, über das Gendern und Nichtgendern in Mails, über Gedichte an Hauswänden, Moscheen in der Nachbarschaft, ein Zuviel oder ein Zuwenig an Beschäftigung mit ethnischen, sexuellen oder religiösen Minderheiten und so weiter. Gekränktheit sichert Aufmerksamkeit, Zuwendung, Mitleid und Anerkennung.« Links genügt nicht, eine Idee zu haben, es muss immer ein Furor her. Angenehm ist anders.

Als »Opfer der Humorlosigkeit« bezeichnet »Die Welt« diesen Satiriker Sonneborn, der ja tatsächlich mit gauklerischer Raffinesse, die sich der Biederkeit bedient, Schutzbedürfnisse auslöst. Und der wie ein hoch aufgeschossener Buster Keaton der grauen Moderne einen starken Gegensatz bildet zum wieselwirbligen, pfaubegabten Gysi. Das marginale chinesische Twitter-Exempel hochgerechnet: Der Aufschrei im Netz und Semsrotts Empörung über Sonneborns anfängliches Ungerührtbleiben führen vor, was der Essayist Bernd Stegemann im »Spiegel« als »Kränkungsmanagement der Identitätspolitik« bezeichnet, die »aktuell erfolgreichste Methode linker Politik«. Das löse naturgemäß nicht nur Solidarität aus, sondern auch Widerstand. Gegen dieses elende »Einigsein in der eigenen Blase«. Moral in der Nähe zur Erpressung. Ist das denn noch links?

Eine weitere Bemerkung Semsrotts führt zum Thema, über das auch Gysi und Sonneborn sprechen. Mit bestimmten Witzen, so sagt der beflissen Moralbewusste in Richtung Sonneborn, komme man der Verantwortung als Vorsitzender einer Partei nicht nach, einer Organisation, die ja immerhin 50 000 Mitglieder habe und für die zuletzt 900 000 Wähler ihre Stimme abgaben. Politische Führungskompetenz müsse weit über das hinausgehen, »was ein ›Titanic‹-Chefredakteur vor 20 Jahren können musste.« So treibt sich eine Partei – mit vermeintlicher Ehrtreue – das eigene Wesen aus? Indem eine Korrektheit Raum greift, die Witze und Satire nur dann erträgt, wenn diese nicht gegen die eigene Weltanschauung und Gruppe gehen und wenn sie einem nicht die eigenen Vorurteile um die Ohren hauen.

In einem Tweet dankt Martin Sonneborn seinem ehemaligen PARTEI-Freund, der weiter als parteiloser Abgeordneter in Brüssel bleibt, für »die deprimierende Zusammenarbeit.« In der Woche übrigens, in der die deutschen Medien die Vorgänge um Semsrott /Sonneborn diskutieren, steigt Die PARTEI in Berlin in Umfragen von vier Prozent auf sechs Prozent.

6.

Der Satiriker Sonneborn ist Politiker geworden, und er ist es auf gewünscht irritierende Weise. Damit erweist sich freilich auch die Dehnbarkeit, die Aufnahmefähigkeit, die Verdauungskraft des Politischen. In Goethes »Faust« sagt Wagner: »Ich hab es öfters rühmen hören,/ Ein Komödiant könnt einen Pfarrer lehren.« Faust antwortet: »Ja, wenn der Pfarrer ein Komödiant ist;/ Wie das denn wohl zuzeiten kommen mag.« In diesem Sinne ist Sonneborn unbekümmerter als Gysi. Er kann in der Schwebe lassen, was Witz ist und was nicht, und er schwebt nach Kräften. Seine politische Tugend ist Rücksichtslosigkeit, Gysis parteigebundene Not bleibt: ein gewisses Maß an Rücksichtnahme. Sonneborn strebt Übertreibung an, Gysi Überzeugung. Dass beide auch auf dem Feld des jeweils anderen agieren, indem der Politiker witzig ist und der Narr Politik betreibt – es macht das Flirrende, Fluffige, manchmal auch Fahrige ihrer Unterhaltung aus – das Argument flirtet mit der Arabeske; eine Sache hat nicht nur einen Kern, sondern treibt auch seltsame Blüten; Gesellschaft fordert nicht nur zur Kritik heraus, sondern auch zum Kalauer. Was ist ernst gemeint, was nicht?

Das wird auch im vorliegenden Gespräch nicht in jedem Moment deutlich, und speziell der PARTEI-Chef legt auf diese Ambivalenz Wert.

Alle Energie eines Satirikers geht naturgemäß in den Schlag, den er austeilt. So wird folgerichtig auch ein Gespräch mit ihm zum Schlagabtausch. Sonneborn versus Gysi. Oder umgekehrt. Oder eben gar nicht. Im Grunde verstehen sich beide ausgezeichnet. Der Abtausch ist ein Austausch. Gysi, der die Politik mit Witz reicher machen möchte; Sonneborn, der mit seinem Witz der Politik ein Armutszeugnis ausstellt. Was geschieht, wenn ein Politiker aus dem Rahmen tritt und weniger sauertöpfisch und phrasenblass ist als das Gros der Sparte? Und was, wenn ein Narr in den besagten Rahmen hineinspringt und so das gewohnte Bild der planen Funktionäre aufschreckt? Sonneborn ist der Mann, der aus aller Welt nur noch ins Theater hineinfällt – um nicht auf die bitter absurde Welt hereinzufallen. Gysi ist der Mann von Welt, der aus der Niederung linken Rechthabenmüssens hinaustänzelte ins geistvoll Ungebundene; er war über viele Jahre der Frontmann wider das Frontendenken grauer Rotkämpferbünde.

7.

Vielleicht ist das schon Freiheit: mit der Ernsthaftigkeit zu spielen. Sie den Leuten im besten Sinne des Wortes unterzujubeln. Heiter und dem zugewandt, was sich vermeintlich verbietet: Zickzack statt Linie. Umkreisung statt Zugriff. Vom Hölzchen aufs Stöckchen kommen. Zwei Politiker im Gespräch, das sich selber unterläuft, wenn der Sinn mal zu sehr auf sein Recht pocht. Und das sich selber überdenkt, wenn der Unsinn mal zu sehr auf den Busch klopft. Bei guter Satire über die wirkliche Welt kann man nur an falschen Stellen lachen. Denn es gibt ja nichts zu lachen. Wir sind davongekommen. Wir kommen immer davon. Das ist die grausamste Pointe. Das kommt davon. So was kommt von so was. Das Lachen wird uns vergehen, oder es wird uns nachgehen. In eine Zeit vielleicht, fern oder nicht fern, da nicht mehr so viel Wahrheit so erschreckend schnell zur Meinung werden wird. Da wieder mehr gelacht und nicht mehr nur gefeixt werden wird.